피렌체의
빛나는
순간

피렌체의 빛나는 순간

르네상스를 만든 상인들

성제환 지음

Re
nai
ssance

Sandro Botticelli

Giotto di Bondone
Giovanni di Bicci
Firenze
Ridolfo de' Bardi
Cosimo de' Medici
Palla di Onofrio Strozzi
Piero di Cosimo de' Medici

Lorenzo de' Medici
Leonardo da Vinci
Michelangelo di
Lodovico Buonarroti
Simoni

문학동네

이 책을
수당秀堂 김연수 회장님이 설립하신
(재)양영재단의 서가書架에 헌정합니다.

일러두기

1. 피렌체 교구를 관할하는 교구 교회는 '성당'으로 옮겼다. 현재 교회로 불리는 수도원은 르네상스 시대의 의미를 그대로 살려 '수도원'으로 표기했다.
   예) San Lorenzo Chiesa→산 로렌초 성당, Santa Croce Chiesa→산타 크로체 수도원

2. '기도하는 장소'를 뜻하는 단어(영어로는 Chapel, 이탈리아어로는 Capella)는 건물 구조에 따라 다르게 옮겼다. 성당 또는 수도원에 부속되어 성당 내부에 있는 기도하는 장소는 '기도실'이라 옮겼다. 그러나 성당이나 수도원과 직접 관련이 없이 별도의 건물로 독립되어 지어진 소규모의 기도하는 장소는 '예배당'이라 옮겼다.
   예) Bardi Capella→바르디 가문 소유 기도실, Arena Capella→아레나 예배당

3. 성당 내부에 표준형 기도실이 지어진 후에, 기도실에 대한 수요가 증가하여 추가로 성당의 벽면에 덧붙여 신축된 기도실은 '특별 기도실'로 옮겼다. 이 특별 기도실은 원래 석관을 설치하여 시신을 안장할 수 있도록 허가받은 공간이었지만, 성구 및 제의 보관실로도 사용되었기 때문에 용도에 따라 '성구실'로도 옮겼다.
   예) 산타 마리아 노벨라 수도원의 Strozzi Capella→특별 기도실
       산 로렌초 성당의 메디치 가문의 영묘가 있는 기도실→성구실

"그림을 주의 깊게 바라보고 있으면,
그림이 당신에게 말을 걸어 올 것입니다!"[1]

르네상스 시대라고 하면 레오나르도 다빈치와 미켈란젤로 같은 천
재적인 예술가들이 이탈리아의 도시들, 특히 이들이 태어난 피렌체를
화려하게 장식하는 장면을 떠올리게 된다. 또한 르네상스 시대 최초의
계관시인으로 피렌체에서 주로 활동했던 페트라르카는 르네상스 이전
의 천 년을 '암흑시대'라 이름 붙이고, 자신이 살던 시기를 하루아침에
광명이 찾아온 시대로 찬양했다. 그래서인지 르네상스 시대라고 하면
우리는 피렌체를 가장 먼저 떠올리며, 그곳을 마치 화려한 예술작품이
꽉 들어찬 도시로 상상하게 된다.

그러나 르네상스 시대가 꽃망울을 터트리기 이전인 13세기 중반만
해도 피렌체는 오늘날 우리가 상상하는 모습과 사뭇 달랐다. 당시의
이탈리아 도시들에서는 돼지나 닭 같은 가축들이 집안을 자유롭게 드
나들었으며, 자고 일어나면 동물의 배설물과 집에서 나온 쓰레기가 거

리에 아무렇게나 버려져 있었다. 가난한 시민들은 이러한 맨땅 위를 걸어야 했으며, 피렌체도 예외는 아니었다.

사실 피렌체가 오늘날의 모습이 되기까지는 그로부터 무려 200년이 넘는 시간이 걸렸고, 비용도 많이 들었다. 당시에 성당이나 수도원 내부를 장식하는 그림의 재료로 금을 비롯한 값비싼 광석(푸른색을 내는 청금석이 황금보다 비쌌다)에서 추출한 안료를 사용했기 때문에 더욱 그랬다. 이렇게 고가의 예술작품들은 모두 당시에 종교적으로 엄격하게 금지되었던 고리대금업이나 무역으로 새로이 부자가 된 신흥상인의 황금이 있었기 때문에 가능했다. 이들 신흥상인 중에서도 메디치Medici 가문의 수장으로 피렌체 정부의 권력을 장악하고 있던 코시모 데 메디치의 황금이 빛을 발했다. 그렇다고 황금의 가치를 누구보다도 잘 알고 있던 상인 코시모 데 메디치가 단지 예술을 사랑했기 때문에 도시 전체를 대가들의 작품으로 치장했던 것은 아니다. 당시 자료를 아무리 찾아봐도 이 상인의 예술적 취향에 대한 기록은 발견할 수 없다(단지 조각가 도나텔로에게 후한 후원을 했다는 정도이다).

그렇다면 왜 코시모 데 메디치와 같은 신흥상인들은 성당이나 수도원 벽면을 세기의 천재들에게 맡겨 장식하도록 후원하게 된 것일까? 더구나 이들이 작품의 주제를 마음대로 정할 수 있는 상황도 아니었는데 말이다. 분명 이 상인들이 예술작품을 후원했던 특별한 목적이 있었을 것이다. 이 의문에서 시작해 르네상스 시대 예술작품의 용도를 다시 생각하게 되었고, 이는 결국 이 책을 쓰는 직접적인 동기가 되었다. 따라서 이 책은 르네상스 예술을 소개하는 기존의 책들과는 달리,

주인공이 예술가들이 아니라 상인들이다.

르네상스 시대 초반에는 성당이나 수도원 내부를 장식하는 예술작품의 주제를 종교 지식에 해박한 고위 성직자들이 결정했다. 그리고 코시모 데 메디치에 이어 그의 손자인 '위대한' 로렌초의 시대에 이르기까지 60여 년 동안에는 메디치 가문의 후원으로 국가의 가치를 고대 문헌에서 찾던 인문학자들에 의해 작품의 주제가 주로 결정되었다. 당연히 오늘날 천재 예술가들로 알려진 레오나르도 다빈치나 미켈란젤로는 작품의 주제를 정할 수 있는 위치가 아니었다(당시 예술가들의 지위는 대부분 사회적으로 하층계급에 속하는 수공업자와 다를 바가 없었다). 상품 주문을 받은 수공업자처럼 예술가도 성직자와 인문학자가 정해준 주제를 예술적으로 표현하는 역할에 충실하면 되었다.

따라서 르네상스 시대의 예술작품에는 당시의 성직자들이나, 부유한 상인들의 후원으로 고대 문화에 해박한 지식을 갖출 수 있었던 인문학자들이 하고 싶은 이야기가 담겨 있다. 이렇듯 르네상스 시대의 예술작품은 교회의 교리나 부유한 신흥상인들의 세속적 욕망을 고스란히 담아낸 기록물이었다. 오늘날까지 잘 보존되고 있는 이들 예술작품 속에서 그들의 이야기를 발견해 당시의 시대적 상황을 읽어낼 수만 있다면, 르네상스 시대에 대한 또다른 모습을 볼 수 있지 않을까 하는 희망을 품고 이 글을 쓰기 시작했다.

메디치 가문으로부터 가장 많은 작품을 주문받았던 산드로 보티첼리가 그린 〈비너스의 탄생〉에 대해 잠시 얘기해보자. 이 그림에는 바다에서 조개껍질을 타고 어디엔가 도착한 비너스와 그녀를 반갑게 맞이

하는 꽃의 여신 플로라가 등장한다. 팔등신의 비너스와 화려한 꽃무늬로 장식된 옷을 입은 플로라에 대해 후대 미술가들은 그 완벽한 비율로 구현된 균형미와 섬세한 표현력을 끊임없이 칭송하고 있다. 이 작품을 이렇게 미적 기준으로만 보면, 화가의 예술성에 찬사를 보낼 수는 있어도, 정치적 어려움을 딛고 새로운 시대를 펼쳐나가려던 메디치 가문의 욕망을 읽어내는 데는 한계가 있다.

이 작품에는 스무 살 젊은 나이에 메디치 가문의 수장이 되어 숱한 어려움을 극복하면서 피렌체 정부의 권력을 장악한 '위대한' 로렌초의 메시지, 즉 피렌체에 풍요를 가져다주는 '새로운 시대'가 펼쳐질 것이라는 정치적 구호가 담겨 있다. 텔레비전 뉴스나 신문과 같은 언론 매체가 없던 르네상스 시대에 예술작품은 이렇듯 정치적인 선전물로 활용되었다. 그래서 황금을 목숨보다 중요하게 여겼던 메디치 가문 사람들은 자신들의 이해관계에 따라 기꺼이 화가에게 돈을 건네주었던 것이다.

이렇듯 르네상스 예술작품에는 그 시대의 주인공인 상인, 성직자, 그리고 인문학자 들이 전달하고자 하는 이야기가 곳곳에 숨겨져 있다. 필자가 르네상스 시대의 회화를 감상하면서, 예술성보다는 정치적 메시지 혹은 전략에 주목해야 한다고 생각하는 이유가 바로 여기에 있다. 독자들과 함께 르네상스 시대 예술작품들을 조심스럽게 들여다보면서 이들 주인공의 목소리에 귀기울이고자 한다.

또한 르네상스 시대 예술을 감상하면서, 인간의 영혼과 몸을 꽁꽁 묶어놓았던 중세의 천 년 세월을 벗어나 새로운 시대를 창조해낸 르네상스인들의 지혜를 찾아보려고 했다. 그중에서도 급격히 변화하는 시대에 새로운 사물의 질서를 창조하여 새로운 국가를 일궈낸 피렌체 상인과 성직자, 인문학자 들의 지혜와 지식에 집중했다.

이 책을 통해 독자 여러분이 르네상스인들의 창의성을 읽어낼 수 있다면, 진정 기쁠 것이다.

차례

밀라노공국

베네치아공화국

베네치아

밀라노

만토바

페라라

제노바

피렌체

피렌체공화국

아드리아 해

교황령

로마

나폴리

나폴리왕국

티레니아 해

시칠리아 섬

● 1200년대 이탈리아 도시국가 지도. 1200년대 후반 르네상스 시대가 본격적으로 발흥되기 전 이탈리아반도에서는 밀라노, 베네치아, 나폴리, 로마, 그리고 피렌체를 중심으로 도시국가가 형성되기 시작했다. 나폴리왕국과 밀라노공국은 신성로마제국의 영향력 아래 있었지만, 피렌체공화국은 신성로마제국과 교황 사이에서 갈등을 겪고 있었다. 한편 비잔틴제국 및 동방과 교역을 하던 베네치아공화국은 교황과 신성로마제국 황제의 영향으로부터 비교적 자유로웠다.

{1}

교황,
르네상스 탄생의 숨은 주인공

Renaissance

교황 인노켄티우스 4세
Innocentius IV, 재임 1243~1254

제노바 귀족가문(피에스키Fieschi 가문) 출신으로 중요한 성직을 두루 거쳤다. 그가 교황이 된 뒤, 성지 예루살렘이 이슬람 군대에 의해 점령당하고 성묘 성당Church of the Holy Sepulchre이 파괴되는 사건이 발생한다. 또한 신성로마제국의 황제였던 프리드리히 2세가 이탈리아 남부의 시칠리아왕국과 북부(밀라노를 포함한 롬바르디아 지역)를 장악했다. 이러한 난국을 타개하고자 세속권력을 강화하기 위해 노력하며, 제1차 리옹 공의회(1245)를 소집해 성지 회복세를 징수하고 제7차 십자군 전쟁을 지원했다.

이교도들을 추방하고자 피렌체로 이주한 탁발 수도사들의 경제적 어려움을 해결해주기 위해, 도미니크회 수도사들과 프란체스코회 수도사들이 신앙생활을 하던 수도원 지하에 평신도들의 시신을 안장할 수 있게 하는 칙령을 선포했다. 이를 통해 부유한 평신도들이 선조들의 시신을 수도원 지하에 안장하는 대가로 수도원을 후원하게 된다.

고대 로마 시대에는 로마의 정치와 종교 중심지였던 카피톨리노 언덕 위에 신전을 짓고 그 내부를 장식하면서, 주로 건축과 조각을 중심으로 예술이 발달했다. 르네상스 시대에는 오랫동안 버려져 흉물스러워진 수도원의 내부를 새롭게 장식하는 회화를 중심으로 예술이 발전하게 된다.

　고대 로마 시대의 모든 길이 로마로 통했다면, 르네상스 시대의 모든 길은 피렌체로 통했다. 전 유럽에 흩어져 있던 황금이 피렌체의 중심부를 가르는 아르노 강을 따라 흘러들어오면서, 피렌체를 중심으로 황금으로 치장한 예술이 성행하기 시작했다. 이때가 1300년 초반 무렵이다.

　이러한 물결을 타고 당시 최고의 화가로 인정받았던 조토Giotto di Bondone, 1267?~1337는 피렌체 외곽에 위치한 수도원(산타 크로체)의 성당 내부를 장식할 수 있는 기회를 잡았다. 이어 조토의 제자 안드레아 오르

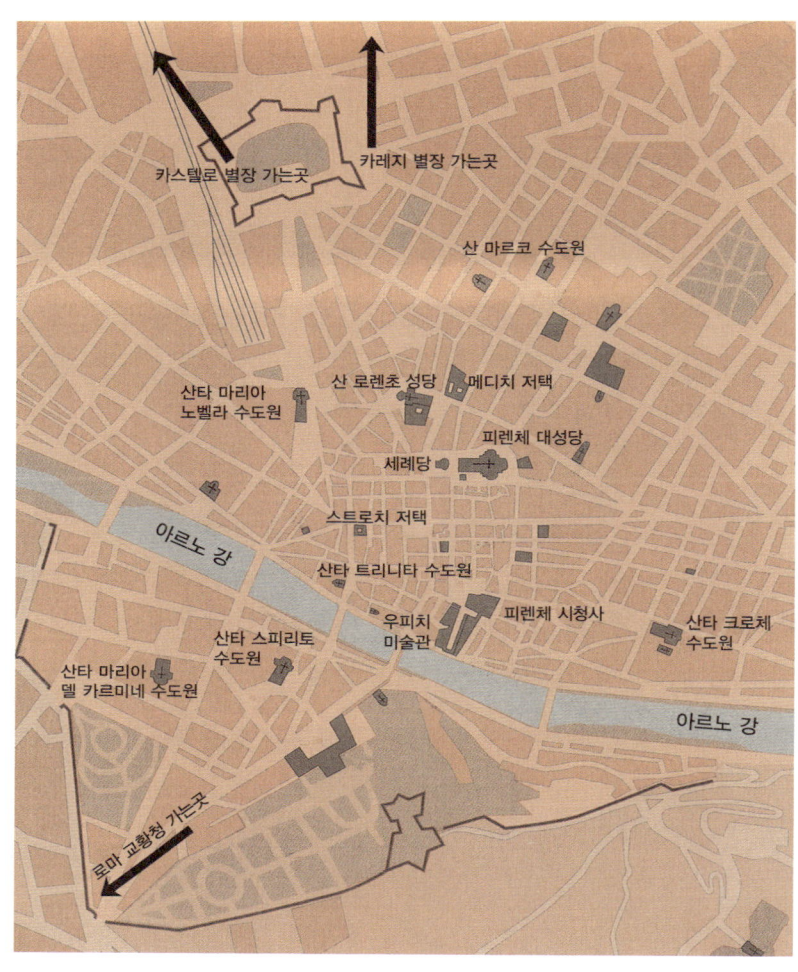

카스텔로 별장 가는곳

카레지 별장 가는곳

산 마르코 수도원

산타 마리아
노벨라 수도원

산 로렌초 성당

메디치 저택

피렌체 대성당

세례당

스트로치 저택

아르노 강

산타 트리니타 수도원

우피치
미술관

피렌체 시청사

산타 크로체
수도원

산타 스피리토
수도원

산타 마리아
델 카르미네 수도원

로마 교황청 가는곳

아르노 강

● 1300년경 피렌체 지도.

● 피렌체 전경.

카냐Andrea di Cione di Orcagna, 1308~1368도 다른 수도원(산타 마리아 노벨라)의 성당 내부를 장식하기 시작했다. 이렇게 르네상스 시대 초반에 활동한 화가들은 주로 피렌체 도심 외곽에 위치한 수도원 성당 내부를 새롭게 장식하는 주문을 받았다. 화가들은 당시 황금을 잔뜩 가지고 있었던 피렌체 상인들의 후원 덕택에 예술적 기예를 마음껏 뽐낼 수 있었다.

르네상스 시대는 토지를 중심으로 하는 농업보다는 황금으로 만들어진 돈('플로린florin'이라는 피렌체 금화)을 중심으로 하는 상업의 시대였다. 지금도 그렇겠지만 당시 이윤을 추구하는 도시의 상인들은 아무런 목적 없이 주머니를 열지 않았다. 경쟁이 치열했던 피렌체 상인들은 더욱 그랬다. 그런데 왜 피렌체 상인들이 수도원을 신축 또는 확장하는 데 필요한 벽돌이나 목재의 구입 비용, 수도원 내부를 장식할 고가의 그림이나 조각품을 제작하는 비용을 지불하기 시작한 것일까? 어째서 피렌체 상인들은 오래전에 지어져 낡은 수도원 성당 내부를 장식하는 비용을 지불하기로 마음먹었던 것일까? 르네상스 초기 피렌체를 중심으로 수많은 예술작품이 탄생한 비밀을 밝히는 작업은 바로 이 의문으로부터 시작한다.

교황, 천국으로 가는 열쇠로 상인들의 금고를 열다

조토의 벽화나 미켈란젤로의 조각품으로 장식되어 오늘날 관광객들의 눈길을 사로잡고 있는 피렌체의 수도원들은 1200년대 초반까지만 해도 빈털터리 수도사들이 이주해 살던 곳이었다. 피렌체 외곽에 위치한 수도원에서 가난하게 신앙생활을 하던 수도사들은 도시 상인들의 주머니를 열기 위해 교황에게 도움을 요청할 수밖에 없었다. 왜 수도사들은 한적한 산속의 성전을 나와 세속 도시로 향했으며, 왜 교황은 이들을 도우려 했던 것일까?

1200년대 초, 피렌체 도심은 무일푼으로 일거리를 찾아 몰려드는 이민자들로 붐비기 시작했다(1200년대 후반에 이르러 피렌체에는 이렇게 불쌍한 영혼들이 9만여 명이나 되었다). 일부 수도사들은 낯선 도시에서 굶주림과 가난으로 떨고 있던 이민자들을 위해 한적한 산속을 벗어나 피렌체로 이주하게 된다.

이 수도사들은 피렌체 외곽에 위치한 수도원에 자리잡았다. 하지만 재산도 없고 후원자도 구하지 못한 수도사들 역시 어렵기는 마찬가지였다. 하는 수 없이 이들은 평신도들에게 설교를 하거나, 장례식을 주재하면서 연명했다. 이들은 탁발托鉢에 의존해야 겨우 살아남을 수 있었기 때문에 탁발 수도사라고 불렸다(프란체스코 수도회와 도미니크 수도회가 당시 대표적인 탁발 수도회들이다). 결국 가난한 수도사들에게는 교황의 도움이 절실히 필요했다.[1]

한편 당시 막대한 부를 축적한 피렌체의 상인들은 현세에서 더이상 이룰 것이 없었다. 이들의 관심사는 사후 세계였다. 죽음에 대한 의학적 원인이 규명되지 않았던 시대에 죽음은 공포 그 자체였다. 그래서 이들은 현세뿐만 아니라 사후에도 구원받기를 간구했다. 13세기 말 피렌체의 한 부유한 상인(피에로 델 토발리아Piero del Tovaglia)은 "현세의 내 저택을 위해 2000플로린을 쓰면, 500플로린은 사후 세계의 안락을 위해서 교회에 후원하겠다"라는 말을 남길 정도였다.[2]

당시 사람들은 현세에서의 노력 여하에 따라 사후에 안식을 얻을 수도 있고 지옥에 떨어질 수도 있다고 믿었다. 부를 축적한 상인들은 수도원 지하에 묻혀 있는 수호성인들의 유골과 가까운 곳에 안장되기를 간절히 원했다. 이들은 사후 최후의 심판장에 서게 되면, 가까이 묻혀 있는 수호성인들이 동행해 자신의 잘못을 변호해줄 것으로 믿었다. 이러한 종교적 믿음이 확산되면서 부유한 상인들은 자신이 거주하고 있는 지역(교구)의 공동묘지보다도 수호성인들의 유골이 안장되어 있는 수도원 지하에 묻히기를 바랐다.

세속의 인간들이 사후의 영생불멸을 간구하면서, 수도원(성당) 지하 묘지를 요구하는 평신도들이 늘어나고 있는 것을 당시 교회의 최고 지도자인 교황은 알고 있었다. 또한 습기가 가득찬 낡은 수도원에서 성무를 착실히 수행하던 탁발 수도사들의 딱한 처지 역시 알고 있었다. 교황은 부유한 상인들의 주머니를 열게 하는 묘안을 짜내야 했

● 피렌체 정부가 1252년 순금 3.54그램(한 돈 정도)으로 제작한 금화 플로린. 이 금화는 금의 순도가 높아 유럽 국가에서 신용도가 높았으며, 1200년대 후반부터 국가 간 무역 결제에 사용되었다. 일반인들 사이에서 유통되었던 것은 아니고 일종의 기축통화 역할을 했다. 일반 상인들 사이의 결제에는 리라(lira)라고 불리는 은화가 주로 통용되었다. 화가들의 계약서를 보면 '○○플로린을 화가에게 지급한다'고 기록되어 있지만, 실제로는 은화인 리라로 지불하였다. 교환가치는 '1플로린=1리라(은 4.53그램)=20솔디(soldi)=240데나리(denari)'였지만 순도 높은 금이 부족해지면서, 1플로린의 가치는 7리라까지 상승했다. 1플로린은 현재의 한화로 대략 80~100만 원에 상당하는 가치를 지녔다(구매력 기준).

다. 결국 교황 인노켄티우스 4세는 칙령을 내려 신앙이 두터운 평신도들의 시신을 탁발 수도원 지하에 매장할 수 있도록 허락했다.[3] 이것이 1244년의 일이다. 교황은 천국의 열쇠를 상인들에게 내주는 대가로 그들의 금고를 열 수 있게 된 것이다.

당시의 교회법에 의하면, 수호성인이나 고위 성직자들만이 사후에 성당이나 수도원 지하에 묻힐 수 있었다. 따라서 수도원에 평신도의 시신을 안장할 수 있도록 한 것은 상당한 파격이었다. 수도원은 죽음에 대한 두려움에 떨고 있던 상인들의 영혼을 기꺼이 구원했고, 그에 대한 보답으로 상인들은 금고에 넣어두었던 황금을 수도원으로 옮기기 시작했다.

종교적 의무감에서 탄생한 르네상스 예술

교회가 절대적으로 부족했던 고대 로마제국 시대부터 성직자들은 교회에 상당한 재산을 기부한 신도들에게 다양한 특권을 부여해왔다. 대토지를 소유한 지주들은 자신의 토지에 교회를 지으면, 십일조를 징수할 수 있는 권한을 부여받았다. 중세에는 교회 후원자에게 관행적으로 주어지던 특권을 '교회 후원권한'(라틴어로 Jus patronatus, 영어로는 Right of Patronage)이라는 교회법으로 보장하게 된다.[4]

하지만 르네상스 시대에 들어서면서 신앙활동이 땅값이 비싼 도심을 중심으로 이루어졌기 때문에 새로운 교회를 짓는 이른바 성업聖業이 여의치 않게 되었다. 그 대신에 부유한 상인들은 수도원에 재정 후원을 한 대가로 성당 내부에 선조의 안식을 염원하는 미사를 드릴 작은 공간을 소유할 수 있었다. 수도원은 이 공간을 수호성인들을 봉헌하는 기도실chapel로 활용하게 된다. 이러한 과정을 거쳐 르네상스 시대에는 교회 후원권한이 자연스럽게 '기도실 후원권한'이라는 형태로 전환된다.[5]

기도실 후원권한을 가진 피렌체의 부유한 상인들에게 특권만 주어진 것은 아니었다. 수도원은 이들에게 몇 가지 의무도 동시에 부과했다. 그중 하나가 성당 내부의 기도실을 그림 등으로 장식하는 일이었다.[6] 또한 지하에 안장된 선조들의 영혼이 영원한 안식을 얻을 수 있도록 기도를 드리는 사제에게 평생 동안 봉급을 지불해야 한다는 의무도 부과했다(사제 추천권Right of Presentation에 부과된 의무이다). 이렇게 해서 수도원 벽면들은 성스럽게 장식될 수 있었고, 수도사들은 평생 동안 일정한

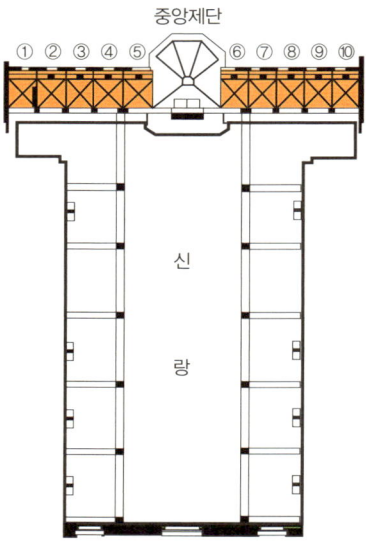

중앙제단

① ② ③ ④ ⑤ ⑥ ⑦ ⑧ ⑨ ⑩

신

랑

● 수도원 성당의 기도실 배치도 예. ①～⑩번의 색칠한 공간은, 부유한 상인들이 수도원 측에 재정 후원을 한 대가로 받은 개인 기도실이다. 이 기도실은 개인 가문의 소유였고, 다른 가문에 양도가 가능했다. 성인들의 유골이나 성물(聖物)이 보관되어 있는 중앙제단(High Altar)이 성당에서 가장 성스러운 공간이다. 부유한 상인들은 중앙제단에 가까운 기도실(⑤번과 ⑥번)을 가장 선호했다.

수입을 보장받을 수 있었다. 만약 이 두 가지 의무가 지켜지지 않으면, 기도실은 능력 있는 다른 가문에 양도되었다.

부유한 상인들은 경쟁적으로 기도실을 아름답고 화려하게 장식하려 들었다. 이러한 경쟁 속에서 상인들은 자연스럽게 더 재능 있는 예술가를 찾아 나서게 됐다. 그들은 중세에 그려진 그림을 단순히 복제하는 수준에 머물러 있던 예술가들에게는 관심이 없었다. 상인들은 자신들의 부와 권세를 창조적으로 표현해줄 수 있는 예술가들에게 열광했다. 수도원 역시 자신들이 속한 수도회를 피렌체 시민들에게 널리 알려줄 재능 있는 화가를 필요로 했다. 이 시대의 종교화는 수도원의 주요한 홍보 매체였던 것이다.

상인들과 교회의 이해관계가 맞아떨어지며 재능 있는 화가들에게 주문이 몰리기 시작했다. 화가들 밑에서 수련과정을 거치려는 이들이 하나둘씩 늘어나면서, 유명 화가들은 공방Bottega을 운영해야만 할 정도가 되었다. 천 년 이상을 잠자고 있던 '아발론의 아홉 자매'(예술의 여신 무사Mousa)가 피렌체에서 깨어나기 시작한 것이다. 이로써 피렌체는 서유럽에서 가장 화려하게 치장되는 예술의 도시로 변화하기 시작한다. 피렌체 르네상스가 시작된 것이다.

하지만 교회와 상인들의 균형은 오래가지 못했다. 부유한 상인들의 지원을 받을 수밖에 없었던 수도원은, 상인들이 추구하는 세속적 욕망을 종교적으로 제어하기가 점차 힘들어졌다. 그러자 상인들은 부와 권력을 앞세워 자신들의 세속적 욕망을 적극적으로 표현해나갈 수 있게 되었다.

새로운 시대를 열어가려는 피렌체 상인들

피렌체의 부자 상인들은 대부분 양모 무역과 고리대금업으로 부를 축적해왔다. 탁발 수도사들은 종교적으로 엄격하게 금지되어 있던 고리대금업이나, 정의에 반해 폭리를 취하던 도시 상인들을 고운 눈길로 볼 수 없었다. 초창기의 수도사들은 교리를 어기는 상인들을 단죄하려고 했다. 하지만 이들은 곧 황금을 손에 쥔 상인들의 도움을 받지 않고서는 피렌체에서 신앙생활을 하기가 불가능하다는 것을 깨닫기 시작했다. 피렌체의 탁발 수도사들은 일찌감치 상인들의 불법적인 활동을 눈 감아줄 수밖에 없었다.

이렇게 교리의 적용이 느슨해진 통에 피렌체 상인들은 세속적 욕망을 자유롭게 추구할 수 있게 되었다. 상인들은 교회의 종소리에 귀를 기울이지 않았고, 성직자들의 주기도문에 관심을 두지 않았다. 르네상스 시대라는 새로운 시대를 창조하는 토대가 된 것이 이 상인들의 욕망이다.

이제 상인들의 후원을 받은 인문학자들이 고대 그리스와 로마의 빛나는 성과를 담은 책을 찾으려고 전 유럽의 고서점을 뒤지고 다녔다.[7] 그리스어를 몰라 세네카와 키케로가 쓴 고대 문학작품을 손에 들고 쩔쩔매긴 했지만(이탈리아 최초의 계관시인으로 칭송받던 페트라르카가 그랬다), 인간의 능력과 합리성(실용적인 관점에서)을 중시하는 인문학자들이 일찍부터 활동할 수 있었다.

교리를 엄격히 지키려는 수도사들은 상인들의 욕망을 제어하고자 했지만 그러기에는 득보다 실이 많았다. 결국 도시의 가난한 수도사들은 황금의 무게를 재는 저울을 곁눈질로 쳐다보면서, 새로운 학문과 번득이는 창의성으로 무장한 인문학자들의 이야기에 귀를 기울이게 되었다.

이제 상인과 성직자, 그리고 인문학자 들은 경계심을 품지 않고 자연스럽게 소통할 수 있었다. 점차 피렌체에서는 서로 다른 생각을 가진 낯선 사람들이 소통할 수 있게 된다. 가끔 자신의 주장을 굽히지 않기도 했지만, 이 주인공들이 서로 융합해가자, 과거에는 전혀 볼 수 없었던 새로운 창조물들이 만들어지기 시작했다. 상인과 성직자, 그리고 인문학자 들이 자신들이 하고 싶은 이야기를 효과적으로 전달할 수 있

● 젠틸레 벨리니(Gentile Bellini), 〈산 마르코 광장의 행렬〉(1496), 베네치아 아카데미아 미술관 소장.
르네상스 시대에 산 마르코 성당 광장에서 벌어진 종교 축제 행렬을 그린 작품이다. 산 마르코 성당은
4대 복음서의 저자 중 한 명인 성 마르코(마가)의 유골이 보관되어 있는 곳이다. 특정 종교 단체에 소속
되어 있었던 것이 아니라, 베네치아 총독의 개인 예배당이었다. 그 때문에 베네치아인들은 이 성당이
로마 교황의 개인 성당인 시스티나 성당과 동등한 위계를 지닌다고 여겼다.

는 예술 분야에서 창조성이 더욱 빛을 발했다.

르네상스 시대 예술과 문화의 자양분이 되었던 것은 돈만이 아니었다. 오히려 세속적 욕망을 자유롭게 추구하던 도시 상인들이 새로운 질서로 국가를 세우고자 하는 열망이 예술과 문화를 꽃피우는 중요한 역할을 했다. 그래서 르네상스 문화는 이 새로운 질서와 법률이 절실히 필요했던 피렌체를 중심으로 펼쳐지게 된다.(33쪽 참조)

부유한 상인들의 메시지를 전달하는 수단이 된 르네상스 예술

르네상스 시대 예술은 신앙심 깊은 평신도들의 시신을 탁발 수도사들이 거주하는 수도원 지하에 매장할 수 있게 해주는 것에서부터 시작되었다. 경건함과 더불어 황금도 많이 가지고 있어야 선조들의 시신을 수도원 지하에 안장할 수 있었다. 또한 후원의 대가로 수도원 내부에 기도실을 분양받은 부유한 상인들은 기도실을 장식하는 의무도 지켜야 했다. 이 과정에서 르네상스 시대 화가들은 이 수도원 저 수도원으로 불려다니기 시작한다.

르네상스 예술이 선을 보이던 1300년대 초반, 수도원 성당의 기도실을 장식할 작품의 주제는 해박한 종교 지식을 갖춘 고위 성직자가 결정할 수 있었다. 하지만 세월이 지나면서 작품 제작 비용을 지불한 상인들은 가문의 위상을 드러낼 수 있는 형상이나 표식을 요구하기 시작했다. 상인들은 이러한 요구를 자신들만의 특권이자 명예로 생각했다. 교회는 막대한 경제적 후원을 하던 이 상인들의 요구를 받아들일 수밖에 없었다.

르네상스 초반에 제작된 조토의 〈성 프란체스코의 생애〉 같은 종교적 작품에 주문자 가문 사람들 모습이 묘사된 것도 이러한 요구 때문이다. 중세 시대만 해도 성스러운 종교화에 세속의 인물 형상을 묘사하는 것은 불가능했다. 그러나 메디치 가문 시대로 접어들면, 메디치 가문의 후원을 받고 정치에 깊숙이 관여하게 된 인문학자들의 요구가 예술작품의 주제로 등장한다. 이런 부유한 상인들의 명예욕과 정치적 욕망이 작품을 통해서 드러나는 것이 르네상스 예술의 특징이다.

주문자들은 예술작품 속에 전달하고 싶은 다양한 메시지를 숨겨놓았다. 당대 최고의 성직자들에게서 나온 교리와, 새 시대에 걸맞는 사상적 기반을 제공한 르네상스 인문학자들의 지식과, 그 인문학자들을 후원한 상인들의 욕망에 주목하면서, 피렌체에서 창조된 예술작품을 이해해보자.

독자들의 이해를 돕기 위해 '예술작품을 주문한 상인—작품이 그려진 수도원—예술가'별로 정리해놓았다. 이를 참조하면서 이 책을 읽어나가길 바란다.

❖ 바르디 가문 — 산타 크로체 수도원 — 조토

❖ 스트로치 가문 — 산타 마리아 노벨라 수도원 — 안드레아 오르카냐

❖ 브란카치 가문 — 산타 마리아 델 카르미네 수도원 — 마사초

❖ 메디치 가문(코시모의 아버지 조반니) — 산 로렌초 성당 — 브루넬레스키

❖ 메디치 가문(코시모 데 메디치) — 산 마르코 수도원 — 프라 안젤리코

❖ 메디치 가문(피에로 데 메디치) — 메디치 저택 기도실 — 베노초 고촐리

❖ 메디치 가문('위대한' 로렌초) ─ 카스텔로 별장 ─ 산드로 보티첼리

❖ 사세티 가문 ─ 산타 트리니타 수도원 ─ 기를란다요

❖ 마키아벨리 ─ 피렌체 시청사 ─ 레오나르도 다빈치와 미켈란젤로

❖ 교황 클레멘스 7세 ─ 교황청 시스티나 예배당 ─ 미켈란젤로

왜 피렌체 르네상스에 주목해야 하는가?

르네상스 시대 하면 언뜻 떠오르는 세 인물이 있다. 화가 레오나르도 다빈치와 조각가 미켈란젤로, 그리고 예술 후원자(?)로 우리나라 독자들에게 잘 알려진 코시모 데 메디치가 그들이다. 이들 모두 피렌체 출신이라는 공통점이 있다. 그리고 잘 읽히지 않는 대표적인 시집 『칸초니에레』('노래 책'이란 뜻이다)를 쓰고서, 오늘날까지 계관시인(로마 원로원이 준 월계관을 넙죽 받아썼다)으로 칭송받는 페트라르카도 피렌체가 위치한 토스카나 주 출신으로 피렌체를 중심으로 활동했다. 이렇게 피렌체에서는 예술가들과 인문학자들이 활발하게 활동하고 있었다. 이것은 우연이 아니었다.

고가의 예술작품을 제작하는 데 가장 중요한 역할을 하는 것이 돈이라면, 베네치아나 밀라노가 피렌체보다 앞섰어야 했다. 그러나 베네치아나 밀라노는 종교권력과 세속권력을 한 사람이 가지고 있었기 때문에, 피렌체에 비해 성직자와 상인 사이의 갈등이 적었다.

당시 이탈리아반도에서 가장 부유했던 베네치아는 300여 명 정도 되는 귀족들이(황금 책Libro d'Oro에 등록된 귀족들) 도시를 지배하고 있었다. 이 귀족들 중에서 베네치아를 이끌어갈 종신제 총독Doge이 선출됐다.[8] 베네치아 총독은 예수의 열두 제자 중 한 사람인 성 마르코(마가라고도 부른다)의 후계자를 자처하고 있었다. 교황이 예수의 열두 제자 중 하나인 성 베드로의 후계자이니, 같은 예수의 제자인 마르코의 후계자로서 베네치아 총독은 교황과 같은 위상을 지녔다고 생각했다.[9] 그래서 베네치아 총독은 베네치아 대주교를 임명하는 권한을 행사하고 있었다. 이와 같이 베네치아에서는 종교권력과 세속권력이 한 몸이었기 때문에, 새로운 시대에 대한 요구가 눌려 있었다(하지만 비잔틴제국이 멸망하는 1400년대 중반에 들어서면, 베네치아에서도 새로운 중산층이 주도하는 움직임이 활발해진다).

한편 밀라노에서도 당시 황제가 주교를 임명하는 신성로마제국의 관례를 따르고 있었기 때문에(서임권을 둘러싸고 황제와 교황이 대립한 카노사의 굴욕 장면을 떠올려보자), 밀라노 총독이 밀라노 고위 성직자를 임명하는 권한을 가지고 있었다. 밀라노 역시 베네치아와 마찬가지로 종교권력과 세속권력이 통합되어 있었다. 밀라노에도 새로운 시대를 꿈꿀 여건이 마련되지 않았던 것이다.

베네치아와 밀라노의 총독이나 고위 성직자들은 르네상스 시대에 살고는 있었지만, 중세 시대 봉건 귀족들의 궁정宮庭의 삶을 이상으로 생각했다. 따라서 이들의 주문으로 제작되던 예술작품도 중세 시대부터 내려온 화려한 고딕 양식을 복제하는 수준에 머물러 있었다. 이 도시들은 중세의 포도주에 취해 깊은 잠에 빠져들고 있었지만, 이웃 도시 피렌체는 새로운 국가의 지배권을 놓고 성직자와 상인이, 그리고 상인들 서로 간에도 갈등을 겪고 있었다. 그러나 피렌체인들은 이 위기 속에서 새로운 질서를 창조하는 방향으로 나아가고 르네

상스 문화를 꽃피우게 된다. 우리가 피렌체를 중심으로 르네상스 예술을 얘기

하는 이유도 바로 여기에 있다.

엔리코 스크로베니,
귀족이 되려 예배당을 지은 고리대금업자

Renaissance

파도바 아레나 예배당,
조토의 〈최후의 심판〉

엔리코 스크로베니
Enrico Scrovegni, ?~1336

엔리코 스크로베니는 고리대금업자인 아버지로부터 막대한 유산을 물려받아 1300년대 초반, 파도바의 제일가는 부자가 되었다. 고리대금업으로 축적한 부를 바탕으로 1302년부터 1317년까지 파도바 자치정부를 지배해온 실력자이기도 하다. 그는 당시에 종교적으로 죄악시되었던 고리대금업으로 부를 축적한 아버지의 영혼을 구원하기 위해서 파도바에 아레나 예배당Arena Chapel을 지었다고 전해진다. 하지만 그는 믿었던 사위(카라라Carrara 가문)에 의해 추방당하는 불운을 겪게 된다. 끝내 파도바로 돌아올 수 없었던 스크로베니는 베네치아에서 숨을 거둔다. 사후에 그의 영혼은 자신의 소망대로 아레나 예배당에 조성된 영묘에서 쉴 수 있게 되었다.

조토
Giotto di Bondone, 1267?~1337

조토는 치마부에Bencivieni di Pepo Cimabue의 제자로 알려져왔으나 확실치는 않다. 조토는 중세 회화의 특징인 인물을 무표정하게 묘사하는 방식에서 벗어나, 슬픔과 기쁨 그리고 환희에 찬 인간의 표정을 그려내는 데 재능을 보였다고 전해진다. 또한 자연(돌, 흙, 모래 등)의 아름다움을 묘사하는 것을 즐겨, 회화의 새로운 기법과 규칙을 창안한 화가로 불리기도 한다. 『데카메론』의 저자로 잘 알려진 보카치오도 조토를 '새로운 시대의 문을 연 화가'로 칭송할 정도로 조토의 새로움은 당대의 찬사를 받았다. 조토는 1200년대 말 프란체스코 수도회의 성지인 아시시Assisi에 있는 수도원에 성 프란체스코의 일대기 스물여덟 점을 장식하면서 화가로서 명성을 떨치게 된다.[1] 파도바의 아레나 예배당 벽면을 장식한 인물도 바로 조토이다.

1300년대 초반 이탈리아 북부에 위치한 자그마한 도시 파도바에서는 고리대금업자였던 아버지에게 물려받은 막대한 유산으로 부자가 된 엔리코 스크로베니라는 상인이 급부상하고 있었다. 그가 받은 유산의 규모는 15만 6000 피렌체 금화, 오늘날 우리 돈으로 환산하면 무려 1200억 원이 넘는 거액이었다. 스크로베니는 아버지와 마찬가지로 고리대금업으로 막대한 부를 축적했다. 그리고 파도바 외곽(비첸차 Vicenza 지역)에 대토지를 소유한 지주의 딸과 결혼하면서 파도바에서 가장 부유한 상인이 되었다.

　과거 중세 귀족들이 그랬던 것처럼, 스크로베니도 자신의 저택을 신축하고, 저택 바로 옆에 가문 소유의 예배당까지 지었다. 이 예배당이 오늘날 아레나 예배당(당시에는 산타 마리아 성당이라고 불렸다)이라고 부르는 성당이다.[2] 지금은 예배당의 일부만 을씨년스럽게 남아 있지만, 당시

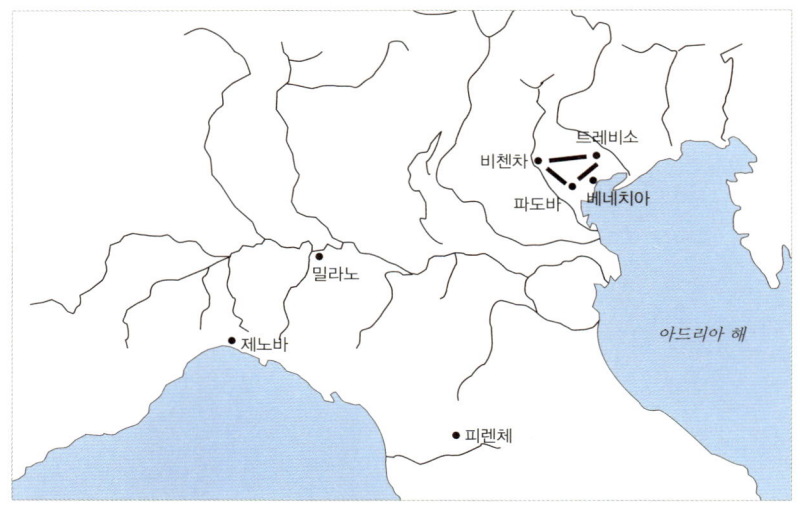

● 파도바는 비첸차와 트레비소 지역에서 생산되는 농산물 유통의 중심지였다. 공산품은 주로 베네치아로부터 수입해서 사용했다. 그래서 당시 파도바는 피렌체보다 베네치아의 직접적인 영향을 받았다.

에는 대저택과 함께 그 규모가 대단했다. 이 대상인은 자신의 지위에 걸맞게 당대 최고의 화가 조토를 파도바로 불러들여 아레나 예배당 내부를 장식하게 했다.[3] 이때가 1300년대 초반으로, 피렌체에서는 아직 르네상스 예술이 꽃망울을 터트리지 못하고 있던 시점이다.

　화가 조토는 이 예배당의 벽면을 성모마리아와 그리스도가 행한 기적 등을 포함해 무려 쉰세 개의 장면으로 장식했다. 대부분 글을 읽을 줄 몰랐던 신도들을 위해 성서의 주요 내용을 그림으로 표현한 것이다. 조토 이후 종교화를 주문받은 후대의 화가들은 이 예배당을 꼭 한 번씩은 방문했다고 한다. 이 작품들 중에서 가장 눈길을 끄는 그림은 예배당 입구에 들어서자마자 고개를 뒤로 돌리면 바로 볼 수 있는 〈최후의 심판〉이다.

● 1800년 초반까지 보존되어 있던 스크로베니 대저택. 저택의 오른쪽에 붙어 있는 당시의 아레나 예배당이 보인다. 19세기 익명의 판화가 작품.
●● 아레나 예배당의 현재 전경.

● 조토가 그린(1300~1305) 아레나 예배당 내부 장식. 성모마리아의 아버지와 어머니, 성모마리아의 일대기, 그리스도가 행한 기적들을 주제로 한 쉰세 장면으로 장식되었다.

● 아레나 예배당의 서쪽 벽면에 위치한 조토의 〈최후의 심판〉. 위쪽에는 천사들이 가우덴티 기사단의 깃발을 들고 있고, 오른쪽 아래에는 지옥에서 밧줄에 목매여 고통당하는 고리대금업자의 형상이 보인다. 이 때문에 고리대금업으로 부를 축적한 것을 속죄할 목적으로 엔리코 스크로베니가 아레나 예배당을 신축했다는 설도 있다.

● 조토의 〈최후의 심판〉 부분. 전체 그림의 하단 중앙 부분이다. 아레나 예배당을 신축하여 성모마리아에게 봉헌하는 엔리코 스크로베니가 중앙에, 그 오른쪽에 스크로베니의 고해성사를 담당했던 알테그라도 신부가 그려져 있다.

　　조토는 작품 하단의 한가운데에 엔리코 스크로베니가 새로 지은 예배당을 성모마리아에게 헌정하는 형상을 그려넣었다(스크로베니가 예배당을 지은 이유를 여기서 짐작할 수 있다[4]). 스크로베니는 그럼으로써 고리대금업자로 악명 높았던 아버지의 영혼이 지옥에서 벗어나 안식을 얻을 수 있으리라고 믿었다. 어찌 보면 대단한 효심이랄 수도 있겠다.

　　피렌체 상인들이 그랬던 것처럼 당시 파도바 상인들도 대가 없이 교회를 후원하지는 않았다. 후원을 받은 교회도 반드시 대가를 지불해야 했던 시절이다. 세속권력을 쥐고자 했던 엔리코 스크로베니와 교회 사이의 금전적 거래에 의해 만들어진 것이 아레나 예배당이다. 자신의 돈으로 예배당을 신축한 스크로베니는 이 예배당 내부를 장식한 〈최후의 심판〉에서 자신의 세속적 욕망을 선명하게 드러내고 있다.

엔리코 스크로베니는 이 예배당 후원을 통해 귀족이 되려 했다. 귀족이 되어야만 파도바 자치정부를 장악할 수 있었기 때문이다. 그뿐만 아니라 스크로베니는 고리대금업으로 벌어들인 부당한 재산을 후손들에게 안전하게 상속하는 수단으로 예배당을 이용하려 했다. 어떻게 예배당 하나로 자신의 정치적 욕망을 달성하고 후손들에게 불법적인 재산을 증여할 수 있을까? 그 해답은 조토의 〈최후의 심판〉에 있다. 우선 예배당 신축이 성업을 넘어서 하나의 사업 수단이 될 수 있었던 당시로 돌아가보자.[5]

고리대금업자의 재산 상속 수단으로 활용되던 교회 후원권한

엔리코 스크로베니의 아버지는 자금이 필요한 교회와 성직자들에게 대부를 하거나 교회를 신축해 재산을 축적했다. 엔리코 스크로베니도 파도바 근교에서 가장 비옥한 비첸차 지역의 토지를 매매하고 이 지역의 자치 정부와 교회에 돈을 빌려주는 과정에서 막대한 부를 축적했다. 이는 당시 종교적으로 죄악시하던 고리대금업으로 이룩한 것이었다.

당시 고리대금업자들은 죽기 전 고해성사를 통해 자신이 고리대금업으로 엄청난 재산을 모았다는 사실을 고백해야 했다. 또한 고리대금업으로 번 돈을 모두 교회에 반환해야 죄를 용서받을 수 있었다. 특히 성직자들과 인맥도 없고, 소규모로 일하던 고리대금업자들은 이러한 교회의 압력에 굴복할 수밖에 없었다.[6]

하지만 고위 성직자들과 친분을 유지한 채 막대한 부를 축적한 엔리코 스크로베니의 경우는 사정이 달랐다. 경건한 얼굴을 하고 자신의 토지에 교회를 신축하면 그만이었다. 물론 스크로베니가 신앙심이 깊어 이런 일을 한 것은 아니었다. 토지 소유권을 중요하게 보호하던 당시 시민법(게르만법)에 따라 자신의 토지에서 발생하는 임대료나 농산물은 토지 소유자의 몫이 되듯, 자신의 토지 위에 설립된 교회도 자기 재산이 되었기 때문에 스크로베니에게도 손해 보는 장사가 아니었다.

당시 평신도들은 십일조를 냈다. 그런데 교회를 설립한 소유자가 교회 관리를 맡으면서, 이 십일조는 교회 소유자의 주머니에 들어가게 됐다. 그러니까 아레나 예배당의 경우처럼, 자신의 토지 위에 교회를 짓게 되면 주말마다 수익이 발생하는 구조가 가능해진 것이다.[7] 더구나 수익을 낳는 교회는 후손에게 상속이 가능했다. 교회 후원권한을 사고팔 수 있었듯이, 교회 또한 사고팔 수 있는 상품이 되어버렸다(후에 루터에 의해 이뤄지는 종교개혁의 대상이 된다). 교회가 고리대금업자들에게 가장 안전한 투자처가 된 셈이다. 그리스도의 은총을 기대하며 경건한 마음으로 기도하던 엔리코 스크로베니의 두 손은 어느덧 만지기만 하면 모든 것이 황금으로 변하는 미다스의 손으로 변하기 시작했다. 그리고 미다스가 그랬듯 스크로베니의 욕망 또한 여기서 멈추지 않았다.

〈최후의 심판〉에 중세 귀족들의 모임 장소를 선명하게 남겨놓다

막대한 부를 축적한 엔리코 스크로베니는 파도바 자치 정부의 주인이 되고 싶어했다. 하지만 파도바는 오래전부터 명문 귀족가문들(대표적으로 달레스마니니Dalesmanini와 레미치Lemici 가문)이 권력을 장악하고 있었다. 이 명문가들과 그 추종자들은 고리대금업으로 벼락부자가 된 스크로베니 가문을 은근히 멸시하고 있었다.

파도바에서 자리를 잡기 위해서 스크로베니 가문은 반드시 신분의 장벽을 넘어야 했다. 당시 신분 상승을 위한 지름길은 중세 시대 봉건 귀족들처럼 기사 작위를 받는 방법밖에 없었다. 그러나 파도바에는 엔리코 스크로베니에게 기사 작위를 줄 수 있는 왕이 없었다. 이러한 조건은 스크로베니에게 오히려 행운이 됐다.

마침 파도바에서는 기사 작위를 받은 귀족들로 구성된 가우덴티 기사단Cavalieri Gaudenti이 오래전부터 활동해오고 있었다.[8] 스크로베니는 이 단체로부터 기사 작위를 받으려 했다. 가우덴티 기사단은 원래 스크로베니가와 친분이 있는 파도바 주교의 관할하에 있었기 때문에, 그는 기사 작위를 쉽게 받을 수 있으리라 생각했다. 하지만 기사단 자격 조건에 "고리대금업자는 가우덴티 기사단에 가입할 수 없다"는 조항이 있었다. 그에 따라 엔리코 스크로베니는 잠시 고리대금업을 중단했다(하지만 4년 후에 다시 시작했다). 그러자 기사단은 곧바로 스크로베니에게 칼과 투구를 쥐어 주었다.[9] 1301년 아레나 예배당이 지어지기 직전의 일이다.

이어서 스크로베니는 정치적 목적을 달성하기 위해 아레나 지역에

● 조토의 〈최후의 심판〉의 오른쪽 윗부분. 하얀 바탕 위에 붉은 십자가가 그려진 가우덴티 기사단 깃발을 든 천사들이 있다.

예배당을 신축하기 시작한다. 기록에 의하면, 예배당이 완공된 후부터 기사단 회원들은 회합 장소를 파도바 대성당에서 아레나 예배당으로 옮겼다고 한다. 이제 아레나 예배당은 가우덴티 기사단을 위한 회합 장소가 되었다. 그리고 스크로베니는 이 기사단 회원들의 후원으로 기타 다른 명문가를 누르고 파도바의 세속권력을 장악하게 된다(1302년부터 1317년까지 약 15년 동안).

　1302년 아레나 예배당 장식을 시작하면서부터 조토는 이 예배당이 어떤 용도로 사용될지 알고 있었다. 조토는 〈최후의 심판〉에 가우덴티 기사단의 표식을 남겨놓았다. 그림의 정중앙 옥좌에는 예수가 앉고 그

좌우에 천사들이 있다. 맨 앞줄에 있는 천사들은 흰 바탕 위에 다섯 개의 십자가가 그려진 깃발을 들고 있다. 바로 가우덴티 기사단의 깃발이다. 당대 최고의 화가가 아무 의미도 없이 천사들이 특정 기사단의 깃발을 들고 있는 그림을 그렸을 리가 없지 않은가?

교황의 면죄부가 아레나 예배당을 성스러운 공간으로 만들다

그렇다면 그림 아랫부분 중앙에 있는, 엔리코 스크로베니가 아레나 예배당을 성모마리아에게 헌정하는 장면은 어떻게 해석할 수 있을까?

성모마리아에게 예배당을 헌정하는 장면이 그려진 주된 이유는, 이 기사단이 성모마리아를 섬기기 때문이다. 기록에 의하면 아레나 예배당이 완공된 직후에 기사단 회원들은 아기 예수의 임신을 축하하는 수태고지 축일 모임을 이곳에서 가졌다고 한다.[10]

또한 엔리코 스크로베니와 같은 고향 출신으로 그를 '자신의 가족'이라고 소개할 정도로 친분이 두텁던 교황(베네딕토 11세)은 성모마리아와 관련된 모든 종교적 축일에 아레나 예배당을 찾는 신도들에게 "사후에 연옥에서 고통 당하는 기간을 100일 단축해 준다"는 부분 면죄부까지 주기에 이른다. 교황의 이러한 후원으로 아레나 예배당은 성모마리아와 관련된 모든 축일에 종교 제례가 행해지는 성스러운 장소가 된다.

그런데 이 예배당을 성모마리아에게 헌정하는 장면에 엔리코 스크로베니와 함께 사제가 한 사람 등장한다. 이 사제는 스크로베니의 고해성사를 담당한 알테그라도Altegrado de' Cattanei라는 신부로, 스크로베니의 도움으로 후에 비첸차 지역의 주교로 선출된다.

알테그라도 신부는 로마 교황청에서 재직할 당시 로마에서 활동하고 있던 조토와 가깝게 지냈다. 이 신부는 조토를 엔리코 스크로베니에게 소개시키고, 최후의 심판과 가우덴티 기사단과 관련된 교리를 지도했다. 이러한 인연으로 아레나 예배당을 성모마리아에게 봉헌하는 성스러운 의식을 주재했던 알테그라도 신부가 엔리코 스크로베니와 함께 예배당을 성모마리아에게 봉헌하는 형상으로 묘사된 것이다.

이로써 엔리코 스크로베니는 기사 작위를 받아 귀족이 되었고, 그후 파도바의 권력까지 장악하게 되었다. 더 나아가 부당하게 번 돈을 안전하게 후손들에게 상속해줄 수 있었다. 스크로베니는 현세에서 더 이룰 것이 없었다. 그래서 다음으로 관심을 가진 문제가 두려움으로 가득찬 사후 세계였다.

예배당을 신축하기 이전부터 엔리코 스크로베니는 알테그라도 신부에게 "사후에 가장 크고 영예스러운 예배당에 묻히게 될 것"이라는 말을 자주 했다고 한다. 그러나 스크로베니는 귀족들 사이의 권력 다툼에 패해 사위(마르실리오 다 카라라Marsilio da Carrara)에 의해 추방당하는 비운을 맞는다. 끝내 파도바로 돌아올 수 없었던 그는 베네치아에서 자신의 딸이 독살당했다는 소식을 듣고 눈을 감는다. 스크로베니의 후손들은 "혹시라도 객지에서 사망하더라도 자신의 시신을 아레나 예배당으로 옮겨달라"는 유언을 받들어 그의 영혼을 위한 영묘를 아레나 예배당에 조성하였다.

● 아레나 예배당에 있는 엔리코 스크로베니의 영묘.

새로운 시대를 창조하지 못한 파도바 대상인의 몰락

조토의 〈최후의 심판〉은 당시 파도바 최대 부자였던 엔리코 스크로
베니가 현세와 내세에서 이루고 싶어했던 모든 꿈을 한 폭의 그림으
로 표현한 대작이다. 하지만 중세 시대 봉건 영주들의 특권을 추구했
던 스크로베니에게 새로운 시대를 열고자 하는 시도는 불편하고 두려
운 것이었다. 스크로베니는 새로운 시대를 열려는 르네상스인은 아니
었다. 그는 다만 활동 무대를 농촌에서 도시로 옮겼을 뿐이다.

한편 조토의 입장에서 보면 〈최후의 심판〉은 아쉬움도 많이 남는 작
품이다. 조토는 훗날 '새로운 시대의 문을 연 화가'로 칭송받게 되지만,
정작 생전에는 '중세의 가을'을 만끽하고 있는 귀족들의 모습만을 묘사
해야 했기 때문이다. 조토의 기법은 미래를 한발 앞서 보여주고 있었

지만, 당대 사람들은 그의 천재적 재능을 저물어가는 중세를 잡아두는 데 활용하고 말았다.

서기 1300년경의 파도바는 이렇게 세속권력과 종교권력이 한 몸이 되어 있었다. 세속적 욕망을 추구하는 파도바 상인들에게 교회의 눈치를 보지 않고 자유롭게 활동할 수 있는 공간은 따로 필요하지 않았다.

한편 피렌체에서도 종교 단체를 후원하여 세속권력을 장악하려는 토착귀족들이 중세의 가을을 만끽하고 있었다. 하지만 피렌체의 사정은 파도바와는 사뭇 달랐다. 다음 장에서는 피렌체의 토착귀족으로 최고의 부를 누렸던 바르디Bardi 가문을 사례로 들어, 피렌체 중세의 가을 모습을 잠시 들여다보기로 하자.

Renaissance story

엔리코 스크로베니의 유언
─ 예배당을 짓는 성업에서 얻은 특혜

1336년 3월 12일, 파도바에서 추방당한 뒤 머물고 있던 베네치아에서 엔리코 스크로베니는 유언장을 작성했다(사망하기 3년 전). 스크로베니는 상당히 상세하고 긴 이 유언장에서, 아레나 예배당을 사후에 자신의 영혼이 머무를 곳으로 정하겠다는 유언을 남겼다. 또한 교회를 짓는 성업을 사업으로 생각하고 재산 상속의 수단으로 여긴 대목들도 포함되어 있다. 이를 간추려 소개해본다.[1]

먼저 사후에 자신의 영혼이 아레나 예배당에 안장되기를 간절하게 원했던 대목부터 읽어보기로 하자.

우선, 돌아가신 스크로베니 경Rinaldo Scrovegni, 1300년 사망─인용자의 막내아들이자 파도바와 베네치아 시민인 나 엔리코는 내 시신의 매장지로 파도바에 있는 산타 마리아 성당오늘날 아레나 예배당─인용자을 선택한다. 이 교회는 신의 가호 아래 나의 재산으로 세워진 기념물이다. 만약 내가 파도바 또는 다른 장소에서 사망하더라도, 내 시신을 내가 말한 곳으로 옮기도록 해라. 만약 필요하다면, 나는 그 장소로 이동하기 위해 어떤 장애물이나 강력한 방해 이유가 존재하지 않는 곳에서 생을 마감하는 게 낫겠구나! (……) 그리고 처음에 묻힌 나의 시신을 내가 말한 산타 마리아 성당으로 이장하는 데 발생하는 총비용은 내 재산에서 100플로린이나 100다카트를 넘어서는 안 된다.

다음은 아레나 예배당을 후손들에게 유산으로 남기는 대목이다.

나뿐만이 아니라 중개인들이 산타 마리아 성당을 위해서 행한 모든 기부(부동산이나 동산의 형태)와 매입 또는 양도한 것들(앞으로 내가 할 것이든, 아니면 지금까지 이미 한 것이든, 그리고 내가 사망할 시점에, 혹은 지금 또는 사후이거나), 즉 집, 건축물, 농장 그리고 부속물 등을 모두 합해서 100에이커에 이르는 산타 마리아 성당에 귀속된 파도바 지역(토레Torre—인용자)의 부동산과 동산을 모두 산타 마리아 성당의 재산으로 한다.

 그리고 파도바의 다른 지역(아르쿠아Arqua—인용자)에 산타 마리아 성당이 소유한 모든 소유물—재산, 집들, 포도원, 그리고 아르쿠아 지역에 할당되고 주어진 권리들은, 지금 말한 교회가 자유롭게 사용하도록 해야 한다. 그리고 내가 권리를 소유한 집과 건물이 지어진 산타 마리아 성당 주변의 땅은, 유산으로 증여하고 이에 따른 모든 권리를 다 줄 것이다. 그러나 나는 이 모든 일을 적절하고 다음과 같이 제한된 범위 내에서만 행할 것이노니, 내가 평생 동안 간직해왔던 것들, 이익사용권, 거주권은 아레나 지역의 성벽 안과 그 외곽에서만 이루어져야 한다. 만약 내 부인이 나보다 오래 살아 미망인으로서 정직하게 살아간다면, 그녀에게도 내 집을 이용할 권한만을 준다. 단 아레나 외곽 지역(동쪽과 남쪽으로는 도로가 나 있는 지역까지이며, 서쪽으로는 파도바를 가로지르는 강까지, 북쪽으로는 보나코르소 펠리차리Bonaccorso Pelizari 가문이 유산으로 남겨놓은 토지가 있는 지역까지이다—인용자)에서만이다.

스크로베니는 사후에 자신의 영혼을 위해서 기도해줄 사제 추천권도 구체적으로 명시해놓고 있다. 당시에 교회법으로 보장되었던 교회 후원권한의 형태를 보여주는 귀중한 자료이다.

산타 마리아 성당의 참사 위원은 나 또는 내 상속자들에 의해 임명되고, 나와 내 아들, 그리고 내 남자 상속자들의 권리와 후원으로 그 자리를 영원히 유지하게 될 것이다.

그리고 이 참사 위원은 반드시 사제이거나, 임명된 지 1년 이내에 사제가 되어야 한다. 또한 참사 위원은 자신의 비용과 월급으로 신성한 성구용품을 준비하고, 두 명의 사제와 세 명의 성직자와 그에 딸린 가족들에게 적당한 서비스를 제공해야 한다. 성당의 재원과 소득으로 지원할 수 있는 것과 유사하게. 그리하여야 성무 일과와 다른 서비스들이 항상 영광스럽게 행해질 수 있다. 또한 항상 참사 위원의 개인적인 거주지가 마련되어야 한다. 참사 위원과 참사 위원회의 허가를 얻은 사제와 관리인 들은 거주지를 10일 동안 떠날 수 있는데, 항상 필요한 이유가 있어야 하며 사전에 주교 또는 주교 대리인의 허가가 떨어져야 한다. 만약 실제로 내 아들들이 합법적인 결혼으로 손자들을 낳지 못하거나, 법적인 남자 후손을 낳지 못한 채 사망하는 경우, 나는 바라고 명하건대 참사 위원은 산타 마리아 성당의 성무 일과를 유지하기 위하여 자신의 경비로 세 명의 사제와 네 명의 성직자 그리고 보조자들을 지원해야만 한다. 이 경비는 산타 마리아 성당의 수입으로 충분할 것이다.

참으로 치밀하게 자신의 영혼을 위해 기도해줄 성직자의 의무와 권리를 남겨놓았다. 또한 스크로베니는 유언장 말미에 다음과 같이 후손들에게 십일조 징수 권한을 양도하고 있다.

내 유산의 공동 상속자들에게, 파도바 동부 캄포노가로Camponogaro 마을에 있는 브루촌Bruzon, 프레마오레Premaore, 프록솔로Proxxolo, 캄포베라도Campoverado, 포조Fosso, 리에톨리Lietolli, 비노보Vignovo 주교 교구의 십일조 징수 권한을 남긴다.

{3}

바르디 가문,
중세가 영원하길 바랐던 토착귀족

Renaissance

산타 크로체 수도원 성당 바르디 가문 기도실,
조토의 〈재물의 포기〉

리돌포 바르디
Ridolfo de' Bardi, ?~1360

900년대 후반에 로마에서 피렌체로 이주해 온 기사 계급의 후손이다. 대단히 용맹스럽고, 때때로 폭력적인 성향을 드러낸 인물로 알려져 있다. 1300년대 초반, 피렌체에서 곡물 및 양모무역과 고리대금업으로 막대한 부를 축적해 유럽 최대의 부자가 된다. 영국 왕으로부터 '영국의 상인National Merchant'이라는 칭호까지 받았다. 양모를 수입하는 독점권을 얻은 대가로 돈을 빌려주는 과정에서 영국 왕과 가까운 사이가 되었다(이러한 친분이 후에 화근이 된다). 한때 피렌체 정치권력의 정점에 있었지만, 권력을 장악한 신흥상인들로부터 폭력적인 가문으로 낙인찍혀 피렌체 공직을 더이상 맡을 수 없게 된다.

조토
Giotto di Bondone, 1267?~1337

파도바에서 아레나 예배당 장식을 끝낸 화가 조토는 피렌체 최대 부호였던 바르디 가문으로부터 도심 외곽에 위치한 산타 크로체 수도원의 내부 장식 주문을 받게 된다. 이어 페루치 가문 등 피렌체 부호들로부터 받는 작품 주문량이 많아지면서 여러 명의 제자들과 함께 현대식 공방을 운영하는 최초의 공방 운영자가 된다. 그래서 그런지 이 화가는 매우 돈 욕심이 많아, 실을 잣는 물레를 다른 사람들보다 두 배나 비싸게 받고 빌려주었다는 일화도 전해진다. 이후 조토는 로마, 나폴리, 피렌체, 그리고 당시 교황이 머물던 프랑스 아비뇽까지 불려가 작품을 주문받았다. 부지런한 화가로 불릴 만도 하다. 피렌체에 머무는 동안에는 시인 단테와도 교류했다.

1200년대 초반 열두 명의 수도사들이 교회 개혁을 위해 깊은 산골의 수도원에서 피렌체로 이주를 감행했다. 이들은 교황이 건넨 따뜻한 격려의 말 한마디에 이런 결심을 한 것이다. 교황은 이들을 자신이 소유하고 있던 산타 크로체Santa Croce, 성 십자가 수도원에 머물 수 있게 해주었다. 이 수도사들은 새벽 2시경에 일어나(조과朝課) 경건한 마음으로 기도를 계속하다가 저녁 6시에 마치는(종과終課) 성무 일과에 따라 영성을 추구하는 엄격한 신앙생활을 해오고 있었다. 이들이 바로 프란체스코 수도회 소속의 수도사들이다.[1] 프란체스코 수도사들은 자신들의 모범적인 수도생활을 통해 수도원이 모든 신앙생활의 중심이 되었던 중세 시대가 다시 펼쳐질 것으로 굳게 믿었다.

　한편 1200년대 중반의 피렌체는 도시 외곽에 중세 장원 형태의 토지를 소유하고 있으면서, 피렌체 도심에서 사업을 하던 토착귀족들

● 1200년대 중반부터 프란체스코 수도회 소속 수도사들이 거주하던 산타 크로체 수도원의 현재 전경. 당시 이 수도원은 지역 교구의 소유가 아니고 교황 소유의 재산이었으며 피렌체 토착귀족들의 후원으로 1270년대부터 수도원 건물의 개축이 시작되었다.

Magnate이 권력을 장악하고 있었다.(71쪽 참조) 이들 토착귀족 대부분은 개인 사병으로 무장하고, 모든 분쟁을 폭력으로 해결했던 중세 시대 기사들이었다. 이 토착귀족들은 중세 귀족의 삶을 이상적으로 생각하면서 자신들은 고대 로마제국 유력 가문의 후손이라고 주장하고 있었다. 피렌체의 대표적인 토착귀족 가문인 바르디 가문이 이에 해당한다. 80여 명이 넘는 사병을 거느리고 있었던 바르디 가문은 자신들이 율리우스 카이사르의 자손이라고 주장했다.[2] 바르디 가문과 같은 토착귀족들은 피렌체에서 중세 시대가 지속되리라고 생각했다.

피렌체에서 프란체스코 수도사들과 바르디 가문을 비롯한 토착귀족

● 산타 크로체 성당 내 바르디 가문 소유의 기도실 전경.

들은 같은 꿈을 꾸고 있었으며, 그것은 '중세여 영원하라!'였다. 같은 꿈을 꾸고 있던 이들이 하나가 되는 것은 당연했다. 프란체스코 수도사들은 토착귀족들의 막대한 자금력으로 수도원을 확충해나갈 수 있었다. 그리고 이 수도사들은 자신들이 속해 있던 수도회의 성지인 프란체스코 수도원에 〈성 프란체스코의 생애〉(스물여덟 개의 기적 장면을 묘사해놓았다)를 그린 화가 조토를 불러들였다.[3]

주문을 받은 화가 조토는 〈성 프란체스코의 생애〉 중에서 일곱 개의 에피소드를 선정해 바르디 가문이 소유한 기도실 내부를 단장하기 시작한다. 이중에서 〈재물의 포기〉는 부유한 비단 상인의 외아들로 태어난 성 프란체스코가 물질적 풍요가 보장된 세속 세계를 뒤로하고 가난한 수도사로서 삶을 시작하는 장면을 묘사하고 있다. 이때는 1310년대 후반으로 화가 조토가 절정기를 맞이하고 있던 시점이기도 하다(원작은 심하게 훼손되어 1853년에 다시 채색되었다).

조토의 〈재물의 포기〉에는 잊혀가는 바르디 가문의 사회적 위상을 피렌체 사회에 다시 세우려는 그들의 명예욕이 드러나 있다. 아마도 바르디 가문과 같은 토착귀족의 의도와는 다르게 멀어져가는 중세를 다시 손아귀에 쥐어보려는 마지막 몸부림 같기도 하다.

바르디 가문의 자손들이 종교재판권으로 무장한 수도사가 되다

교황 인노켄티우스 4세는 산타 크로체 수도원에서 거주하는 수도사들에게 이단 종교재판권을 주게 된다. 당시 피렌체에는 극단적인 금욕

주의를 신봉하고, 일부 가톨릭 교리를 반대하던 카타르파Cathars가 다시 등장했기 때문이다. 하지만 엉뚱하게도 종교재판권은 수도사들이 토착귀족들로부터 재정적 후원을 받는 결정적인 역할을 한다.[4]

한때 폭력으로 모든 문제를 해결하려 들던 피렌체의 토착귀족들도 산타 크로체 수도원의 수도사들이 가지고 있던 종교재판권을 두려워했다. 수도사들로 구성된 종교재판관들에 의해 이단자로 판결받으면, 강제로 성지순례를 떠나야 했기 때문이다. 말이 성지순례이지 사실은 추방 명령과 다를 바가 없었다. 교황의 세력이 피렌체로 확대되는 것에 반대하던 토착귀족들은 행여 이단자로 몰릴 위험에 대비하여 산타 크로체 수도원에 후원을 하기 시작했다. 교회로부터 받을지 모르는 불이익에 대비한 일종의 보험인 셈이다.

더불어 토착귀족들은 자손이나 친척 들이 이 수도원의 수도사가 되기를 바랐다. 자손이 번성했던 바르디 가문에서 이 수도원의 수도사가 가장 많이 나왔다. 기록에 의하면 서른아홉 명이었던 바르디 가문의 자손들 중에 무려 열여덟 명이 산타 크로체 수도원의 수도사가 되었다. 바르디 가문의 수장이었던 리돌포 바르디는 자신의 외동딸마저 프란체스코 수도회에서 운영하는 수녀원으로 보낼 정도로, 수도원과 밀접한 관계를 유지하려고 노력했다.

당시에 이단자로 판명되면 종교재판소에 의해 모든 재산은 몰수되었다. 몰수된 재산은 3개월 이내에 처분되어야 했는데, 이는 대부분 막대한 자금력이 있던 바르디 가문과 프레스코발디Frescobaldi 가문과 같은 부유한 토착귀족들이 헐값에 구입했다. 오늘날 부동산 경매시장에서 부자들이 싼값에 부동산을 매입하는 상황과 매우 흡사하다. 당연히

바르디 가문을 포함한 토착귀족들은 종교재판권 때문에 오히려 경제적
이익을 챙길 수 있었다.[5]

토착귀족들은 피렌체 사회에서 가장 영향력이 커진 산타 크로체 수
도원으로 몰려들었다. 물론 귀족들의 손에는 저마다 두둑한 금화 자루
가 들려 있었다. 한때 가난한 이민자들과 노동자들이 찾아오던 이 수
도원에 바르디 가문을 비롯한 열 개의 토착귀족(대표적으로 알베르티, 루
첼라이, 프레스코발디, 바론첼리 가문 등) 가문 대표들이 얼굴을 드러내기
시작했다.[6] 그리고 이 토착귀족들은 후원의 대가로 선조들의 시신을
수도원 지하에 안장할 권리와 그 영혼의 영원한 안식을 기원하는 미사
가 집전되는 기도실까지 얻을 수 있었다.

그렇다고 토착귀족 모두가 평등하게 대우를 받지는 않았다. 후원의
규모, 수도원과의 사적인 관계, 교황과의 관계, 사회적 영향력 등이 고
려되어 기도실의 위치와 기도실이 봉헌되는 수호성인이 달라졌다. 토
착귀족 사이에서 가장 부유했고 우월한 지위에 있던 바르디 가문이 산
타 크로체 수도원에서 가장 큰 혜택을 받았다.

수도원의 명당 중 명당 기도실을 차지한 바르디 가문

산타 크로체 수도원 측이 증축을 결정하던 1295년경에 바르디 가문
은 수도원에 후원을 한 대가로 기도실을 가질 수 있었다. 바르디 가문
은 후원 규모에 걸맞게 명당 중의 명당 자리에 기도실을 잡았다.

원래 수도원에서 가장 성스러운 장소는 수도원 성당의 가운데에 위

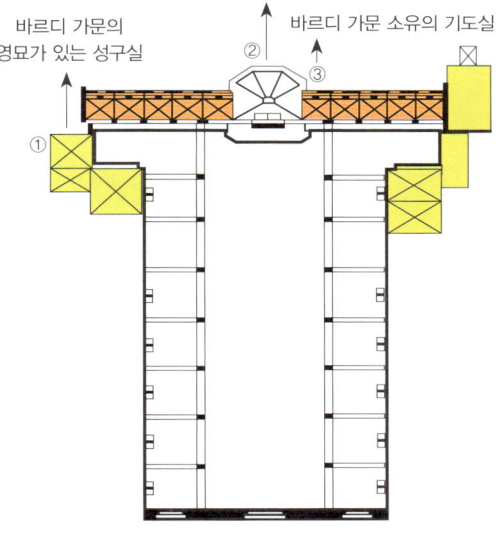

중앙제단
(바르디 가문을 포함 세 가문이 공동소유함)

바르디 가문의
영묘가 있는 성구실

바르디 가문 소유의 기도실

②

③

①

● 산타 크로체 수도원 성당 기도실 배치도.

치한 중앙제단(위 그림의 ②번 위치)이다. 이곳 중앙제단은 사제들이 미사를 집전하는 중심 장소이자 하느님 아들의 몸과 가장 가까운 위치인 성스러운 공간이기 때문에, 이곳에 수도원에서 가장 성스럽게 생각하는 상징물이나 성인들의 유골이 보관되어 있었다. 중앙제단은 평신도들이 다가갈 수 없는 신성한 공간이었다. 수도원 측은 아무리 후원을 많이 하더라도 특정 가문에 중앙제단 후원권한을 독점하도록 허락하지 않았다.

그다음으로 중요한 곳은 중앙제단 바로 옆에 위치한 기도실이다. 당시 사람들은 성스러운 중앙제단에서 가까운 위치에 기도실을 갖게 되면 구원을 받을 가능성이 높아진다고 생각했다(성인들의 유골이나 성물이 가까이 있기 때문이다). 더구나 중앙제단 바로 옆에 위치한 기도실은 미사를 드리기 위해 성당에 오는 평신도들의 눈에 잘 띈다는 점에서 가문의 위상을 드러내기 좋은 위치이기도 하다. 바르디 가문은 그런 기도실의 후원권한을 얻게 됨으로써 남들보다 천국에 한 발짝 더 다가섰다고 생각했다(앞 페이지 그림의 ③번 위치).

　기도실이 중앙제단과 가까운 위치에 있다고 반드시 명당 자리인 것은 아니다. 중앙제단과의 거리보다 더 중요한 것이 있었다. 바로 기도실이 봉헌된 성인의 품계이다. 이 품계에 따라 기도실의 중요성은 달라진다. 프란체스코 수도사들이 거주하고 있던 산타 크로체 수도원은 교단 창시자인 프란체스코에게 봉헌된 수도원이었다. 그러므로 이 수도원에서 예수와 성모마리아 다음으로 성스럽게 봉헌한 인물은 성 프란체스코였다. 바로 이 성 프란체스코 자리를 바르디 가문이 차지했다. 바르디 가문이 성 프란체스코에게 봉헌된 기도실을 소유했다는 것은 이 가문이 당시 수도회로부터 최고의 대우를 받았음을 의미한다.

　이와 같이 바르디 가문은 피렌체에서 종교적으로 가장 영향력이 있는 수도원에서 세 개나 되는 기도실을 소유하게 되었고, 그중 하나는 가장 명당인 중앙제단 옆에 있었다. 게다가 수도원에서 성스럽게 모시는 성인 프란체스코에게 봉헌된 기도실까지 갖게 됨으로써, 가문의 위상을 크게 떨칠 수 있었다. 바르디 가문은 기도실을 소유한 가문의 의무를 곧장 수행하기 위해 당대 최고의 화가인 조토에게 작품을 의뢰하게 된다.

　당연히 기도실을 장식할 그림의 주제는 수도원에서 정했고, 수도원 측은 수도회를 창립한 성 프란체스코가 행한 기적을 포함한 일곱 장면을 그려넣도록 주문한다. 이 과정에서 주문자인 바르디는 화가 조토의 손을 빌려 그림 속에 특별한 메시지를 숨겨놓는다.

화가 조토, 수도원의 명당에 바르디 가문의 흔적을 남기다

바르디 가문의 기도실을 장식한 작품들 대부분은 〈성흔〉이나 〈술탄 앞에서 불의 시련을 받는 성 프란체스코〉와 같이 성인이 생전에 행한 기적을 형상화하고 있다. 수도원의 수도사들이 자신들이 속한 수도회를 알리려 한 그림이라고 생각하며 무심코 지나칠 수도 있다. 그러나 이들 작품 중에서 '성 프란체스코의 기적'과 직접적인 관련이 없는 〈재물의 포기〉에 주목해볼 필요가 있다.

이 작품은 부유한 비단 상인의 외아들이었던 프란체스코가 세속적인 부를 버리고 성직자의 길을 택하자 이를 만류하는 아버지와 이별하는 장면을 묘사하고 있다. 이 장면은 프란체스코가 성당에서 그리스도상을 보다가 "프란체스코야, 가서 나의 집(성당—인용자)을 다시 세워라. 지금 나의 집이 황폐해져가고 있다"라는 그리스도의 말을 듣고서, 아버지의 만류에도 불구하고 가지고 있던 돈과 옷을 모두 내던지고 벌거벗은 채로 주님에게 가까이 다가갔다는 이야기를 토대로 그려진 것이다.[7]

이 작품에는 엉뚱하게도 바르디 가문의 가족들이 등장한다. 조토가 주문자인 바르디 가문의 가족들을 성화 속에 묘사해놓은 것이다. 그림을 보면 성 프란체스코의 가족 행사에 눈도장을 찍으려고 바르디 가문 사람들이 늘어선 모습을 볼 수 있다. 그야말로 맞춤 제작이라 할 수 있다.

● 조토의 〈재물의 포기〉. 기도실의 주인 리돌포 바르디(왼쪽에서 세번째)와 그의 아들(왼쪽에서 두번째)이 그려져 있다.

바르디가 수도원에서 가장 신성한 장소에 위치한 기도실에 가족사진을 걸어놓은 이유는 무엇인가? 바르디는 수도원을 찾는 가난한 평신도들에게 어떤 메시지를 전달하려고 한 것일까? 화가 조토가 바르디 가문 소유의 기도실 장식을 시작하던 1300년대 초반 상황으로 잠시 돌아가보자.

수도원에서 중세 가을의 마지막 단풍놀이를 즐기던 토착귀족들

바르디 가문은 나폴리의 곡물 수입권을 독점하고 교황청이 있던 아비뇽과 파리, 런던, 그리고 스페인 등에 있는 교회의 자금을 관리하면서 유럽에서 가장 많은 돈을 갖게 되었다. 영국과 프랑스, 그리고 독일의 왕들은 바르디 가문이 운영하고 있던 은행(바르디-페루치 은행)으로부터 돈을 빌리고 있었다. 특히 바르디는 양모를 독점 수입하는 대가로 영국의 왕(에드워드 1세)에게 많은 황금을 빌려주었다.[8]

바르디 가문은 유럽 전역에서 막대한 부를 축적했지만 당시 피렌체 신흥상인들이 설립한 자치정부에 의해 폭력적인 가문으로 지목되어 전혀 공직을 맡을 수 없는 처지에 놓여 있었다. 이 가문에 더욱 수치스러웠던 것은 '만약 다시 법을 어기고 폭력을 행사하면, 벌금을 자치정부에 예치해야 하는 가문'이라는 낙인이 찍힌 것이었다. 이뿐만이 아니다. 당시 신흥상인들의 신앙생활의 중심지인 산타 마리아 노벨라 수도원에 불려가서 "다시는 폭력을 행사하지 않겠다"는 평화의 맹세까지 해야 했다.[9]

한때 피렌체에서 행해지던 시민 축제와 같은 공공 행사와 모든 종교적 축제를 주관하던 가문이, 하루아침에 폭력 가문으로 낙인찍히고 시민들의 기억에서 사라진다는 것은 참을 수 없는 모욕이었을 터이다. 공공 영역에서 추방당한 바르디 가문은 당시에 피렌체 사회에서 가장 영향력이 있었던 산타 크로체 수도원에서 활동 공간을 찾고, 예술가의 손을 빌려 자신들이 건재하다는 표식을 남겨놓으려고 했다. 당시 피렌체 토착귀족들의 명예욕을 단적으로 보여주는 예라 할 수 있겠다. 당시 피렌체 정치를 장악하고 있던 신흥상인들은 토착귀족들이 수도원이라는 종교 영역에서 활동하는 것까지 간섭할 정도로 힘이 있지는 않았다.

이와 같이 신흥상인들에 의해, 종교 축제나 일체의 공직에 참여할 기회를 빼앗긴 토착귀족들은 이들의 재정적 후원이 필요했던 가난한 수도사들과 결탁했다. 이 두 집단은 자신들의 황금시대였던 중세가 영원히 지속될 것이라고 함께 믿었다. 아직 피렌체에서는 시대를 열어갈 새로운 질서가 모색되고 있지 않았다. 조토는 시기적으로 르네상스 시대에 살고 있었지만, 중세의 꿈에서 벗어나지 못한 이들에 의해 둘러싸여 있었다.

파도바에서도 역시 황금알을 낳는 예배당 후원권한을 놓고 세속권력과 종교권력이 하나가 되었다. 피렌체 또한 신흥상인들에게 정치라는 공공 영역을 빼앗긴 토착귀족들은 자신들의 위상을 드러내는 활동 공간을 수도원이라는 종교 영역에서 찾았다. 토착귀족들은 자신들의 위상을 드러낼 공간으로 수도원이 필요했고, 탁발 수도사들은 토착귀족들의 재정적 후원이 필요했기 때문이다. 그들은 서로 한 몸이 되어 중세의 마지막 단풍을 즐길 수 있었다.

피렌체의 신흥상인 계층이
마지막 중세 귀족 계층인 토착귀족을 추방하다

11세기 후반부터 피렌체에는 토착귀족이라 불리는 상류층Popolo grasso, 일반 시민Popolo이라 불리는 중산층, 그리고 수공업자와 소규모 상점 주인, 공장에서 일하는 노동자 들로 구성된 하층민Popolo minuto이 서로 뒤섞여 살아가고 있었다.[10]

토착귀족들은 피렌체 외곽에 대토지를 소유하고 도심에서 무역업과 고리대금업을 하며 많은 부를 축적하면서, 피렌체 사회의 세속권력과 종교권력 모두를 장악하게 되었다. 이들은 중세 시대 귀족들처럼 개인 사병을 거느리면서, 평민의 토지를 무력으로 빼앗고 그들을 폭행하는 등 법질서와 거리가 먼 폭력적인 집단이기도 했다.

이러한 폭력 성향을 지닌 대표적인 토착귀족 가문으로 바르디와 프레스코발디 가문, 그리고 단테가 『신곡』에서 교회의 재산을 가로채는 악덕 귀족으로 낙인찍어 지옥에 감금한 토신기Tosinghi 가문을 들 수 있다. 이 토착귀족들은 중세와 르네상스 시대에 한 발씩을 걸치고 있었지만, 마음속으로는 중세 시대 영주나 기사들의 귀족적인 삶을 이상으로 생각하고 있었다.

하지만 피렌체의 경제 규모가 커지면서, 폭력적이고 불법적으로 활동하는 토착귀족들이 피렌체 사회를 독점할 수 없게 되었다. 왜냐하면 토착귀족들에 비해 규모는 작았지만, 용감하고 모험적인 상인들이 위험을 무릅쓰고 해상과 육로를 통해 무역에 뛰어들고, 환전업에도 종사하면서 황금을 쌓아가기 시작했기 때문이다. 이 상인들이 후대 학자들에 의해 상인-은행가라고 불리는 신흥상인 계층이다. 이들은 새로운 법률과 질서를 세워 토착귀족을 배제한 새로운 정부를 세우고자 했다.

토착귀족들에 비해 열세였던 신흥상인들은 상인들의 연합체(일곱 개의 대大 길드, arti maggiori)를 조직하여 자치정부를 수립하고, 중세 귀족 흉내를 내던 토착귀족들의 시민권을 모두 빼앗는다(1282년 '정의의 법률'을 제정함으로써). 기록에 의하면 일흔두 개 토착귀족 가문 중에서 쉰다섯 개나 되는 가문이 시민권을 빼앗겼다고 한다. 당시에는 시민권을 빼앗기면, 일체의 공직을 맡을 수 없을 뿐만 아니라 피선거권까지 박탈당했기 때문에, 피렌체 사회에서 아예 추방당한 거나 다를 바가 없었다.

그러자 중세 기사 작위를 포기한 일부 토착귀족들은 정치권력을 쥔 신흥상인들과 연합하여, 사업을 이어나가게 된다. 이러한 대표적인 가문이 바르디 가문이다. 바르디 가문은 신흥상인 출신인 페루치와 연합하여 은행을 운영했다.

이러한 격동의 시기를 거치면서 신흥상인들은 공증인이나 의사와 함께 피렌체 사회의 새로운 중산층을 형성하게 되고, 신흥상인들이 중심이 된 중산층이 피렌체의 주인이 된다. 이어 토착귀족들이 독점적으로 운영해오던 사업을 신흥상인이 차지하면서, 피렌체 사회의 중산층이 급속도로 늘어나기 시작하고, 경제와 정치 권력 그리고 종교 단체를 후원하는 역할도 이 상인들에게로 넘어가게 된다.

　이렇게 토착귀족들의 자리를 대신 차지한 대표적인 신흥상인 가문으로 스트로치 가문과 아치아이우올리Acciaiuoli 가문을 들 수 있다. 이들보다 늦게 피렌체에 자리를 잡은 메디치 가문의 선조들도 이들과 함께 성공한 신흥상인 계층으로서 중산층에 속했다.

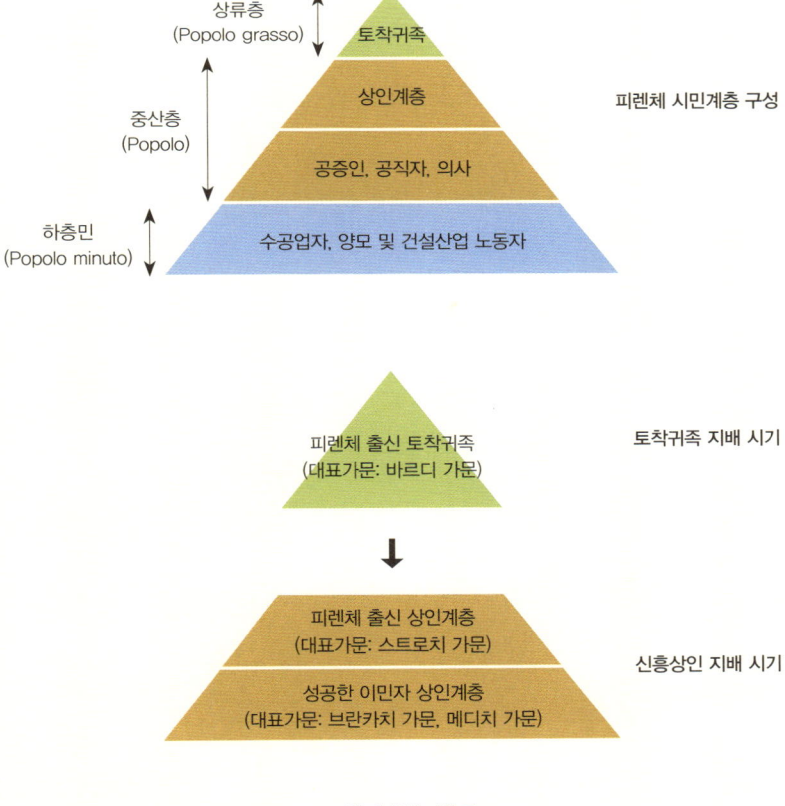

상류층
(Popolo grasso)　토착귀족

중산층
(Popolo)　상인계층

공증인, 공직자, 의사

하층민
(Popolo minuto)　수공업자, 양모 및 건설산업 노동자

피렌체 시민계층 구성

피렌체 출신 토착귀족
(대표가문: 바르디 가문)　　토착귀족 지배 시기

피렌체 출신 상인계층
(대표가문: 스트로치 가문)

성공한 이민자 상인계층
(대표가문: 브란카치 가문, 메디치 가문)　　신흥상인 지배 시기

● 피렌체 사회 계층도.

스트로치 가문,
재산 상속을 위해 성당을 후원한
고리대금업자

Renaissance

산타 마리아 노벨라 수도원 성당 스트로치 가문 기도실,
안드레아 오르카냐의 〈옥좌에 앉아 있는 성모자와 성인들〉과
나르도 디 치오네의 〈천국〉

로셀로 스트로치
Rossello di Ubertino Strozzi, ?~1340년

스트로치는 1200년대 초반부터 피렌체에 거주하던 상인 가문의 후손이다. 로셀로의 아버지 로소Rosso는 자신의 형제들(마르코Marco와 라포Lapo)과 함께 '카를로 스트로치 & 콤파니 Carlo delli Strozzi e de Compagni'라는 은행을 통해 고리대금업에 종사하면서 막대한 부를 축적했는데, 채무자들에게서 받은 돈이 원금의 열 배였다고 한다. 이를 이어 로셀로는 당시 교황청이 있던 프랑스 아비뇽과 로마에 있는 교회의 자금을 활용하여 고리대금업으로 황금을 불려나갔다. 후에 바르디 가문과 같은 토착귀족들이 파산하면서 이들의 사업을 넘겨받고, 알베르티 가문과 함께 황금으로 피렌체 정부권력을 장악하는 대표적 신흥상인 계층으로 떠올랐다. 하지만 이들이 교황의 세력을 등에 업고 금권정치를 주도하면서 양모 노동자들의 반발을 사게 되고, 이는 결국 치옴피의 난(1378)으로 이어진다.

안드레아 오르카냐
Andrea Orcagna, 1308~1368

본명은 안드레아 디 치오네Andrea di Cione로 첫 직업은 금세공사였다. 자신의 신분에 맞는 겸손한 태도로 사람들의 존경을 받았다고 한다. 그래서 동시대 사람들은 그를 아르카뇰로 Arcagnolo('대천사'라는 의미)라고 불렀으며, 후대 사람들은 줄여서 오르카냐로 불렀다. 르네상스 시대 예술가들의 일대기를 기록한 바사리Giorgio Vasari가 "하나를 보면 열을 안다"라고 칭찬할 정도로 예술적 재능이 뛰어났다고 한다. 동생 나르도 디 치오네Nardo di Cione도 화가였지만, 형의 실력에는 못 미쳤다고 전해진다. 이 형제는 건축에도 능했는데, 스트로치 가문은 이들 형제에게 선조들의 시신을 안장할 특별 기도실을 신축하는 건축 작업과 내부 장식을 함께 맡겼다.

피렌체 사회를 오랫동안 지배해온 토착귀족들은 뜻하지 않게도, 영국과 프랑스 사이에 벌어진 백년전쟁(1337~1453) 때문에 퇴장하게 된다. 이 전쟁에서 영국이 패하자, 영국 왕(에드워드 3세)에게 막대한 자금(136만 5000 피렌체 금화. 한화로 약 10조 원 정도)을 빌려준 토착귀족들이 모두 파산했기 때문이다. 이 사건으로 토착귀족들은 200여 년 동안 피렌체 사회에서 누리던 모든 특권을 신흥상인들에게 넘겨주게 되었다.

　소규모로 무역을 하던 신흥상인들은 토착귀족들이 독점해왔던 영국과의 양모 무역과 금융업(고리대금업)을 이어받아 부를 축적한다. 막대한 자금력까지 확보한 신흥상인들은 어깨를 펴고 시청사를 드나들 수 있게 됐다. 자신들만이 선거권을 갖고 공직에 참여할 수 있게 되었기 때문이다. 신흥상인들은 무엇보다도 피렌체라는 신생 도시국가의 국력을 강화할 필요성을 느꼈다. 그래야 외국과 무역도 가능해지고, 유럽

각국에서 지점을 운영중인 은행을 보호할 수 있었기 때문이다. 가문의 명예만을 중요시했던 토착귀족들과는 생각이 달랐다. 신흥상인의 리더는 '카를로 스트로치 & 콤파니'라는 은행을 통해 고리대금업으로 피렌체 최고의 부자가 된 스트로치 가문이었다.

한편 피렌체 서쪽에 위치한 산타 마리아 노벨라 수도원에는 '교황의 충실한 개'라 불릴 정도로 교황에게 충성을 맹세한 도미니크 수도회 소속 수도사들이 이주하여 신앙생활을 하고 있었다. 이 수도사들은 피렌체 자치정부의 권력을 장악하고 있는 신흥상인들과 힘을 합쳐 이상적인 기독교 국가를 건설하려 했다. 이들의 생각은 레미조Remigio de' Girolami 수도사의 다음과 같은 발언에서 확연히 드러난다. "피렌체는 풍부한 자본, 귀중한 화폐, 많은 인구, 문명화된 삶의 방식, 양모 산업, 무기 생산 기술이 있으며 활발한 건축이 이루어지는, 신의 선물을 받은 이상적인 국가이다."[1]

피렌체 자치정부의 권력을 장악한 신흥상인들과 산타 마리아 노벨라 수도원 수도사들의 생각은 같았다. 피렌체를 이상적인 기독교 국가로 탈바꿈하려는 수도사들은 수도원이 신흥상인들로부터 재정적 도움을 받는 것은 신의 뜻이라고 굳게 믿었다.

이러한 과정에서 스트로치 가문의 수장 로셀로 스트로치는 자신이 고리대금업으로 벌어들인 황금을 산타 마리아 노벨라 수도원에 후원하도록 유언을 남긴다. 뜻밖에 많은 자금을 확보한 수도원 측은 스트로치 가문 선조들이 영혼의 안식을 취할 수 있도록 별도의 기도실 건물 신축을 허가해주었다.

스트로치 가문은 기도실을 꾸미기 위해 안드레아 오르카냐 형제를 불

● 1200년대 중반 도미니크 수도회 소속 수도사들이 신앙생활을 하던 산타 마리아 노벨라 수도원의 현재 전경. 산타 크로체 수도원과 마찬가지로 교황 소유의 재산이었으며, 토착귀족 세력을 누르고 새롭게 부상한 신흥상인들의 신앙생활 중심지였다.

● 산타 마리아 노벨라 수도원 성당에 위치한 스트로치 가문 기도실 내부의 현재 전경. 1300년대 중반 안드레아 오르카냐와 동생 나르도 디 치오네에 의해 장식되었다.

러들인다. 이들은 오늘날 '스트로치 제단화'라고도 불리는 〈옥좌에 앉아 있는 성모자와 성인들〉과 〈최후의 심판〉〈천국〉이라는 작품으로 이 기도실을 장식한다. 특히 〈옥좌에 앉아 있는 성모자와 성인들〉은 금박을 많이 사용하고, 등장인물 하나하나에 상당한 정성을 들여 묘사한 작품이어서 오늘날 고가로 평가되고 있다.

　기도실 장식에는 무려 4000플로린이 사용되었다. 우리 돈으로 환산

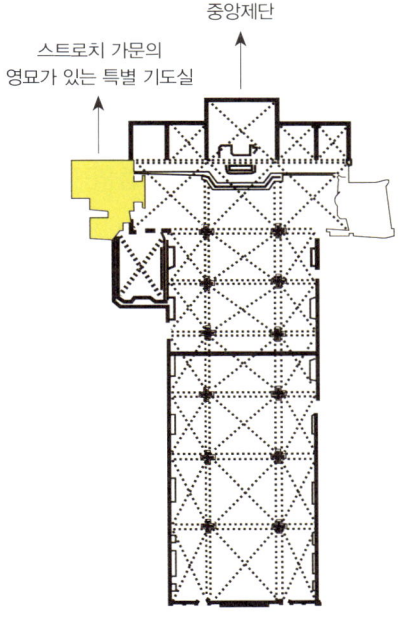

중앙제단

스트로치 가문의
영묘가 있는 특별 기도실

● 산타 마리아 노벨라 수도원 성당의 스트로치 가문 특별 기도실 배치도.

하면 무려 32억 원이 넘는 거액이다. 스트로치 가문의 후손들은 원래
이 정도로 거금을 들여 기도실을 마련할 생각이 없었다. 피렌체라는
도시국가의 권력을 강화하려는 신흥상인의 리더 스트로치 가문과, 피
렌체를 이상적인 기독교 국가로 이끌려 했던 수도사들 사이에 예상치
못한 갈등이 발생하면서 거액이 들게 된 것이다. 안드레아 오르카냐의
작품들은 이러한 갈등 속에서 탄생했다. 오르카냐는 이들의 갈등을 이
해하고, 양측을 모두 만족시키는 기지를 보여주어야만 했다.

고리대금업자들을 지옥으로 몰아세운 수도사들

교회는 오래전부터 고리대금업자를 비난해왔다. 토지를 담보로 고리대금업자로부터 돈을 빌리고 갚지 못한 농민들의 토지는 고리대금업자가 몰수했다. 교회는 고리대금업자들을 그대로 두면 농민들의 생존 기반이 붕괴될 것으로 보았다. 농민들의 붕괴는 곧 가톨릭 공동체의 붕괴를 의미했기 때문에 고리대금업자를 비난했던 것이다. 사회의 중심 생산 기반이 농업이었던 중세의 생각이다.

그러나 상업 중심의 르네상스 시대에 대부업을 근절하는 것은 현실적으로 쉽지 않았다. 대부업은 일종의 금융업으로 상업의 근간이기도 했다. 상업이 위축되면 도시민들에게 식량과 공산품을 공급하기가 어려워진다. 수도사들 또한 상인이자 고리대금업자인 신흥상인들의 금고에 가득차 있는 돈 없이는 피렌체에 이상적인 기독교 국가를 건설하기가 불가능하다고 판단했다.

이러한 이유 때문에 교회는 고리대금업자가 사망하기 전에 고리대금업으로 벌어들인 돈을 모두 반환하면 속죄하여 천국에 갈 수 있다고 발표한다. 탁발 수도사들은 고해성사를 통해 고리대금업자로 의심되는 사람에게 고리대금업으로 부를 축적했다는 고백을 받아내려고 했다.

상인들은 고리대금업을 했다는 사실을 고백하면 모든 재산을 몰수당해 사업을 지속하기가 불가능했다. 그래서 고리대금업으로 돈을 모은 신흥상인들은 고리대금업자임을 끝내 고백하지 않고, "제 잘못된 행위 male ablata 또는 부당한 방법 injuste acquista으로 부를 축적하는 과정에서 불특정 다수에게 피해를 주었다"는 식으로 애매하게 털어놓았다.

이러한 묘안이 묵인되면서, 고리대금업자로 의심받는 상인들은 죽기 전에 부당하게 벌어들인 돈의 일부라도 종교 단체에 반환하면, 고리대 금업으로 축적한 부를 후손들에게 상속할 수가 있었다.(93쪽 참조)

이러한 상황을 잘 알고 있던 스트로치 가문은 고리대금업으로 벌어들인 재산을 후손들에게 상속하기 위해 치밀한 전략을 세운다. 그러나 결과적으로 스스로의 꾀에 넘어가 4000플로린을 수도원 측에 남겨놓을 수밖에 없게 된다.

재산 상속을 위한 스트로치 가문의 꼼수

스트로치 가문은 교황청이 있던 프랑스 아비뇽과 로마에 있는 교회들의 자금을 활용하여, 피렌체 외곽 농촌에 있는 자치정부와 지주들에게 자금을 대여해주는 과정에서 막대한 부를 축적했다. 교회의 자금으로 고리대금업을 한 셈이다.[2] 이에 아버지로부터 일찍이 사업을 물려받은 로셀로 스트로치는 흑사병의 피해가 극심했던 시기에 자손들에게 미리 다음과 같은 유언을 남겼다(사망하기 4년 전인 1336년). "내 재산의 상속자는 프랑스 아비뇽과 로마에서 부당한 방법으로 번 돈을 산타 마리아 노벨라 수도원에 헌납하라."

고리대금업으로 부를 축적한 대★상인은 '고리대금업'이라는 용어는 빼버리고 다만 '부당한 방법'으로 부를 축적했다고 인정한다. 하지만 수도원에 헌납할 구체적인 액수를 명시하지 않은 것을 보면 금액에 대한 조정의 여지를 남겨놓은 듯하다.

유언장이 작성되고 4년이 지난 1440년에 수도원 측은 5075플로린를 수도원에 예치금으로 보관하도록 판결한다. 5075플로린이면 40억 원이 넘는 거액이다. 당시 유명 의사의 연간 수입이 150플로린 정도였던 점을 감안해볼 때 그 규모는 실로 엄청나다.

수도원이 예치금 형태로 돈을 보관하도록 결정을 내린 것은, 고리대금업으로 피해를 본 피해자를 찾을 때까지 수도원이 돈을 맡아둘 수 있는 권한을 가지고 있었기 때문이다. 수도원 측은 예치금 관리 책임자로 산타 마리아 노벨라 수도원의 고위 성직자였던 피에트로Fra Pietro, ?~1363라는 수도사를 지명했다. 이 수도사는 바로 유언자의 친동생이며, 유언자의 유언을 집행하는 법적 책임자이기도 했다.

이렇게 예치금을 수도원에 보관해놓고 일정 기간이 지나도 고리대금업으로 피해를 본 실질적인 피해자가 나타나지 않으면 예치자가 돌려받을 수 있었다. 그리고 유언자의 뜻대로 수도원 측에 약간의 기부만 하면, 모든 반환 절차는 끝이 나게 된다. 고리대금업으로 부를 축적한 스트로치 가문은 이 전략을 선택한 것이다. 계획은 성공할 수 있을 것처럼 보였다.[3]

꼼수가 들통난 스트로치 가문

스트로치 가문의 계획은 운이 없게도 피렌체 대주교에게 발각됐다. 예치금은 고리대금업으로 피해를 본 당사자가 나타나지 않으면 고리대금업자에게 다시 돌려줘야 하는 돈이었기 때문에 수도원 측은 결정적인 증거를 찾는 데 혈안이 될 수밖에 없었다. 피렌체 대주교 안젤로 아치아이우올리Angelo Acciaiuoli, ?~1357는 고리대금업을 금지하는 새로운 법령을 공표하는 등(1345), 고리대금업자를 엄격하게 처벌하려 했던 대표적인 성직자였다. 설상가상으로 피렌체 대주교의 가문은 스트로치 가문과 항상 라이벌 관계에 있었다. 이 피렌체 대주교가 스트로치 가문의 막대한 예치금을 그냥 반환하도록 지켜볼 리가 없었다. 대주교는 스트로치 가문이 고리대금업을 했다는 증거를 찾기 위해 노력하는 한편 고리대금업 피해자를 찾도록 자신의 관할 교구 사제들을 닦달했다.[4]

피해자가 나타나지 않았음에도 유언자의 후손들은 고리대금업자라는 불명예를 벗을 수 있었을 뿐 예치금을 모두 돌려받지는 못했다. 이수도원의 고위 성직자이자 유언 집행자로 지정된 유언자의 동생 피에트로가 산타 마리아 노벨라 수도원장으로 임명되면서, 고리대금업을 금지하는 데 앞장서기 시작했기 때문이다. 그에겐 이상적인 기독교 국가를 건설하는 성업이 조카들에게 황금을 넘겨주는 세속적인 일보다 중요했던 것일까? 아니면 피렌체가 이상적인 기독교 국가가 되어야, 조카들도 신의 은총을 받을 수 있다고 생각했는지도 모른다.

이러한 과정에서 스트로치 가문이 예치했던 5075플로린 중에서 4000플로린이라는 거액이 수도원에 남겨지게 된다. 피에트로 수도원장은 이 돈으로 형을 비롯한 선조들의 시신을 수도원에 안장하기로 결정한다. 때마침 성 안토니라는 수호성인의 무덤이 홍수에 휩쓸려 사라져 그 장소에 스트로치 가문 선조들의 시신을 안장하고, 그 위에 선조들의 영혼을 기리는 특별 기도실을 신축할 수 있었다.[5]

32억 원을 수도원 홍보 비용으로 지출한 통 큰 수도사들

이 특별 기도실은 선조들의 시신을 안치한 지하실과 그 위층에 대리석으로 조각된 제단과 그림으로 장식된 별도의 기도실을 둔 2층 건축물이다. 그 규모도 과거에 토착귀족들이 수도원 성당에 소유하고 있던 일반 기도실보다 훨씬 크다. 홍수로 인해 이 건물과 관련된 대부분의 자료가 소실되어 구체적인 액수는 알 수 없지만, 건축물과 내부 장식에 상당한 비용이 소요되었을 것이다. 이곳에 스트로치 선조들의 시신이 안장되었다. 한때 수호성인의 영혼이 쉬던 곳이었으니 명당 자리임에는 틀림없었을 것이다.[6]

수도원 측은 스트로치 가문의 무덤이 있는 기도실의 장식을 안드레아 오르카냐에게 의뢰한다. 오르카냐의 〈옥좌에 앉아 있는 성모자와 성인들〉에서 특이한 부분은, 당시만 해도 종교화에는 거의 등장하지 않았던 성인 토마스 아퀴나스Thomas Aquinas, 1224/5~1274가 예수 그리스도에게 책을 헌정하는 모습이 그려져 있다는 점이다.

당시 수도원 내부를 장식하는 회화나 조각품의 주제는 상당한 종교적 지식을 갖춘 고위 성직자들로 구성된 건물 관리위원회opera에서 결정하는 것이 관행이었다. 그런데 당시 수도원의 고위 성직자들이 그리스도의 열두 제자 중 으뜸인 사도 베드로와 똑같은 위치에 토마스 아퀴나스를 그리게 한 이유는 무엇이었을까.

이 작품을 주문한 1350년대 초반에는 유럽에 흑사병이 재차 발생하여 많은 사람들이 죽어가고 있었다.[7] 그 후유증으로 인간들은 신의 은총을 의심하기 시작했고 종말론이 유행처럼 번졌다. 더불어 미신을 믿

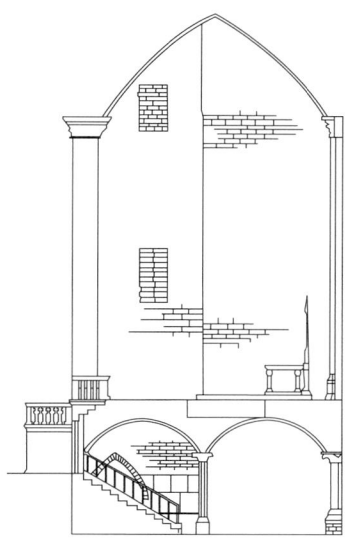

● 복층으로 지어진 스트로치 가문의 특별 기도실 단면도. 다른 가문들처럼 수도원 성당 내부에 있는 기도실을 장식한 것이 아니고, 성당 외부에 새로 건물을 지어 장식했기 때문에 특별 기도실이라고 부른다.

는 신비주의 광신도들이 나타났다. 교회가 위기에 봉착한 것이다. 더불어 세계 교회의 주인인 교황의 권력 또한 상당한 위협을 받는 상황에서 프랑스 황제에 의해 교황이 아비뇽에 갇히는 일까지 벌어졌다(1309~1377년의 사건으로 흔히 '아비뇽 유수'라고 부른다).

이와 같은 상황에서 "가톨릭교회만이 영혼을 구원할 수 있는 기관이므로 누구든지 구원을 받으려면 반드시 로마가톨릭교회 안으로 들어와야 한다"라고 주장했던 토마스 아퀴나스가 교황에게는 가뭄을 끝낼 단비 같은 존재였던 것이다. 이 주장은 사도 베드로의 후계자로서 교황을 세계 교회의 최고 지도자로 받들고, 누구든지 구원을 받으려면 반드시 교황에게 복종해야 한다는 점을 재차 강조한 것이다. 이단을 척

● 안드레아 오르카냐의 〈옥좌에 앉아 있는 성모자와 성인들〉(1354~1357). 산타 마리아 노벨라 수도원
성당의 스트로치 가문 소유 기도실 벽면에 설치되어 있다. 중앙의 예수 그리스도 오른편에는 베드로가,
왼편에는 토마스 아퀴나스가 그려져 있다.

결하고 분열된 교회를 통합하려는 교황에게 토마스 아퀴나스의 주장만큼 필요한 것은 없었다.[8]

토마스 아퀴나스는 도미니크 수도회에 소속된 신학자였다. 산타 마리아 노벨라 수도원 역시 이 수도회에 소속되어 있었다. 그리고 이 수도원에서 토마스 아퀴나스 신학에 정통했던 수도사가 바로 로셀로 스트로치의 동생인 피에트로이다. 기록에 의하면 피에트로는 스트로치 가문 소유의 특별 기도실 건축에 직접 관여했다고 한다.

그래서 스트로치 가문의 무덤이 있는 특별 기도실의 장식에 교리를 담은 책을 들고 있는 토마스 아퀴나스가, 교황의 권력을 상징하는 사도 베드로와 동격으로 묘사되어 있는 것이다. 또한 사도 베드로의 후계자인 교황의 위상을 강조하기 위해서 사도 베드로가 그리스도에게 천국의 열쇠를 받는 모습을 그린 것이다.[9] 당시 예술작품의 주제를 결정했던 고위 수도사들은 이렇게 작품 속에 자신들이 전하고자 하는 메시지를 표현했다.

32억 원으로 천당을 예약한 스트로치 가문의 선조들

그렇다고 수도원 측이 자신들의 종교적 목적만을 내세우고 후원자 가문의 욕망을 완전히 무시했던 것은 아니다. 안드레아 오르카냐의 동생인 화가 나르도 디 치오네가 그린 〈천국〉이란 벽화를 보면, 돈을 수도원에 반환하라고 유언을 남겼던 로셀로 스트로치(회색 수도복을 입고 있다)와 그의 부인(검은색 수도복을 입고 있다)이 천사의 안내를 받는 모습이 있다. 이 그림에는 사후에 천당에 가고자 하는 스트로치 부부의 강력한 소망이 표현되어 있는 것이다.

특히 이들 부부의 형상을 수도사들이 입는 수도복까지 입힌 모습으로 그려낸 걸 보면, 화가도 상당히 세심한 관심을 기울여 작업했다는 느낌을 지울 수 없다. 당시에 죽은 자에게 수도복을 입히면, 악마로부터 죽은 자의 영혼을 지켜낼 수 있다고 생각했기 때문이다.

고리대금업으로 벌어들인 돈을 후손들에게 상속하려는 스트로치 가문의 전략은 절반은 성공했으나 절반은 실패했다. 스트로치 가문과 마찬가지로 고리대금업으로 부를 축적한 대개의 신흥상인들은 절대로 고리대금업으로 황금을 모았다고 고백하지 않았다. 혹시 증거가 나오더라도 실어증에 걸렸다거나 즉사했다고 신고하는 경우도 많았다고 한다.

르네상스 시대의 새벽이 밝아오다

한편 종교기관의 고발로 고리대금업을 단속할 의무가 있던 피렌체 정부마저도, 수도사들의 목소리에 점점 귀를 닫기 시작한다. 피렌체 자치정부의 주인이 되어 외부 침략으로부터 국가를 지켜내야 하는 신흥상인들에게 신앙보다는 황금—비록 고리대금업으로 얻은 것이라 할지라도—이 더 중요했기 때문이다. 이렇게 황금을 둘러싸고 세속 세계의 욕망과 영적 세계의 도덕성이 충돌하기 시작한다.

이는 서방 교회의 영적 지도자인 교황의 영적 권력이 약해졌기 때문이다. 사도 베드로에게 천국의 열쇠를 쥐여주고, 교황의 권위를 강화하

● 나르도 디 치오네의 〈천국〉. 산타 마리아 노벨라 수도원 성당의 스트로치 기도실 벽화(1350년대)와
일부(아래쪽). 이 그림의 오른쪽 하단에 수염을 기른 로셀로 스트로치와 검은 수도복을 입은 스트로치
부인이 붉은 옷을 입은 천사의 손에 인도되어 천국으로 향하는 모습이 묘사되어 있다.

는 토마스 아퀴나스의 책을 성스러운 제단화에 묘사해놓아도 소용이 없었다. 바르디 가문과 같은 토착귀족들은 세속화되어가는 일부 탁발 수도사들과 하나가 되어 변화를 두려워했다. 하지만 신세계에 대한 희망과 모험심을 품은 새로운 상인계층의 생각은 달랐다. 특히 국가를 운영하는 책임을 지게 된 신흥상인들은 더욱 그랬다. 이들은 세속 세계에서 엄격한 종교적 교리에 의해서가 아니라 인간의 능력만으로도 해결될 수 있는 영역이 존재한다고 굳게 믿게 된다.

새로운 생각을 하는 신흥상인들은 성직자들의 주기도문으로 통치되지 않는 공간의 모습을 어렴풋이 보기 시작했다. 아직은 중세 시대부터 이어온 엄격한 교리를 고집하고 있는 성직자와 교류할 상황이 아니지만, 그래도 모험심 많은 신흥상인들은 혼자서라도 이 공간에서 흘러나오는 희망의 불빛을 따라 신세계를 찾아 나서야만 했다. 결국 마찰은 피할 수 없었다. 신흥상인들은 어려움에 처한 피렌체 정부를 구하기 위해, 성직자들에 대한 과세 문제로 교황과 일전을 불사하게 된다. 신흥상인들은 생존의 위협을 극복하는 과정에서 자신도 모르게 르네상스 시대라는 신세계 창조에 첫발을 내딛고 있었다.

Renaissance story

고리대금업자의 운명

오늘날 고리대금업자라고 하면, 100퍼센트가 넘는 높은 이자를 받아내는 악덕 대부업자를 떠올리기 십상이다. 그러나 중세 시대의 교리에 의하면 "화폐가 되었든 물건이 되었든 빌려준 원금 이상으로 돌려받는 행위"는 모두 고리대금업에 속한다.[10]

농업의 시대를 지나 상업의 시대로 접어들면, 곡물을 생산하는 토지보다 상품을 사고파는 황금이 중요해진다. 그러자 노동을 하지 않고 잠만 자고 일어나도 돈이 불어나는 고리대금업이 점점 성행하게 된다.

생활이 어려운 농민이나 수공업자 들이 토지나 작업 도구를 담보로 돈을 빌리고 갚지 못해 생계 수단을 빼앗기는 경우가 비일비재했다. 그래서 당시 신학자들은 고리대금업을 막지 않으면, 농촌을 중심으로 발전되어오던 가톨릭 공동체가 붕괴될 것으로 생각했다. 교회는 공동체의 붕괴를 막기 위해서 고리대금업자를 가톨릭 공동체에서 추방하는 법까지 제정하기에 이른다.

거의 모든 곳에서 고리대금 범죄가 그토록 확고히 뿌리를 내려 **이들이 다른 사업을 제쳐두고**, 성서에서 단죄한 바에 대해서는 조금도 관심을 두지 않은 채, 마치 합법적인 것처럼 고리대금업에 몰두하고 있다. 따라서 알려진 **고리대금업자는 영성체에서도 배제되고 만일 죄 중에 사망하면 기독교 장례에서 배제된다.** 아울러 그 누구도 그들의 헌금을 접수해서는 안 된다.(강조―인용자)

1139년에 제정된 이 교회법에 따르면(제2회 라테란 종교회의), 고리대금업자들을 가톨릭교회의 영성체 의식에서 배제함으로써 하느님의 은총을 받을 수 있는 기회를 원천적으로 박탈하였다. 이뿐만이 아니다. 가톨릭 장례를 받을 수 없게 해 현세에서 행한 선행을 고려해 죄를 용서받을 수 있는 최후의 심판 기회조차 주지 않았다. 이와 같이 당시 가톨릭교회는 고리대금업자가 아무리 현세에서 선행을 한다 하더라도, 사후에 지옥으로 갈 수밖에 없는 운명을 정해놓았다.

그러나 돈으로 상품을 사고파는 상업이 발달한 르네상스 시대로 들어서면, 이자를 받고 돈을 빌려주는 대부 행위를 근절하는 현실적으로 불가능해졌다. 그래서 교회법을 지키려는 탁발 수도사들은 차선책으로 고리대금업자들이 사망하기 전에 고리대금업으로 벌어들인 돈을 반환하게 하는 방법을 택했다.

그들은 먼저 고리대금업자를 세 가지 부류로 분류했다.

- **명백한**certa **고리대금업자** 감독교회의 엄격한 처벌 대상이 되었고 고리대금업으로 벌어들인 돈을 피해자에게 돌려주어야 했다.
- **은밀한**incerta **고리대금업자** 고해성사를 통해서 고리대금업으로 돈을 벌었

다고 고백하게 하였고 고리대금업으로 벌어들인 돈을 피해자에게 돌려주어야 했다.

- **부당한 방법**injuste acquista**으로 돈을 벌었다고 고백하는 경우** 일정 금액을 수도원과 같은 종교기관에 예치시키고, 고리대금업으로 피해를 보았다는 사람이 나타나면 피해자에게 전액을 보상해야 했고, 피해자가 나타나지 않을 경우 예치금의 일부가 수도원에 몰수되어 가난한 사람들을 위한 기금으로 사용되었다.

이때부터 고리대금업자로 의심받는 사람들은 마음대로 죽을 수도 없게 된다. 죽는 절차도 복잡했다. 먼저 고리대금업자로 의심되는 환자들은 사망하기 전에 반드시 성직자나 수도사를 불러서 그에게 모든 것을 참회해야 했다. 또한 고리대금업으로 벌어들인 모든 돈을 반환하겠다는 서명도 해야 했다. 그리고 당장 피해자를 찾을 수 없는 경우에는 일정 금액을 성당이나 수도원에 예치하겠다는 보증서에도 서명해야 했다. 이렇게 철저한 반환을 위한 절차를 마치고 나서야 고리대금업자는 의사의 도움을 받을 수 있었고, 죽을 수도 있었다.

하지만 끝내 고리대금업으로 돈을 벌었다는 사실을 밝히지 않고 단지 '부당한 방법'으로 돈을 벌었다고 고백하여 관할 수도원이나 다른 종교 단체에 돈을 기부하는 방식은 용인되었다. 스트로치 가문은 이 방식을 택했다. 그리고 1400년대 초반이 되면, 피렌체 정부는 유대인들에게 벌금(교회법으로 금지하는 행위였기 때문에 피렌체 정부는 '수수료'가 아니라 '벌금'이라는 용어를 사용했다)을 내고 고리대금업에 종사하는 것을 허락했다. 소규모 전당포만 용인해준 것이다.

브란카치 가문,
교황에게 등을 돌린 신흥상인

Renaissance

산타 마리아 델 카르미네 수도원 성당 브란카치 가문 기도실,
마사초의 〈에덴동산에서 추방당하는 아담과 하와〉와 〈성전세〉

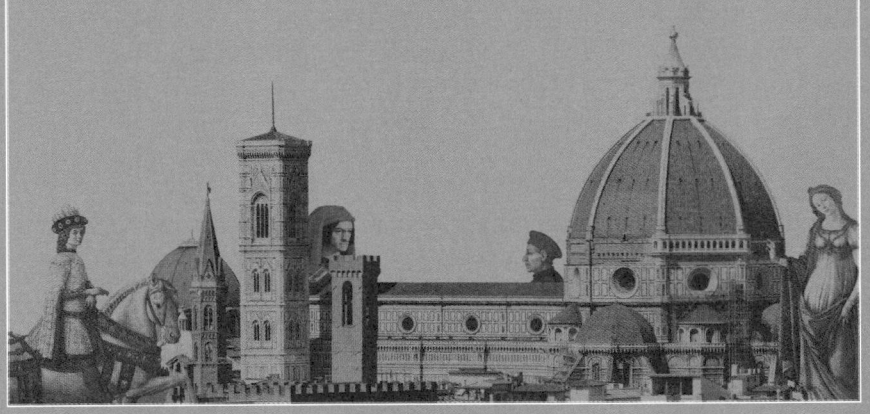

펠리체 브란카치
Felice di Michele Brancacci, 1382~1450

1200년대 후반 피렌체 외곽 농촌에서 피렌체 도심으로 이주해 온 가문 출신이다. 이주할 당시에 이 가문의 선조(브란카 디 브란카치Branca di Brancacci)는 펜을 만드는 기술을 가진 수공업자로서 하층계급에 속했다. 하지만 991 피렌체 금화를 결혼 지참금으로 들고 온 부유한 집 딸과 결혼하고, 비단 사업을 벌여 많은 부를 축적하게 된다. 이 가문이 교회의 기도실을 장식할 수 있게 된 시점에는 피렌체에서 519번째 부자가 되어 있었다. 이민자 출신으로 성공한 대표적인 가문이다. 브란카치 가문은 산타 마리아 델 카르미네 수도원을 후원한 대가로 선조들의 영혼을 지하에 안장할 수 있게 되었고, 수도원에 브란카치 기도실을 소유한다. 하지만 브란카치 가문은 코시모 데 메디치에 의해 추방되고 피렌체에서 가문의 초상화와 문장은 모두 지워졌다.

마사초
Masaccio, 1401~1428

본명은 토마소Tommaso di ser Giovanni di Mone Cassai로, 마사초는 '큰 토마소'라는 뜻이다. 그림 그리는 것을 너무 좋아한 나머지 옷 입는 일조차 잊고 그림 그리는 일에만 열중하여 자신의 수입은 물론 빚이 어느 정도인지도 모르고 살았다고 한다. 조토 이후 이탈리아 회화에 가장 큰 영향력을 미친 화가로 평가받고 있다. 레오나르도 다빈치조차도 "마사초는 완벽한 작품을 통해서, 탁월한 주인인 자연 이외에 다른 안내를 받는 화가는 헛고생을 할 뿐이라는 사실을 보여주었다"라고 격찬한다. 브란카치 기도실을 장식하던 도중에 갑자기 붓을 놓고 로마로 간 후에 소식이 두절되었고, 안타깝게도 스물여덟이라는 젊은 나이에 생을 마감했다.

교황 마르티누스 5세
Martinus V, 재임 1417~1431

교회사에는 39년 동안 세 명의 교황이 서로 자신이 베드로의 후계자라고 주장하면서, 극도의 혼란을 겪던 시기가 있었다(1378~1417, 교회 대분열시기). 다행스럽게도 콘스탄츠 종교회의에서 마르티누스 5세가 교황으로 선출되면서, 교회 분열의 위기는 수습된다. 하지만 교회의 지도자로서 교황의 위상은 이미 추락해 있었다. 마사초가 브란카치 기도실을 장식하던 때는, 교회가 추락한 교황의 권위를 회복하려 노력하던 시기였다.

1300년대 후반 피렌체는 몇몇 부유한 신흥상인(특히 스트로치 가문과 알베르티 가문)에 의해 금권金權정치가 이루어지던 시기였다. 이에 반발해 양모 산업에 종사하던 노동자들이 반란을 일으킨 것은 1378년이다(치옴피의 난). 위기의식을 느낀 신흥상인들은 제빵 기술자나 구두 수선공과 같은 수공업자의 대표들, 그리고 이민자 출신으로 성공한 상인들과 손을 잡았다.

　피렌체에서 손꼽히는 부자였던 스트로치 가문과 펠리체 브란카치라는 상인이 손을 잡은 경우가 대표적인 제휴 형태이다(후에 펠리체 브란카치는 스트로치 가문의 딸과 결혼까지 하게 된다). 펠리체 브란카치는 한때 가난한 이민자에 불과했지만 비단 장사를 해 부자가 되었다. 이러한 과정을 거쳐, 피렌체 자치정부의 공직에 진출할 수 있는 지배 계층이 확대되기 시작했고, 이들 제휴 세력은 자신들만의 공동정부를 구성

● 피렌체의 일곱 개 대길드 사무실이 있었던 오르산미켈레(Orsanmichele) 성당의 현재 전경. 이 건물의 외벽에는 각 길드의 수호성인들이 조각되어 있다.

해나갔다.[1]

　새로운 정치체제하에서 공직을 수행하던 상인들은 황금과 화려한 안료로 기도실을 치장해 가문의 위상을 드러내는 행위는 가급적 삼갔다. 당시 피렌체 사회에서 가문을 드러내지 않는 것이 중요한 덕목이 되었고, 개인의 가문보다는 공동정부의 정체성을 알리는 과업이 더 중요했기 때문이다.

　1400년대 초반, 조각가 기베르티Lorenzo Ghiberti, 1378~1455가 피렌체 시의 수호성인인 세례자 요한에게 봉헌된 세례당의 청동문을 제작한 것도 이러한 정치적 기류의 변화 때문이다. 상인들의 연합체인 길드의 사무실이 있는 건물 외벽에 개인 가문의 수호성인이 아니라 자신들이 가입한 길드의 수호성인을 조각한 작품들이 등장한 것도 같은 이유에서이다. 가문의 명성보다는 자신들이 소속된 피렌체 시정부나 길드의 공동체 가치를 더 중요하게 생각했던 시절이다.

몇몇 부유한 상인들의 후원에만 의존하던 수도원도 변화하기 시작했다. 특히 부유한 상인들이 관심조차 두지 않았던 산타 마리아 델 카르미네Santa Maria del Carmine, '카르멜 산山의 성모마리아'라는 뜻 수도원은 평신도들의 공동체 가치를 중요하게 생각한 대표적인 수도원이 되었다. 성공한 이민자 출신으로 공직에 참여한 브란카치는 이 수도원에 가문의 기도실을 마련할 수 있었다.[2] 이와 더불어 당시 천재로 칭송받던 젊은 화가 마사초에게 기도실의 장식을 주문했다. 마사초는 기도실을 장식하면서, 브란카치 가문의 위상을 드러내는 형상이나 표식을 하나도 남기지 않았다.

기도실의 주인공은 베드로였다. 베드로가 예수에 의해 '고기를 잡는 어부에서 사람을 구제하는 어부'로 새롭게 탄생하는 장면에서 시작하여, 베드로가 앉은뱅이 환자를 치료하고 공동체의 재산을 어렵게 모아 교회를 설립하는 등의 주제를 담은 그림들로 기도실을 아름답게 장식했다. 이는 베드로가 예수의 열두 제자 중에서 으뜸이었다는 점을 강조하고 있다.

마사초는 한 폭의 그림에 여러 주제를 담아내는 데 천부적인 재능을 보인 화가였다. 그런 마사초가 베드로의 일대기를 그려냈으니 베드로의 위엄은 다른 화가가 그린 어떤 그림에서보다 빛을 발할 수 있었다. 후대 화가들은 베드로에 관한 그림을 탐구하기 위해 이 기도실을 꼭 방문했다고 한다.[3]

● 아르노 강변에서 바라본 산타 마리아 델 카르미네 수도원의 전경(1771년 화재로 소실되어 1782년에 복원되었다). 교황 소유였던 이 수도원은 1200년대 후반 예루살렘 근처에 있는 카르멜 산에서 신앙생활을 하던 여섯 명의 수도사들이 이주해 왔던 까닭에 동방적인 색채가 강하게 드러난다.

베드로의 일대기를 묘사한 그림을 통해 약해진 교황의 위상을 회복하기 위한 당시 교회의 노력을 엿볼 수 있다. 하지만 예수도 성문을 지키는 고대 로마제국의 세리에게 세금을 납부했다는 내용을 묘사한 〈성전세〉라는 장면은, 베드로의 권위를 격상함으로써 교황의 권위를 회복하겠다는 목적과는 상반된 주제이다. 또한 이 장면 바로 옆에 그려진 〈에덴동산에서 추방당하는 아담과 하와〉나 〈에덴동산에서 유혹받는 아담과 하와〉라는 장면은 베드로의 생애와 직접 관련이 없어 보인다.

당시 피렌체의 분위기를 고려하면 쉽게 납득이 가지 않는 주제가 섞여 있다는 것을 알 수 있다. 브란카치 가문은 어째서 교황의 권위를 회복하는 것과 거리가 먼 주제를 함께 그리게 했던 것일까. 브란카치와 카르미네 수도원의 평신도들이 전달하고 싶은 메시지는 무엇이었고, 누구에게 전달하고자 한 것인가?

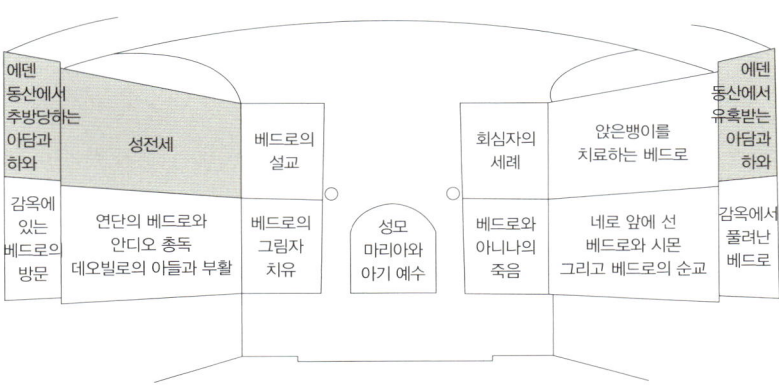

| 에덴
동산에서
추방당하는
아담과
하와 | 성전세 | 베드로의
설교 | | 회심자의
세례 | 앉은뱅이를
치료하는 베드로 | 에덴
동산에서
유혹받는
아담과
하와 |
| 감옥에
있는
베드로의
방문 | 연단의 베드로와
안디오 총독
데오빌로의 아들과 부활 | 베드로의
그림자
치유 | 성모
마리아와
아기 예수 | 베드로와
아니나의
죽음 | 네로 앞에 선
베드로와 시몬
그리고 베드로의 순교 | 감옥에서
풀려난
베드로 |

● 산타 마리아 델 카르미네 수도원 성당에 있는 브란카치 기도실 내부 전경.
●● 브란카치 기도실을 장식한 그림 배치도. 열여덟 개의 장면으로 구성되어 있다.

평신도 회원들만의 지원으로 일어선 수도원

오래전부터 동방 예루살렘의 카르멜 산(예수 탄생을 예언했던 엘리야가 신앙생활을 했던 곳이다)에서 금욕하며 성모마리아를 받들어 오던 여섯 명의 수도사들은 피렌체를 가로지르는 아르노 강 남쪽의 조그마한 수도원에서 신앙활동을 시작한다(1268). 이 수도원이 바로 산타 마리아 델 카르미네 수도원이다(편의상 앞으로는 카르미네 수도원이라고 부른다). 당시만 해도 토착귀족이나 신흥상인 모두 이 자그마하고 보잘것없는 수도원에 관심조차 두지 않았다.[4]

부유한 신흥상인들이 신앙생활을 하던 산타 마리아 노벨라 수도원과는 달리 카르미네 수도원에서는 이민 온 수공업자나 작은 상점을 운영하는 장사꾼 들이 신앙생활을 했다. 당연히 카르미네 수도원은 부유한 신흥상인들로부터 외면당했다. 이 수도원은 미사 때 사용하던 은촛대를 18플로린(현재 우리 돈으로 150만 원에도 못 미치는 적은 액수다)에 저당잡힌 일이 있을 정도도 가난했다고 한다.

부유한 상인들의 후원을 받을 수 없었던 카르미네 수도원 측은 평신도들 중에서 손재주가 있는 이민자들에게 수도원에서 경제활동을 할 수 있는 기회를 제공했다. 이민자들은 수도원에서 일정한 노동을 하고 받은 수익의 일부를 다시 수도원에 환원한다. 수도원이 재정난을 극복하기 위해 자립적인 경제 구조를 새롭게 고안한 것이다.

본시Bonsi라 불리던 신도는 수도원에서 사용하고 남은 양초 토막을 모아 새 양초를 만들어 판매하는 사업을 했다. 여기서 나오는 수입은 당시 수도원에 재정적으로 많은 도움이 되었다고 한다. 그 밖에도 수도사들이 탁발해 온 곡물로 빵을 만들어 수익을 남기는 경우도 있었다. 이 때문에 수도원의 평신도들 중에서 손재주가 있는 수공업자들이 성공하는 경우가 많았다.[5]

평신도 단체 후원으로 정부 요직을 맡게 된 브란카치

이렇게 평신도들의 땀으로 운영되던 카르미네 수도원은 토착귀족이나 신흥상인 들의 개인 후원에 의존했던 다른 수도원들과 달리, 평신도 단체의 목소리가 클 수밖에 없었다. 공동체의 가치를 중시하는 평신도들이 중요한 역할을 하는 수도원으로 재탄생한 것이다.

이 수도원에서 활동하던 평신도 단체들 중에 성 니콜라스를 받들던 단체의 목소리가 가장 컸다. 왜냐하면 이 평신도 단체에는 피렌체 정부의 고위 공직자들과 친분이 두터운 회원들이 많아, 특별한 연고자가 없던 이민자들에게 피렌체 신분 사회로 진입하기 위한 주요 통로가 되었기 때문이다. 브란카치 가문도 이 평신도 단체의 회원이었다.

펜을 만드는 수공업자였던 브란카치 가문의 선조들은 비단 장사로 황금을 모으게 되면서, 이 평신도 단체를 재정적으로 후원하는 적극적인 역할을 한다. 이러한 인연으로 이 가문의 후손들은 피렌체 정부에서 공직을 맡는 행운을 누린다. 브란카치 가문은 밀라노와 전쟁을 치르는 데 필요한 재원을 조달하는 일을 맡기도 했는데, 전쟁이 끝나면 물러나야 되는 임시직 고위 공무원이었다(주로 필요할 때마다 구성되는 특별 위원회balia의 위원이나 특별 외교 업무를 맡았다).

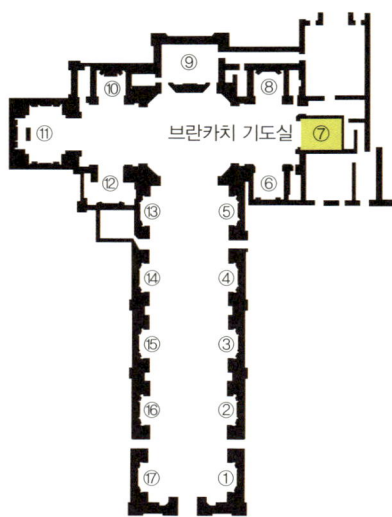

브란카치 기도실

● 산타 마리아 델 카르미네 수도원의 기도실 배치도. ⑦은 브란카치 가문의 기도실이고, ⑧은 양초를 재생산하여 수도원의 재정에 기여한 본시 가문의 기도실, ⑨는 중앙제단이 있는 기도실이다.

펠리체 브란카치는 가문의 개인 기도실을 피렌체 정부와 긴밀한 관계를 맺고 있던 평신도 단체의 회합 장소로 내어주었다. 이 수도원에서는 개인보다 평신도들의 공동체 가치를 더욱 중요하게 여기고 있었기 때문이다. 이로써 평신도 단체는 브란카치 가문의 기도실을 장식하는 예술작품을 빌려 교황에게 메시지를 전할 수 있는 기회를 얻게 되었다. 물론 마사초에게 대금을 지불한 사람은 브란카치 가문의 수장이었던 펠리체 브란카치였다.[6]

교황의 손을 높이 들어주며 실속을 차리다

브란카치 가문이 고위 공직자로 왕성하게 활동하던 1400년대 초반은, 세 명의 교황이 서로 자신이 서방 교회의 최고 지도자라고 주장하면서 교회가 극도의 혼란을 겪고 있던 시기였다. 이 혼란을 수습하기 위해 고위 성직자들과 서유럽 국가의 지도자들은 세계 종교회의를 소집해 (콘스탄츠 공의회) 새 교황을 선출하는데, 그가 마르티누스 5세이다.

로마로 귀향한 마르티누스 5세는 크게 실망했다. 로마의 명문가인 콜론나Colonna 가문 출신이었던 교황이 보기에, 로마제국 시대 조각품과 궁전을 떠받치고 있던 대리석이 개인 저택을 짓는 데 마구잡이로 사용되고 있던 당시의 로마는 도적들의 소굴이었다. 교황은 교황청이 개혁 없이는 100년을 버틸 수 있지만, 황금 없이는 열흘도 지속할 수 없다는 사실을 깨달았다. 결국 교황과 교황청을 다시 세우기 위해, 교황은 서방 세계 교회에 도움을 요청했다. 피렌체에 있는 교회들도 황금으로 만든 성배와 십자가 등의 성구를 팔아 교황청으로부터 할당받은 후원금을 조달해야만 했다.

브란카치 가문이 소속되어 있는 평신도 단체는 교황을 자신들의 후원자로 모시고 있었다. 기록에 의하면, 교황은 피렌체에 머물던 시절에 평신도 단체가 활동하던 이 수도원을 방문한 적이 있다고 한다. 이때 브란카치 기도실을 이들 평신도 단체에 내어주게 되고, 평신도 단체는 사도 베드로의 기적에 관한 이야기를 그림의 주제로 선택하게 된 것이다.

마사초는 칼을 든 천사가 에덴동산에 있던 아담과 하와를 추방하는

● 마사초, 〈에덴동산에서 유혹받는 아담과 하와〉와 〈에덴동산에서 추방당하는 아담과 하와〉(1420년대). 브란카치 가문 소유의 기도실 장식.

장면을 묘사한 〈에덴동산에서 추방당하는 아담과 하와〉라는 작품으로 기도실을 장식했다. 언뜻 보면 이 작품은 사도 베드로의 성스러운 생애와 아무런 관련이 없어 보인다. 하지만 이 작품은 원죄를 짓고 에덴동산에서 추방당한 인간들에게, 순교한 사도 베드로의 기적으로 새로운 세계를 열어준다는 의미가 담겨 있는 중요한 그림이다. 즉 원죄를 지은 죄인들은 사도 베드로의 후계자인 교황이 지도자로 있는 교회로 들어와야 한다는 주장이 이 작품에 담겨 있는 것이다. 수도원에서 교황을 후원자로 모시던 평신도들은 이 작품을 통해서 교황의 손을 확실하게 들어준 셈이다. 화가는 두 손으로 부끄러운 곳을 가리고 에덴동산에서 추방당하는 아담과 하와를 생생하게 묘사함으로써 평신도 단체의 메시지를 충실하게 전달했다.[7]

교황의 종교권력에 정면으로 도전한 피렌체 신흥상인들

새롭게 선출된 교황은 곧바로 로마로 돌아갈 수 없었다. 교황의 귀환을 반대하던 로마 귀족들이 로마로 가는 길목 곳곳에 용병을 배치하고 있었기 때문이다. 하는 수 없이 교황은 자신에게 우호적이던 피렌체에서 2년여 동안 머무르고 다시 로마로 돌아가게 된다(1420).

교황이 로마로 귀환하고 얼마 지나지 않아, 피렌체는 밀라노의 침공을 또다시 받게 된다. 피렌체 정부는 교황에게 중재를 요청했지만 교황은 교회의 최고 지도자답게 "평화를 유지하십시오!"라는 말만 되풀이했다. 사실은 교황이 나선다고 해도 전쟁을 피할 수는 없었다. 그만큼 교황의 위상은 추락해 있었다. 피렌체 정부는 밀라노와 싸우는 용병들에게 급료를 주기 위해서 성직자들에게 과세를 하기로 했다. 이때 성직자들에게 걷은 세금이 무려 12만 5000 플로린에 달한다(한화로 계산하면 무려 1000억에 가까운 거액이다).

교황은 피렌체 시 전체를 파문에 처할 정도로 분노했다. 그러나 교황은 여러 차례 협상을 거쳐 과세 액수를 줄이고서야(교황과의 협상자 명단에 코시모 데 메디치도 있었다), 성직자들에 대한 과세 문제를 용인하였다. 하지만 부과된 세금을 납부할 수 없는 성직자들은 은행에서 돈을 빌리거나, 세금을 납부하지 못해 감옥에 가기도 했다. 한때 황금으로 치장되던 피렌체 성당들의 처지가 말이 아니게 된 것이다.

피렌체는 밀라노와의 전쟁에서 이미 여러 번 패한 적이 있었다. 전쟁 비용 조달을 책임지고 있던 브란카치의 책임은 더욱 무거워졌다(당시 열 명으로 구성된 '전쟁 위원회'의 책임자였다). 브란카치는 교황을 후원하던 평신도 단체의 회원이기는 했지만, 성직자들에게 과세하는 문제와 같은 세속적인 일에 교황이 관여하는 것을 원하지 않았다.

브란카치는 "카이사르의 것은 카이사르에게 돌리고, 하느님의 것은 하느님께 돌리라"는 성경 내용(마태복음 22장 21절)을 화가의 손을 빌려 표현하려고 했다. 피렌체 자치정부의 일은 피렌체 공직자들에게 맡기고, 교황은 영적 구원을 위한 기도에 힘쓸 것을 부탁하고 있는 것이다. 이러한 복잡한 사건들을 배경으로, 〈성전세〉라는 작품이 탄생하게 된다.

● 마사초, 〈성전세〉(1420년대). 브란카치 가문의 기도실 장식. 마태복음 17장 24~27절에서는 예수가 베드로의 고향인 가버나움에 이르렀을 때 세리가 성전세로 반 세겔을 낼 것을 요구한다. 예수는 제자인 베드로에게 바다에 가서 낚시를 해 고기를 잡으면 그 속에 한 세겔이 있을 것이니 이를 성전세로 내라고 한다. 왼쪽 장면은 베드로가 물고기를 잡아 입에서 동전을 꺼내는 장면을, 가운데는 예수가 노란 옷을 입은 베드로에게 성전세를 내라고 지시하는 장면을, 오른쪽에는 노란 옷을 입은 사도 베드로가 세리에게 성전세를 지불하는 장면을 묘사했다.

르네상스라는 새로운 시대를 창조할 공간이 마련되다

브란카치나 스트로치 가문의 수장들, 즉 피렌체의 지도자들은 교황의 영적 도움만으로는 피렌체 공동체가 유지될 수 없다는 사실을 몸소 체험했다. 그러나 이들은 교황을 버리지 않았다. 이들은 베드로가 생전에 행한 업적과 원죄를 짓고 태어난 인간들이 구원받을 수 있는 방법을 묘사한 예술작품을 통해 교황의 영적 권위를 칭송했다. 이들의 태도는 당시 피렌체 사회가 종교의 영역과 세속권력을 각각 다른 개념으로 분리하기 시작했음을 시사한다. 성직자들이 피렌체에 이상적인 기독교 국가를 건설하려는 꿈은 이제 점점 황혼으로 접어들기 시작한다. 이렇게 종교권력의 영향이 미치지 못하는 영역이 생겨나면서 르네상스라는 새로운 시대를 창조할 공간이 구체적인 모습을 드러내게 된다.

이 창조의 공간에, 중세 시대로 돌아가려고 했던 성직자들을 대신해 새로운 지식으로 무장하고 활발하게 활동하는 인문학자들이 등장한다. 그중에서도 피렌체 시의회의 서기장 직책을 맡고 있던 레오나르도 브루니Leonardo Bruni, 1370~1444가 가장 활발하게 활동했다. 브루니는 자신의 연설문『피렌체 찬가』에서 로마제국 시대 공화정의 공동체 가치를 앞세운 '시민적 휴머니즘'을 주장한다. 또한 피렌체의 가치를, 귀족이나 부유한 상인뿐만 아니라 덕과 성실함을 지닌 일반 시민도 자유롭게 정치에 참여할 수 있는 희망에서 찾았다.

이제 피렌체에 마련된 창조의 공간은, 소수 상인들의 이익보다도 공동체의 이해관계를 더 중시하는 사상을 전파하는 인문학자들과, 이들의 주장을 등에 업고 새로운 시대를 실제로 펼쳐보려는 상인들이 만나 서로가 융합할 수 있는 교차점이 되었다. 새로운 생각을 갖게 된 사람들은 이 광장에서 만나 피렌체를 시민 중심 사회로 변혁하려 했다. 그리고 코시모 데 메디치라는 걸작품을 낳은 코시모의 아버지 조반니 디 비치가 이 창조의 공간에서 흘러나오는 새로운 사상에 주목하고 있었다.

'르네상스 창조의 공간'의 탄생

화가 조토가 산타 크로체 수도원 성당 내부를 장식하던 1300년대 초반만 해도 피렌체에 새로운 시대가 열릴 것처럼 보였다. 피렌체 외곽에서 이민자들이 일자리를 찾아 피렌체로 몰려들자, 피렌체가 새로운 활력을 찾은 도시처럼 보였기 때문이다. 하지만 이 시기에 피렌체 사회를 이끌던 성직자들과 상인들의 정신세계는 중세 시대의 연속이었다.

교황에게 충성을 맹세하고 피렌체로 이주해 온 탁발 수도사들은 중세시대에 늘 그래왔던 것처럼, 피렌체 사회를 종교적 교리로 이끌어가는 이상적인 기독교 국가를 건설하려고 했다. 한편 교황의 특혜로 교황청의 자금을 관리하여 부유해진 일부 상인들은 가난한 탁발 수도사들에게 경제적 후원을 하면서, 종교권력의 보호하에 자신들의 기득권이 영속하기를 간절히 원했다. 이들 두 세력은 자연스럽게 하나가 되었다.

중세 시대와 달라진 게 있다면, 두 세력 간 밀월관계의 공간이 농촌에서 도시로 이동했을 뿐, 이들의 정신세계와 사회적 구조는 별로 달라지지 않았다. 아직은 신앙이 인간의 정신과 몸을 구속하던 시대였다. 그래서 르네상스라는 새로운 시대를 연 인문학자로 칭송받는 페트라르카조차도 자신이 살던 시대를 "동시에 앞과 뒤를 쳐다보며 두 문명의 경계에 서 있는 것 같다"고 묘사했다.[8]

르네상스 시대는 과거에는 생각지도 못했던 새로운 법칙으로 사물들의 새로운 질서가 탄생한 시기였다.[9]

그러나 1400년대 초반부터 영토를 확장하려는 밀라노가 피렌체를 침공하기 시작하자, 피렌체는 위기에 빠져들었다(1402~1428년까지 약 27년 동안). 서방 교회의 최고 지도자인 교황의 중재도 효력이 없었다. 상인들은 교황의 종교 권력보다도 자신들을 위해 싸워줄 용병이 자신들의 재산과 조국을 지키는 데 더 필요하다는 사실을 알게 되었다. 용병을 고용하는 데 필요한 비용은 모두 상인들이 부담해야만 했다. 종교권력에 대해 다시 생각하는 계기가 되었다.

이러한 위기, 즉 생존에 대한 명령이 죽은 것들을 뿌리째 뽑아내고 새로운 사회질서와 사상을 갈구하는 열망을 더욱 강하게 이끌어냈다. 생존에 대한 위협 때문에, 한때 서로 다른 생각을 해오던 성직자와 상인, 인문학자 들이 하나가 되어갔다. 당시 피렌체 시민들에게는 생존만으로도 축복이었기 때문이다. 상인들은 국가를 구하기 위해 상업적 이윤과 정치권력과 같은 세속적 욕망과 신앙생활이 공존할 수 있는 생존의 공간이 절대적으로 필요했다. 과거 신앙에 의해서 구속되던 공간에서 세속적 욕망을 추구할 수 있는 자유의 공간이 움트기 시작했다. 필자는 세속적 가치를 자유롭게 추구할 수 있는 이 생존의 공간을 '르네상스 창조의 공간'이라 이름 붙이고자 한다. 이것은 피렌체인들이 생존을 위해 분투하는 과정에서 역사적으로 탄생한 필연적인 창조물이었다.

이 창조의 공간에서 한때 다른 욕망으로 움직이던 주인공들은 함께 피렌체라는 국가를 지켜내기 위한 새로운 질서를 창안해내야만 했다. 이 창조의 공간은 서로 다른 생각을 가진 리더들이 지식을 융합할 수 있는 교차점이 되었고, 점차로 르네상스라는 새로운 시대의 정신과 질서를 만들어내는 창조력의 원천이 되었다.

이 창조의 공간에서 탁발 수도사들의 생각이 가장 먼저 바뀌었다. 교리로 금지해오던 고리대금업도 잃어버린 시간에 대한 보상이고(기회비용), 상인들이 취하는 과도한 이익도 투자 위험에 대한 보상이라는 새로운 교리를 창안해냈다.[10] 고리대금과 정의에 반하는 폭리를 취하는 상인들에게 완전한 면죄부를 준 셈이다. 한편으로 위기에 처한 피렌체를 구원할 새로운 사상이 필요했기 때문에, 인문학자들에게 정치에 참여할 수 있는 기회도 열어주었다. 이 시기에 『피렌체 찬가』로 잘 알려진 레오나르도 브루니가 피렌체 시의회의 서기장이 되었다.

레오나르도 브루니는 감동을 주는 웅변술과 화려한 문체로 피렌체 사회를 움직이기 시작했다. 특히 교황의 우방 국가로 종교를 무시할 순 없지만, 국가를 위해 피렌체 시민들의 세속적인 자유 또한 중요하다는 주장에서, 세속적 권력을 강화하려는 상인들은 조국을 구할 수 있는 희망의 불빛을 보았다.[11]

이제 '르네상스 창조의 공간'에서 수도사들에 의해 이익 추구의 정당성을 부여받고 인문학자들의 조언을 받아 새로운 사상으로 무장한 상인들이 피렌체 공동체를 움직이는 새로운 시대, 즉 진정한 르네상스 시대가 펼쳐지게 된다. 메디치 가문의 수장이 된 코시모 데 메디치가 이러한 생각을 하고 있던 대표적인 상인이었다. 코시모와 생각을 같이한 세력들은 시민들의 지지를 바탕으로 한때 자신들을 짓눌러온 교리를 따르지 않고서도 조국을 구할 희망을 찾았고, 신세계가 피렌체에 열리게 될 것이라는 긍정적인 생각을 하게 되었다.

위험을 무릅쓰고 새로운 거래처를 찾아 세계를 누비던 상인의 모험정신으로 코시모 데 메디치는 신세계를 여는 모험에 착수했다. 반대파에 의해 추방당하는 고통도 겪게 되지만, 결국 시민들의 지지를 기반으로 교회의 탑에서 울리는 종소리를 듣거나 성직자들의 혀를 바라보지 않고서, 피렌체 시민들이 경제적 부와 권력과 같은 세속적인 욕망을 추구할 수 있는 공간이 모습을 드러내기 시작한다. 어렴풋하던 '르네상스 창조의 공간'이 메디치 가문에 의해서 발전되고 완성되어간다. 그리고 예술가들은 이 창조의 공간에서 간간이 흘러나오는 불빛과 소리를 기록하는 역할을 맡아, 르네상스의 구체적인 모습을 우리에게 보여준다.

메디치 가문,
고리대금업자에서 피렌체의 주인으로

R e n a i s s a n c e

**산 로렌초 성당 구 성구실,
브루넬레스키와 도나텔로의 〈메디치 가문의 영묘〉**

조반니 디 비치
Giovanni di Bicci de' Medici, 1360~1429

조반니 디 비치는 한때 피렌체 출신 토착귀족들로부터 이방인 취급을 받던 이민자 출신이다. 하지만 피렌체에서 금융업과 부동산 투자로 메디치 가문의 경제적 기반을 마련한 대상인이다. 사업 감각이 남달랐고, 남 앞에 함부로 나서지 않는 신중한 성품을 지녔던 것으로 전해진다. 부 잣집 딸과 결혼하여 당대 최대의 결혼 지참금을 받은 행운아이기도 하다. 자신이 살고 있던 산 로렌초 교구 성당에 자신의 영혼이 쉴 장소(구 성구실)를 조각가이자 건축가 브루넬레스키에게 주문했다. 아들 코시모에게는 거액의 황금과 많은 부동산을 유산으로 남겼다.

필리포 브루넬레스키
Filippo Brunelleschi, 1377~1446

브루넬레스키는 "건축이 여러 세기 동안 길을 잃고 헤맨 끝에, 새로운 형식의 건축을 창안한 사람"이라고 칭송받을 정도로 창의성이 뛰어난 건축가였다. 달걀을 바로 세웠다는 일화의 원 조는 콜럼버스가 아니라 브루넬레스키였다(콜럼버스보다 50년이 빠르다). 그의 창의성을 드 러내는 일화이다. 특히 오늘날 피렌체의 명물인 대성당의 팔각형 돔을 완성한 건축가로 유명 하다. 1420년경에 조반니의 주문을 받아 산 로렌초 성당에 메디치 가문의 영묘를 신축했다.

도나텔로
Donatello, 1386~1466

스물두 살의 젊은 나이에 피렌체 대성당을 위해 청동 조각상 〈다비드〉를 만든 조각가로 유명 하다. 후에 미켈란젤로는 이 조각가가 제작한 성 마르코 조각상을 보고 "이 성인이 설교하는 복음을 거부하기는 불가능하다"라고 격찬할 정도였다고 한다. 메디치 가문의 영묘가 있는 산 로렌초 성당에 조반니의 무덤 석관을 제작하는 등 많은 영묘 작품을 남겼다. 특히 메디치 가 문의 수장이 된 코시모와 가깝게 지내게 되면서 "코시모의 표정이나 극히 작은 암시만으로도 무엇을 원하는지 알았다"고 한다. 이러한 인연으로 사후에 코시모와 나란히 산 로렌초 성당 지하에 눕는 특혜를 누리게 된다.

코시모 데 메디치는 르네상스 시대는 물론이고 2000년 서양사에서 최고의 행운아였다고 해도 과언이 아니다. 그는 아버지 조반니로부터 물려받은 막대한 유산으로 유럽 최대의 부자가 되었다.

당시 유럽 최고의 갑부였던 코시모는 예술에 대한 애정이 각별하여 많은 예술가들을 후원했다. 코시모에 의해 피렌체는 중세를 탈출하여 르네상스의 중심지로 변해가기 시작한다. 메디치 저택의 창틈에서 흘러나오는 황금의 빛을 보고 이탈리아에 있는 많은 예술가들이 피렌체로 몰려들었다.[1] 코시모의 후원으로 피렌체는 마치 1700년 전의 아테네가 옮겨 온 것처럼 변해갔다.

코시모 이전 메디치 가문의 선조들은, 피렌체 출신인 스트로치 가문과 같은 신흥상인들보다 사회적 지위가 낮았다. 혈통을 중시하던 중세 피렌체 사회에서 귀족도 아니고 피렌체 출신도 아닌 코시모의 선조들은 단지 무젤로Mugello라는 농촌에서 이주해 온 이민자 신분이었다. 또한 이들은 외국과 무역을 하는 상인들이 가져온 외화를 피렌체 금화로 바꿔주면서 높은 수수료를 받았기 때문에 고리대금업자 취급까지 받았다(이때 피렌체에서 가장 부자였던 스트로치 가문은 자신들의 은행을 유럽 곳곳에 두었다). 하지만 이러한 역경을 이겨내고, 메디치 가문은 유럽 최고의 명문가가 되었다. 이 가문은 문장紋章도 만들고, 산 로렌초 성당에 선조들의 시신을 안장해 영묘까지 조성하는 행운을 누릴 수 있었다.[2] 하지만 피렌체 사회에서 자리를 잡아가는 과정은 순탄치 않았다.

코시모의 아버지 조반니는 낡은 산 로렌초 성당을 개축해 가문의 영묘를 마련하는 데 동료 후원자도 구할 수 없을 정도로 어려움을 겪었다. 또한 메디치 가문의 문장은 후대에 전당포의 심벌로 전락할 정도로 존경받지 못했다. 그런데 어떻게 이러한 가문이 르네상스 시대에 예술과 문화의 꽃을 피우는 주인공이 된 것일까? 또 어떻게 150여 년이 넘게 피렌체를 지배해온(1282~1434) 신흥상인 세력을 물리치고, 피렌체의 새로운 지도자가 된 것일까? 이 의문에 대한 해답은 코시모의 아버지 조반니의 탁월한 사업 감각과, 피렌체의 힘이 부유한 신흥상인이 아닌 시민들에게서 나올 것이라고 예견한 혜안에 있다.(134쪽 참조)

고리대금업자로 놀림 받던 메디치 가문의 선조들

메디치 가문의 선조들에 대한 이야기는 지옥에서 고통 받고 있는 한 고리대금업자의 모습에서 시작한다. 단테는 『신곡』에서 한 고리대금업자를 "주둥이 셋 달린 주머니를 달고 있을 그 잘난 지엄한 기사"라고 묘사했다(「지옥」편, 17곡). 이 잘난 기사가 바로 1140년경에 피렌체에서 가장 악명이 높았던 고리대금업자 조반니 디 부이아몬테 데베키 Giovanni di Buiamonte dei Becchi이다(이 가문은 세 마리의 염소를 가문의 문장으로 사용했다).

이후 피렌체에서는 고리대금업자를 조롱하려는 의도로, 이 악덕 고리대금업자의 이름을 약간 바꾸어 그들에게 '비치Bicci'라는 별명을 붙였다. 메디치 가문의 수장이자 피렌체의 실질 권력자가 된 코시모의 할아버지와 아버지의 이름에 '비치'라는 별명이 붙은 것 또한 이들이 고리대금업을 했기 때문이다. 코시모의 아버지 조반니 데 메디치도 '조반니 디 비치'라고 불리게 된다.

돈을 빌려주고 이자를 받던 대부업자들의 연합체인 은행가 길드Arte de Cambio의 기록을 보면 오래전에 피렌체로 이주해 온 코시모의 할아버지가 회원으로 가입되어 있음을 확인할 수 있다. 피렌체로 이주해 온 코시모의 선조들은 1200년대 중반부터 고리대금업으로 부를 축적했다. 단지 후대의 역사가들이 코시모의 선조들이 해온 고리대금업을 은행업이라고 바꾸어 부르고 있을 뿐이다. 메디치 가문에 대한 부정적인 이미지는 메디치 가문에 후한 점수를 주던 후대 학자들 덕분에 은밀하게 감추어져왔던 것이다.

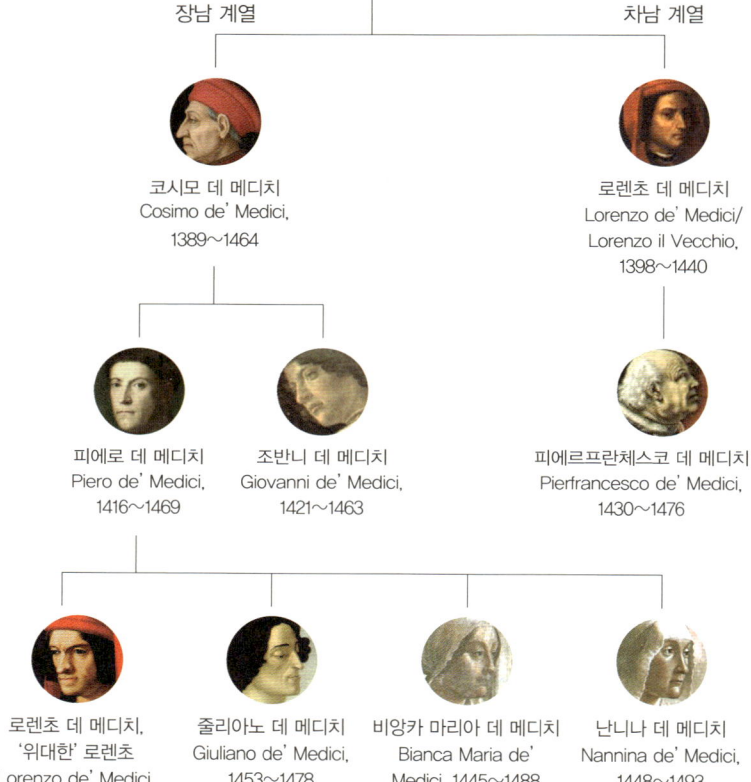

조반니 디 비치
Giovanni di Bicci,
1360~1429

장남 계열

차남 계열

코시모 데 메디치
Cosimo de' Medici,
1389~1464

로렌초 데 메디치
Lorenzo de' Medici/
Lorenzo il Vecchio,
1398~1440

피에로 데 메디치
Piero de' Medici,
1416~1469

조반니 데 메디치
Giovanni de' Medici,
1421~1463

피에르프란체스코 데 메디치
Pierfrancesco de' Medici,
1430~1476

로렌초 데 메디치,
'위대한' 로렌초
Lorenzo de' Medici,
'il Magnifico', 1449~1492

줄리아노 데 메디치
Giuliano de' Medici,
1453~1478

비앙카 마리아 데 메디치
Bianca Maria de'
Medici, 1445~1488

난니나 데 메디치
Nannina de' Medici,
1448~1493

● 메디치 가문의 가계도(선대).

아내의 결혼 지참금을 메디치 은행의 종자돈으로 삼은 조반니

코시모의 아버지 조반니는 경제적 감각이 남달랐고, 관리 능력 또한 뛰어난 사업가였다. 어쩌면 뛰어난 투자가라는 표현이 더 어울릴 것이다.[3]

흑사병이 창궐한 1380년대 후반, 조반니는 가문의 주력 사업이었던 고리대금업에서 점차 손을 떼고 부동산을 구입하기 시작했다. 흑사병이 퍼지게 되면 가장 안전한 자산인 부동산으로 수요가 몰릴 것으로 예상했기 때문이다. 흑사병이 피렌체에 다시 창궐하자, 피렌체 상인과 은행가 들은 조반니의 예측대로 부동산을 사들이기 시작했다. 조반니는 일찍이 구입해놓은 부동산을 다시 팔아서 높은 차익을 남길 수 있었다. 기록에 의하면 메디치 가문의 이름으로 등록된 부동산 거래가 무려 180건이 넘었다.[4] 부동산 투기로 돈을 번 셈이다.

고리대금업과 부동산 투자로 피렌체 금화를 금고에 쌓아둔 코시모의 아버지는 많은 지참금을 들고 온 젊은 여인과 결혼할 수 있었다. 조반니의 부인이자 코시모의 어머니는 피렌체 외곽에 대토지를 소유한 가문의 딸로서 결혼 지참금으로 무려 1500피렌체 금화를 가져왔다(12억 원이 넘는 거액이다).[5] 당시 피렌체 평민들이 딸의 결혼 지참금으로 쓴 금액이 평균 100플로린 미만이었으니 조반니는 장가를 잘 든 셈이다. 당시에 100플로린을 마련하지 못한 가난한 집안의 딸들은 수녀가 되는 경우가 많았다.

조반니는 부인이 가져온 결혼 지참금을 사촌들이 운영하는 로마의 은행에 투자하면서 은행의 동업자가 된다.[6] 이어 로마 지점의 운영 경험을 살려, 조반니는 1397년에 다른 두 명의 투자자와 공동으로 피렌체에 은행을 설립한다. 이 은행이 바로 메디치 가문의 부를 축적하는 데 가장 큰 역할을 했던 피렌체 은행Tavola이며, 후에 교황의 자금을 관리하는 주거래은행이 된다. 이때 코시모의 나이는 겨우 여덟 살이었다.

당시 피렌체 은행에 메디치 가문과 공동 투자를 했던 가문은 피렌체 토착귀족 출신으로 1340년대까지 도시에서 가장 부유했던 바르디 가문이다. 이러한 인연으로 코시모가 바르디 가문의 딸과 결혼하면서 메디치 가문에는 피렌체 귀족의 피가 섞이게 된다. 물론 그렇다고 해서 메디치 가문이 귀족이 된 것은 아니다.

이어 조반니가 베네치아에 메디치 은행의 지점을 새로 설립하고, 그의 아들 코시모가 제노바, 브루게, 런던, 아비뇽, 밀라노, 피사로 지점을 확대하여, 사업을 메디치 가문의 경제적 기반이 되는 국제적 은행으로 발전시킨다. 이러한 과정을 거쳐 메디치 가문은 유럽 최대의 부자가 되었다.[7] 이 가문은 자본주의 역사상 최초로 거대한 상업자본 형성의 전형을 보여준 것이다.

코시모가 아버지 조반니로부터 물려받은 유산의 규모는 어마어마했다. 피렌체 금화로 물려받은 황금 덩어리만 해도 17만 8000플로린, 현재 우리 돈으로 1400억 원에 해당하는 거액이었다. 또한 피렌체 도심의 부동산과 고향(무젤로)에 있는 대토지, 로마에 있는 메디치 은행과 양모 및 비단 무역 사업체도 동시에 물려받았다. 메디치 가문의 재산을 전문적으로 연구하는 학자들에 따르면, 당시 코시모가 보유한 재산은 100년 후에 영국의 번영을 이끌어나가는 엘리자베스 1세(1533~1603) 시대의 연간 재정 수입보다 많았다고 한다.

이렇게 당대 최고의 부자가 된 메디치 가문에도 부족한 것이 있었다. 바로 '권력'이다. 메디치 가문은 당시로부터 200여 년 전에 농촌에서 피렌체로 이주를 해온 평범한 이민자 출신이었기 때문에 가난한 귀족들도 있던 가문의 문장조차 없었다.

메디치 가문의 문장

메디치 가문의 문장은 노란색 방패 모양에 여섯 개에서 여덟 개의 붉은색 원Palle이 그려져 있다. 이 문장은 피렌체에서 대부업자들의 연합체인 은행가 길드가 사용하던 문장의 형태를 빌려왔다. 당시 대부업자 길드가 사용하던 문장은 붉은색 방패 위에 비잔틴제국의 금화(베잔트 bezant)를 상징하는 여러 개의 노란색 원들이 새겨져 있었는데, 메디치 가문은 노란색 방패 위에 붉은색 원 모양으로 색깔만 바꿔 문장으로 사용했다. 이러한 유래를 지닌 황금색 원 모양은 후대에 전당포를 상징하는 심벌이 된다.

메디치 사람들은 자기 가문의 신화를 지어내기까지 했다. 서기 800년경 한 거인이 선조들이 살고 있던 무젤로 지역을 침입했을 때, 용감한 기사였던 메디치 가문의 선조가 다섯 철구鐵球가 달린 철퇴를 사용하여 거인을 무찔렀는데, 거인의 피가 묻은 철구가 방패에 부딪히면서 붉은 원이 생겼다는 게 그 신화의 내용이다. 그에 따라 노란색 방패 위에 여러 개의 붉은색 원이 있는 문장을 갖게 되었다는 것이다. 이들은 신화를 지어내면서까지 자신들이 귀족의 혈통을 이어받은 기사 계급 출신

● 메디치 가문이 자신들의 문장으로 차용한 피렌체 은행가 길드의 문장. 방패 모양의 붉은색 바탕에 노란색 원 모양(금화)으로 장식되었다고 한다. 메디치 가문은 방패 모양의 노란색 바탕에 붉은색 원 모양으로 색깔만 바꾸어 가문의 문장으로 사용했다.
●● 코시모와 그의 아들 피에로 시대에 사용하던 메디치 가문의 전형적인 문장이다. 시대에 따라서 여섯 개부터 여덟 개의 붉은색 원을 사용하기도 했다. 맨 위에 그려진 백합 문장은 앙주 가문의 것으로 프랑스 왕 루이 11세가 코시모의 아들 피에로에게 사용하도록 허락해주었다.

이라고 선전하려 했다.

 귀족들만이 갖던 문장과 함께 황금까지 거머쥐었으니 다음에 할 일이 무엇이겠는가. 지금까지 등장했던 귀족들이 그랬던 것처럼 조반니 역시 사후에 자신의 영혼이 휴식을 취할 성스러운 장소를 찾아 나선다. 마침 메디치 가문이 살고 있던 교구의 성당을 찾았으나 일이 잘 풀리지 않았다.

교회를 함께 후원할 사람조차 찾지 못할 정도로 무시당했던 메디치 가문

오늘날 메디치 가문의 영묘가 있는 산 로렌초 성당은 피렌체에서 가장 오래된 성당이다. 피렌체를 꽃의 도시로 바꿔놓았다는 전설적인 피렌체 대주교 제노비우스St. Zenobius, 337~417의 시신이 안장되어 있던 성스러운 장소이기도 하다(후에 피렌체 대성당으로 옮겨졌다). 이러한 역사적 사실만을 놓고 보면 '메디치 가문이 부를 이용해 명당 자리를 차지했구나'라고 생각할 수도 있다. 그러나 상황은 정반대였다.

조반니가 산 로렌초 성당에 관심을 보이던 1400년대 초반만 해도, 이곳은 사제 세 명만이 지키고 지하에는 시신들이 가득 찬 황량한 장소였다. 코시모의 아버지는 성당을 재건축할 후원자들을 찾아 나섰지만, 아무도 나타나지 않았다. 당시 부유한 상인들의 후원으로 번성하던 산타 마리아 노벨라 수도원이나 산타 트리니타 수도원에서 메디치 가문은 기도실조차 얻을 수 없었다. 그만큼 피렌체의 부유한 상인들은 메디치 가문에 우호적이지 않았다.

하는 수 없이 조반니가 주축이 되어 산 로렌초 성당을 재건축할 위원회를 새롭게 조직하고, 후원자를 모집하기 시작한다(1416). 3년 동안 어렵게 여덟 명의 후원자를 모집했지만, 모두 부유하지 않은 평민들이었다. 설상가상으로 이중 한 명이 돈이 없어 후원을 포기하자, 주인이 없던 여덟 개의 기도실을 일곱 명이 후원해야 하는 지경에 이르렀다.[9]

결국 후원자 중에서 가장 부유했던 메디치 가문이 두 개의 기도실을 후원하게 된다. 그로 인해 메디치 가문은 의도한 바는 아니었지만 일반 기도실의 두 배인 커다란 기도실을 소유하게 된다(이 커다란 기

● 메디치 가문의 영묘가 모셔진 산 로렌초 성당의 전경. 메디치 가문이 이 성당에 자신들의 영묘를 조성할 때만 해도, 부유한 신흥상인들은 이 성당에 관심이 없었다.

도실을 후에 미켈란젤로가 작업하는 메디치 가문의 영묘와 구분하기 위해 구성구실이라고 부른다). 조반니는 당시 피렌체 대성당의 돔을 설계하느라 고심하던 브루넬레스키에게 사후에 자신의 영혼이 쉴 수 있는 성구실 건축을 주문한다. 그마저도 조반니가 사망한 1429년에야 겨우 완성되었다.

메디치가의 수도원 후원 사례에서 보듯이, 알비치Albizzi나 스트로치 가문, 그리고 이들과 손을 맞잡은 브란카치 가문 등이 피렌체의 세속 권력을 장악하던 시기에, 메디치 가문은 함께 성당을 후원할 사람들조차 모집할 수 없을 정도로 세력이 미미했다. 하지만 피렌체의 새로운 지도자가 된 코시모는 당대 최고의 조각가 도나텔로에게 아버지의 시신을 안장할 석관과 그 위의 미사가 행해지는 성스러운 제단 장식을 의뢰할 정도로 위세를 떨치게 된다.[10] 코시모는 제단과 석관에 아버지가

● 산 로렌초 성당의 구 성구실 내에 마련된 조반니 디 비치의 영묘. 무덤 위에 마련된 제단에서 미사가 진행되었다.

●● 브루넬레스키가 건축하고, 도나텔로가 장식한 메디치 가문의 영묘가 있는 구 성구실의 내부 전경. 사진 가운데 위에 있는 아치 장식이 조반니가 수호성인으로 모신 복음자 요한을 돋을새김으로 조각한 도나텔로의 작품이다.

생전에 수호성인으로 모시던 복음자 요한의 형상을 남겨놓는 것도 잊지 않았다.

이후부터 산 로렌초 성당의 사제들은 주요한 종교 축일이 있을 때마다, 조반니가 잠들어 있는 구 성구실의 제단에서 미사를 집전하게 된다. 죽은 자를 위해 죄인이나 거지 들이 기도실에 들러 행하는 기도도 효험이 있다고 홍보하던 시절이었으니, 사제들이 직접 드리는 기도는 더욱 효험이 있었을 것이다.

시민 공동체를 중시하는 가치로 르네상스 창조의 공간이 채색되다

코시모는 피렌체 자치정부의 실질적인 권력을 장악(1434)하고도 가문의 영묘부터 장식하지 않았다. 다른 가문들 같으면 가장 먼저 선조들의 영혼이 안장된 기도실부터 장식했겠지만 코시모는 반대로 움직였다. 불안정한 상황에서 피렌체 자치정부의 권력을 이어받은 코시모는 피렌체 시민들의 새로운 신앙생활 중심지부터 신축하기로 결정했다.

코시모는 부유한 상인들에게 염증을 느낀 시민들에게 새로운 신앙생활의 중심지를 제공할 필요가 있다고 판단했다. 그렇게 해야만 새로운 정권의 기반을 다져 나갈 수 있다고 생각한 것이다. 이러한 이유에서 코시모는 피렌체의 실력자가 된 지 10년이 지난 1444년에야 도나텔로에게 아버지 영묘를 장식하는 작업을 맡긴다.

코시모의 이러한 지혜는 아버지 조반니에게 배운 것이었다. 피렌체의 부유한 상인들에게 무시당하고 피해를 입었던 조반니는 미래 피렌체의 힘, 즉 메디치 가문의 힘은 부유한 상인들과의 연대가 아니라 시민들의 지지를 바탕으로 강해질 것이라고 생각했다. 메디치 가문을 영속시킬, 시민 공동체를 중시하는 가치관이 새롭게 등장한 것이다.

만약 조반니가 후손들에게 돈과 가문의 영묘만을 남겼다면, 메디치 가문은 다른 피렌체의 부유한 가문들과 다를 바가 없었을 것이다. 그러나 조반니는 이미 피렌체에서 움트고 있던 르네상스 창조의 공간을 메디치 가문이 주도할 수 있는 방식을 아들 코시모에게 알려주고 눈을 감았다.

1428년 조반니는 코시모가 불혹으로 접어들던 해에 눈을 감았다. 당시 피렌체 사회는 신흥상인들(알비치, 스트로치, 브란카치 가문 등)이 중심이 되어, 자신들만의 이익을 쫓아다니던 때였다. 하지만 이들 신흥상인과 반대편에 서 있던 코시모의 아버지 조반니는 사망하기 직전에 두 아들을 불러놓고, "피렌체의 선하고 훌륭한 시민들을 존경하는 일에서 즐거움을 찾으면, 시민들은 우리 가문을 그들의 안내자로서 빛날 수 있도록 해줄 것이다"라는 시민 공동체를 중시하는 가치관을 남긴 채 눈을 감았다. 이 가치관을 이어받은 코시모는 150년 넘게 피렌체를 장악해온 신흥상인들을 제압하고 피렌체의 주인이 될 수 있었다.

시민들의 자긍심의 대상으로 변화해가는 피렌체 예술작품들

메디치 가문이 견지해온 시민 공동체를 중시하는 가치관은 피렌체 예술에도 많은 영향을 끼치게 된다. 코시모는 피렌체 시민들의 지지를 얻으려는 목적으로 예술을 후원하였기 때문에, 토착귀족이나 부유한 신흥상인의 주문으로 탄생한 예술과는 사뭇 달랐다. 과거에 토착귀족이나 부유한 신흥상인은 수도원의 소규모 기도실을 장식하는 회화나 조각품을 통해서 자신들의 위상을 드러내려고 경쟁했다. 신흥상인들은 자신들이 피렌체를 지배하던 시기에 예술의 가치를 가문의 위상을 잘 드러낼 수 있는 '화려함'에 두었다.

하지만 코시모는 가문의 위상을 내세우기보다는 시민들이 피렌체를 자랑스럽게 여길 수 있는 대상을 집중적으로 후원하기 시작한다. 그래서 산 로렌초 성당에 있는 아버지의 무덤을 장식하거나 자신의 저택을 신축하는 일을 뒤로 미루고, 막대한 자금(약 300억 원)을 들여 시민들이 자긍심을 느낄 만한 산 마르코 수도원을 먼저 짓게 한 것이다.

메디치 가문이 피렌체의 실질적인 실력자가 된 후부터 예술작품은 대부분 '화려함'보다는 '장엄함'이 주조가 된다.[11] 코시모는 화려함을 우선시하는 화가들보다 장엄한 건축물을 짓고 장식하는 브루넬레스키와 도나텔로 같은 건축가나 조각가 들을 불러들였다. 당연히 시민들의 반감을 사지 않기 위해서 코시모는 이들 건축가나 조각가 들에게 자신의 가문을 과도하게 드러내지 않는 절제와 신중함을 요구했다. 이러한 속사정을 모를 경우 우리는 메디치가의 예술 후원이 '겸손'과 '통 큰 기부'에서 비롯됐다고만 생각하기 쉽다.

권력을 드러내는 가치로 전락한 예술을 시민의 예술로 탈바꿈한 코시모의 적극적인 예술 정책은 아버지로부터 물려받은 새로운 가치관과 더불어 코시모 특유의 날카로운 정치 감각에서 비롯되었다고 해도 과언이 아니다. 메디치 가문이 후원하여 제작된 예술작품들을 단순하게 예술적으로만 감상해서는 안 되는 이유가 바로 이것이다. 이제 코시모가 창조한 피렌체 르네상스 예술작품을 감상하는 단계로 건너가 보기로 하자.

메디치 가문의 권력 기반이 된 시민 공동체 중시 가치관
— 코시모의 아버지 조반니의 유언을 중심으로

1429년 조반니는 아들 코시모가 지켜보는 가운데 예순여덟의 나이로 조용히 눈을 감았다. 조반니는 시민을 존중하는 일에서 가문의 가치를 찾으라며 시민 공동체를 중시하는 가치관을 유언으로 남겼다(메디치 가문은 유언장을 작성하지 않았던 것으로도 유명하다).[12]

> 나는 행운이 부여해주고 너의 어머니와 내가 열심히 일하여 유지할 수 있었던 거대한 부를 너에게 남긴다. 나는 토스카나 지역의 다른 상인들보다도 더 큰 사업을 남긴다. 선하고 훌륭한 시민들을 존경하는 일에서 즐거움을 찾으면, 시민들은 우리 가문을 그들의 안내자로서 빛날 수 있도록 해줄 것이다. 만약 네가 조상들의 전통에 신뢰를 가진다면 사람들 또한 너를 명예롭게 생각할 것이다.
>
> 이를 이루어내기 위해서는 가난한 자들에게 자선을 베풀고 불쌍한 자들

에게 친절하고 자애롭게 대하며, 너 자신을 내바치고 성심을 다해 그들을 역경에서 구해내도록 노력해야 한다. 그들이 사악한 일을 행하려 하지 않는 한, 절대 사람들의 의지를 꺾으려 하지 말거라! 조언을 주려고 하기보다는, 공정하고 올바른 이유를 들어 문제들을 논의하라. 궁(시청사—인용자)에 자주 들르지 말고, 부를 때까지 기다리고 순종하며, 많은 표를 얻었다 하여 자만에 취하지 말아라. 사람들이 평화 속에서 살도록 보살피고, 도시의 상업을 증진시키려 노력하거라.

소송이나 공정성에 영향을 미치는 어떠한 시도도 해서는 안 된다. 정의를 방해하는 자는 누구든 정의에 의해 죽게 될 것이기 때문이다. 나는 너에게 어떠한 얼룩도 남기지 않으며, 어떠한 악행도 스스로 저지른 바가 없다. 그러므로 나는 오명이 아닌 영광을 너에게 유산으로 남긴다.

후에 메디치 가문에 반감을 보이던 마키아벨리마저도 『피렌체의 역사Istorie Fiorentine』에서 코시모의 아버지 조반니를 칭송하고 있다.[13]

그 아들들과의 만남 후에 바로 조반니는 사망하였고, 그가 남긴 훌륭한 성정이 있었기에 모두가 그를 추도하였다. 그는 열정적인 인물이었다. 도움을 요청하는 이에게 손을 뻗었을 뿐 아니라 그러한 요청이 없을 시에도 가난한 이가 필요로 할 때에는 거의 함께했다. 그는 모두를 사랑했다. 선을 위해 기도하였고, 사악한 질병으로 고통 받는 자들에게 연민을 가졌다. 그는 권력의 명예를 절대 추구하지 않았다. 그리고 요청이 있지 않는 한 궁에 절대 가지 않았다. 그는 평화를 사랑했고 전쟁을 피했다. 시민들을 역경으로부터 구원하고, 그들이 번영하도록 도왔다. 공공 자본을 사적인 용도로 절대 사용한 바가 없었으며, 공공의 부를 위해서는 자신의 돈을 사용하였다. 그는 매사에 정중했다. 굉장한 웅변가는 아니었으나 보기 드문 신중함을 가지고 있었다. 그의 태도는 비애를 나타내는 것처럼 보였다. 그러나 듣다보면 곧 행복하고 명랑한 분위기로 돌아섰다. 그는 굉장한 부자로 사망하였으나, 여전히 좋은 명성과 인류에 대한 최고의 소망 속에 남아 있었다. 그리고 그가 남긴 부와 존경은 이어져나갔을 뿐 아니라 그의 아들 코시모에 의해 증대되었다.

코시모는 이렇게 훌륭한 아버지로부터 막대한 황금뿐만 아니라, 시민의 자유와 정의를 중시하는 레오나르도 부르니의 시민적 휴머니즘 사상도 이어받았다. 피렌체 르네상스의 걸작품은 레오나르도 다빈치나 미켈란젤로만은 아니다. 코시모를 낳아 훌륭한 가르침으로 기른 아버지 조반니 역시 피렌체 르네상스의 걸작품이라 할 것이다.

코시모 데 메디치,

새로운 수도원을
피렌체 신앙생활 중심지로 만들다

R e n a i s s a n c e

산 마르코 수도원,
프라 안젤리코의 〈산 마르코 제단화〉와 〈그리스도의 수난〉

코시모 데 메디치
Cosimo di Giovanni de' Medici, 1389~1464

부유한 상인 출신으로 1434년에 피렌체 자치정부의 최고행정관으로 임명되어 사망할 때까지 30년 동안(45~75세) 피렌체의 경제, 정치, 문화 권력을 장악했으며, 배후에서 종교권력까지 조종했던 당대 최고의 실권자이다. 키는 중간 정도였고 짙은 올리브색 얼굴빛에 매부리코였다. 주변 사람들이 남긴 기록에 의하면, 행동에 절도가 있고 영리할 뿐만 아니라 강인한 성격의 소유자였다고 한다. 피렌체 도시를 치장하는 비용으로 무려 40만 피렌체 금화(한화로 3200억 원)를 사용했다. 산 마르코 수도원 건축과 내부를 장식하는 비용으로 약 300억 원의 거액을 후원하기도 했다. 후대 예술 사학자들에 의해 르네상스 시대 메세나Mecenat로 칭송받게 되는 인물이다.

프라 안젤리코
Fra Angelico, 1387~1455

본명은 귀도 데 피에트로Guido de Pietro지만, 수도사 출신으로 어느 누구도 그가 화내는 모습을 보지 못해서 '천사와 같은 수도사(Fra는 수도사, Angelico는 천사를 의미한다)'라는 별명이 붙었다고 한다. 코시모 시대에는 화가보다 건축가나 조각가가 주로 활발하게 활동했지만, 코시모와 같은 고향 출신이었던 이 화가는 코시모의 총애를 받았다. 그 덕분에 메디치 가문으로부터 산 마르코 수도원 내부 장식을 의뢰받고, 이 수도원 성당의 중앙제단에 〈산 마르코 제단화〉를 그리게 된다. 하지만 후대 학자들에 의해 중세 양식을 다시 부활시켰다고 평가받고 있다.

오랫동안 피렌체 자치정부를 장악해오면서 부자들의 이익만을 고려했던 신흥상인들은 시민들의 목소리를 대변하려는 메디치 가문의 수장 코시모를 경계했다. 그들은 코시모를 자신들의 정부를 전복하려는 혁명가로 보았다. 결국 이들은 코시모에게 정부 전복 음모 혐의를 씌워 시청사의 감옥에 가두고 사형 판결을 내리려 했다.[1] 하지만 다행히도 판사(약간의 뇌물을 받고 갑자기 인간적인 사람으로 변한)의 자비로 코시모는 10년간 베네치아로 추방되는 행운을 얻게 된다.

그리고 추방당한 지 1년이 된 1434년에 코시모는 교황 에우제니우스 4세Eugenius IV, 재임기간 1431~1447의 도움으로 피렌체로 돌아올 수 있었다. 피렌체로 돌아오기 위해 코시모는 무려 1만 플로린(한화로 80억 원 정도)이 넘는 황금을 사용했다고 한다. 피렌체로 귀환한 코시모는 가장 먼저 4만 플로린을 들여 오래된 산 마르코 수도원을 허물고 새로 지었다.

코시모의 대변인 역할을 해온 베스파시아노Vespasiano da Bisticci, 1421~1498에 의하면 교황은 코시모에게 다음과 같이 말했다.[2] "정당하지 못한 방법으로 획득한 무거운 황금의 짐을 잠시 벗어놓고 싶다면, 산 마르코 수도원을 후원하라!" 하지만 황금의 가치를 누구보다 잘 알고 있던 코시모는 교황의 뜻을 순순히 따르지는 않았다. 더군다나 당시에는 메디치 가문이 운영하던 고리대금업이 더이상 속죄의 대상이 아니기도 했다.

피렌체의 주인이 된 코시모는 자신을 지지하는 시민들에게 부유한 상인들의 눈치를 보지 않고 편안하게 기도할 수 있는 안식처를 마련해주고 싶었다. 물론 시민들의 요구를 누구보다 빠르게 알아챈 코시모의 정치적 계산이 숨어 있었던 것도 사실이다.

코시모는 공공 행사의 일환이었던 종교 축제의 중심지를 부유한 상인들의 신앙생활 중심지였던 산타 마리아 노벨라 수도원에서 산 마르코 수도원으로 옮길 계획을 세운다. 이는 종교 축일을 시민들의 품으로 돌려주겠다는 의도도 있었지만, 자신을 추방하는 데 앞장섰던 상인들의 친척들이 산타 마리아 노벨라 수도원에 고위 성직자로 있었기 때문이기도 했다.

코시모는 새로 지은 수도원을 통해 시민 중심의 새로운 가톨릭 공동체를 꾸리려고 했다. 수도원은 기득권을 가진 상인들에겐 정치적 후원관계를 유지하는 장이었지만, 시민들에겐 종교 축제에 참여해 피렌체 시민으로서 자긍심을 고취하는 곳이기도 했다. 이렇게 부유한 상인들과 평범한 시민들의 공간적 분리가 시작된다.

한편 젊은 나이(48세)에 교황으로 선출된 에우제니우스 4세는 야심

차게 교황청을 개혁하려 했지만, 오히려 교황청을 장악하고 있는 로마 귀족 출신(특히 콜론나와 오르시니Orsini 가문) 성직자들로부터 협박을 받는 처지가 되었다. 교황은 코시모의 후원으로 간신히 피렌체로 피신할 수 있었다.[3] 그리고 부유한 상인들의 신앙생활 중심지인 산타 마리아 노벨라 수도원에 머물렀다. 하지만 이 수도원은 로마 교황청보다 더 세속화되어 있었다. 교황은 교리에 따라 엄격하게 신앙생활을 하는 수도사들을 이주시킬 새로운 수도원이 피렌체에 지어지기를 바랐다.

그러나 시민들의 지지로 피렌체의 주인이 되려는 코시모의 야망과, 수도원의 황금시대였던 중세로 돌아가려는 교황의 꿈은 상충되는 것이었다. 그런데 흥미롭게도 이 둘의 동상이몽이 산 마르코 수도원을 피렌체의 종교 중심지로 탄생시킨다.

코시모는 미켈로초Michelozzo di Bartolommeo, 1396~1472에게 건축의 책임을 맡겼다. 미켈로초는 코시모의 망명 시절 베네치아까지 동행했던 건축가였다. 수도원 내부 장식은 화가 프라 안젤리코에게 맡겼다. 그는 코시모와 같은 고향 출신으로 산 마르코 수도원의 수도사이기도 했다. 신앙심이 유독 깊었던 프라 안젤리코는 무려 12년에 걸쳐(1440~1452) 수도사들이 기거하는 기숙사(마흔두 개의 독방이 있는)와 성당 내부를 종교화로 장식한다. 미켈로초는 시민들이 자긍심을 느낄 수 있는 '장엄함'을, 그리고 프라 안젤리코는 시민들이 반감을 느끼지 않게 할 '신중함과 절제'라는 메디치 가문의 지향점을 그대로 작품에 반영했다.

프라 안젤리코는 〈산 마르코 제단화〉와 〈그리스도의 수난〉이라는 작품을 작업하면서도 예전에 바르디 가문이나 스트로치 가문이 수도원 벽면에 자신들의 형상을 직접 그려넣었던 것과 같은, 메디치 가문을 직접적으로 드러내는 행위는 가급적 삼갔다. 코시모의 아버지 조반니가 강조해온 절제라는 덕목을 예술작품에 반영한 것이다. 신중함이 몸에 배어 있던 코시모는 시민들의 지지를 받기 위해 서두르지 않았다. 마음이 급한 쪽은 오히려 교회를 개혁하고자 하는 열망으로 가득한 교황이었다.

교황, 코시모의 후원으로 교회 개혁을 꿈꾸다

새롭게 선출된 교황 에우제니우스 4세는 교황청을 개혁하려 했지만, 로마 귀족 출신 교황청 성직자들의 격렬한 반대에 부딪히게 된다(교황이 로마 귀족 출신이 아니라 베네치아 출신이었기 때문에 더 그랬다). 결국 이들로부터 살해 위협까지 받게 된 교황은 작은 배를 타고 테베레 강을 건너 피렌체로 피신할 수밖에 없었다. 이 틈을 타서, 프랑스와 독일의 왕들은 교황의 고유 권한이었던 성직자 임명권마저 빼앗아갔다. 당연히 교황청으로 들어오는 황금이 급격히 줄어들기 시작했다. 그래서 교황은 서둘러 베네치아 귀족들과 망명생활을 즐기고 있던 코시모를 피렌체로 귀국시키고 코시모에게 몸을 의탁하게 된다.(154쪽 참조)

교황은 당시 피렌체 사회에 가장 영향력이 컸던 산타 마리아 노벨라 수도원에 9년 동안이나 머물렀다. 하지만 이 수도원도 부유한 신흥상인들의 자손들(대표적으로 스트로치 가문)이 고위 성직자로 있었고, 이들로부터 막대한 후원을 받아 피렌체에서 가장 세속화된 수도원으로 바뀌어 있었다. 가톨릭의 개혁을 위해 경건하게 신앙생활을 하는 수도원을 이상으로 생각하고 있던 교황은 이 수도원에서 커다란 실망감을 느꼈다.

교황은 가톨릭 정통 교리를 지키면서 산타 마리아 노벨라 수도원의 수도사들과 대적할 수 있는 새로운 종교 세력을 원했다. 마침 산 마르코 수도원에서는 오래전부터 교황에게 우호적이지 않았던 수도사(베네딕트 수도회 소속 수도사들로, 이들은 수도원마다 자율성을 가지고 활동했다)들이 신앙생활을 하고 있었다. 교황은 이 수도사들을 몰아내고 교리를 엄격하게 지키던 도미니크 수도회 소속 수도사들을 이주시켰다. 이들은 부유한 상인들로부터 받는 후원을 거절할 정도로 엄격하게 교리를 지키고 있었다.[4]

이렇게 가톨릭교회의 개혁을 추진하던 교황은 세속화된 산타 마리아 노벨라 수도원이 아니라, 산 마르코 수도원을 개혁에 앞장설 새로운 종교권력 중심지로 낙점했다. 하지만 피렌체로 새로 이주해 온 수도사들이 거주하게 된 수도원의 기숙사들은 감옥과 같이 축축하고 음산해서 병을 앓는 수도사들이 많았다고 한다.[5] 교황은 이들 수도사를 위해, 코시모에게 산 마르코 수도원 재건축 비용에 필요한 자금(1만 플로린)을 후원하도록 요청한다.

코시모, 새로운 수도원을 지어 기득권을 가진 유력 가문들을 분리하다

교황이 산 마르코 수도원에 도미니크 수도회 수도사들의 터전을 마련하기로 결정했을 때, 코시모는 내심 박수를 치고 있었다(코시모가 망

● 1430년대 후반 코시모의 후원으로 건축가 미켈로초가 12년에 걸쳐 완성한 산 마르코 수도원의 전경.
교황의 개입으로 베네딕트회 수도사들이 쫓겨난 뒤 도미니크회 수도사들의 신앙 중심지가 된다.
●● 미켈로초가 산 마르코 수도원 내부에 완성한 도서관(1437~1452).

명에서 돌아오고 2년 뒤인 1436년). 코시모의 정적들이 산타 마리아 노벨라 수도원에서 신앙활동뿐만 아니라 종교 축제를 후원하면서 피렌체 사회에 영향력을 행사해오고 있었기 때문이다. 당시 종교 축제는 모든 시민들이 즐기던 축제로서 피렌체 시민들에게는 공공 행사나 마찬가지였다. 코시모는 다른 부유한 상인들의 후원을 받아 종교 축제를 주관하는 산타 마리아 노벨라 수도원의 영향력을 최소화해야 했다. 그래야 메디치 가문의 정치적 기반이 된 평범한 시민들을 산 마르코 수도원을 중심으로 묶을 수 있었기 때문이다.

상황이 이렇게 된 마당에 마침 교황까지 산타 마리아 노벨라 수도원을 못마땅하게 생각하고 있으니 코시모로서는 반대할 이유가 없었다. 코시모는 피렌체 시민들이 자긍심을 느낄 수 있도록, 거대한 수도원을 신축하게 한다. 코시모는 피렌체에서 추방당할 때 동행했던 미켈로초에게 수도사들이 머무를 40여 개에 이르는 독방과 도서관을 짓도록 했다. 또한 코시모의 대변인이자 서적 판매 상인이었던 베스파시아노에게 필사가들(마흔다섯 명)을 고용해 이 도서관을 채울 책들을 필사하도록 했다.[6]

산 마르코 수도원은 '장엄함'이라는, 코시모가 후원한 예술의 미학을 보여주는 대표적인 상징물이 되었다. 또한 우수한 수도사들이 몰려들어 신학을 연구하는 학문의 중심지로 자리잡았다. 더불어 '동방박사 경배' 축제와 같이 피렌체 시민들이 함께 참여하는 종교 축제들이 이 수도원을 중심으로 펼쳐지기 시작한다. 이제 피렌체 시민들은 영적 구원과 은총을 받기 위해 산타 마리아 노벨라 수도원이 아니라 산 마르코 수도원으로 발길을 돌리게 되었다. 코시모의 전략대로 피렌체의 부유한 상인들로부터 분리된, 평범한 시민들을 위한 공간이 탄생한 것이다.

이러한 목적 때문에 코시모는 교황이 원래 요청했던 1만 플로린의 네 배인 4만 플로린(한화로 300억 원이 넘는 금액이다)을 후원했다. 메디치 가문의 후원으로 산 마르코 수도원의 자산 규모가 산타 마리아 노벨라 수도원(부유한 상인들이 150년이 넘게 후원해왔다)의 세 배가 넘었다. 종교 축제와 신앙생활을 통해 피렌체 사회의 공공 영역과 종교권력을 오랫동안 장악해왔던 산타 마리아 노벨라 수도원의 위상은 그만큼 추락하게 되었다.

코시모, 피렌체의 새로운 신앙생활 중심지의 주인이 되다

코시모는 후원의 대가로 수도원 측으로부터 중앙제단(주제단이라고도 한다) 후원권한을 받을 수 있었다. 중앙제단은 예수의 몸과 피인 빵과 포도주를 신자들이 먹고 마심으로써 그리스도와 모든 신자들이 한 몸이 되는 의식인 성체성사聖體聖事가 이뤄지는 가장 성스러운 장소이다. 이 신성한 공간의 후원권한을 메디치 가문이 독점했다. 르네상스 시대를 통틀어 중앙제단 후원권한을 한 가문이 독점하게 되는 것은 메디치 가문이 최초이다(1438년, 후원이 시작되고 1년 후이다).[7] 이제 코시모는 자신이 중앙제단의 후원자라는 표시만 해두면 되었다. 그렇게만 한다면 이 수도원의 실질적인 주인이 될 수 있었다.

코시모는 프라 안젤리코에게 성스러운 축일 때마다 중앙제단에서 사용할 제단화(우리나라에서 제사를 지낼 때 사용하는 병풍과 유사한 형태로

● 프라 안젤리코, 〈산 마르코 제단화〉(1436~1445). 산 마르코 수도원 성당의 중앙제단에 위치. 그림 하단의 왼쪽에 무릎을 꿇고 그림을 바라보는 사람과 대화를 하는 듯한 형상으로 묘사된 인물은 다미안 성인이고, 그 오른편에 무릎을 꿇고 성모마리아와 소통하는 듯한 이는 코스마스 성인이다.

●● 하단 일부. 메디치 가문의 문장인 노란색 바탕에 붉은색 원으로 그림의 가장자리를 장식했다.

보면 된다)를 주문한다. 이 제단화가 일반적으로 〈산 마르코 제단화〉라고 알려진 작품이다. 이 제단화를 보면, 성모마리아와 아기 예수의 좌우에는 잘 알려진 세례자 요한, 복음서를 쓴 마르코, 프란체스코, 라우렌티우스, 그리고 토마스 아퀴나스(산 마르코 수도원이 소속된 도미니크회의 수도사로, 성인으로 시성을 받았다) 등의 성인들이 묘사되어 있다. 프라 안젤리코는 당대 어떤 화가들보다 인물의 표정을 정교하게 묘사해서 성모마리아나 여러 성인들의 표정을 본 신도들은 절로 경건하게 기도를 드렸다고 한다.

그리고 화가는 질병 치료의 수호성인인 성 코스마스와 성 다미안을 제단화의 가장 중요한 위치에 그려넣었다. 성 코스마스는 그림을 보는 이로 하여금 성모마리아와 소통하고 있는 것처럼 느껴지도록, 성모마리아를 향해 무릎을 꿇고 말을 전하는 형태로 그렸다. 그런가 하면 코스마스의 동생 다미안은 중앙제단에서 숭배자들이 무엇을 행해야 하는지 예를 들어 보여주는 것처럼, 손짓을 하는 형상으로 묘사하고 있다.[8]

성인 코스마스와 다미안은 르네상스 시대 예술작품에 거의 등장하지 않았던 인물이다. 어째서 이들이 신도들의 눈에 잘 띄는 곳에 배치된 것일까? 이 의문을 풀 단서는, 피렌체에서 흑사병이 시작된 1340년대 후반부터 성인들의 성姓을 따라 이름을 짓던 관행에 숨겨져 있다.

의학이 지금처럼 발달하지 않았던 당시 사람들에겐 '성인은 최후의 심판 장소에서 같은 이름을 가진 피보호자를 위해 중재자 역할을 한다'는 믿음이 널리 퍼져 있었다.[9] 이러한 종교적 믿음과 사회적 관습에 따라 조반니는 아들 코시모의 이름을 성 코스마스의 이름에서 따와 지었다.[10] 그러나 불행하게도 성 다미안의 이름을 따 지은 코시모의 쌍둥이 형제 다미아노Damiano는 어려서 사망한다. 코시모는 장수했으니 치료의 성인을 산 마르코 수도원에 모신 메디치 가문의 염원은 반쪽짜리 효험만 본 셈이다.

이러한 메디치 가문의 내력을 잘 알고 있던 프라 안젤리코는 성 코스마스와 다미안을 등장시켜 중앙제단의 소유권이 메디치 가문에 있다는 표시를 해둔 것이다. 화가는 성인들의 형상만으로는 부족하다고 생각했는지, 메디치 가문의 문장을 표시해두는 것도 잊지 않았다. 이 두 성인이 깔고 앉아 있는 카펫 테두리에 그려진 여러 개의 붉은색 원은 메디치 가문의 문장이다. 프라 안젤리코는 이 수도원의 수도사 겸 화가였기 때문에 산 마르코 수도원의 교리를 존중하면서도, 같은 고향 출신인 코시모가 원하던 세속적 욕망을 조화롭게 표현해냈다.

코시모, 산 마르코 수도원에 메디치 가문의 특권을 남겨두다

성당 내의 중앙제단이 수도사들의 영적 삶의 중심이라면, 사제단 회의실은 수도사들이 저지른 잘못을 회개하고, 수도원의 각종 규칙을 제정하는 등 수도원 공동체의 덕을 실현하는 공간이다. 이곳의 벽면에는 〈그리스도의 수난〉이라는 작품이 그려지게 된다. 이 그림은 예수가 십자가에 못 박혀 죽는 모습을 묘사한 작품으로, 골고다 언덕에서 예수가 고통 당하는 모습을 지켜보는 성인들이 등장한다.

하지만 그림 왼편 끝을 보면, 빨간색 망토를 입은 성인 두 명이 있

● 프라 안젤리코, 〈그리스도의 수난〉(1436∼1445). 산 마르코 수도원의 사제단 회의실 벽면에 위치.

●● 〈그리스도의 수난〉 일부. 왼편에 붉은색 망토를 걸친 두 사람이 치료의 성인인 코스마스와 다미안
이다.

다. 망토의 빨간색은 약을 의미하며, 이 망토를 입은 사람이 치료의 성인인 코스마스와 다미안임을 은유적으로 드러내고 있다. 또한 그리스도가 매달린 십자가 밑에서 성모마리아와 마리아 막달레나가 비통해하는 현장에 코스마스와 다미안의 형상을 동시에 그려넣음으로써, 메디치 가문의 수호성인들을 예수의 죽음을 목격한 열두 제자와 동격으로 묘사했다. 그러나 실제로 이 두 성인은 예수가 수난을 당하고 300년이 지나서야 등장하게 된다.

이러한 알레고리를 통해 메디치 사람들은 자신들이 선택받은 존재라는 것을 암암리에 알리고 있었다. 이어 점차 자신들이 후원하는 회화 작품 속에서 메디치 가문은 예수와 직접 소통하는 특권이 주어진 모습으로 등장하게 된다.

코시모는 산 마르코 수도원에 막대한 자금을 투입해서, 피렌체 시민들이 자긍심을 느낄 정도로 장엄한 건축물을 지었다. 말 그대로 큰사람이었던 코시모만이 할 수 있는 '장엄함'의 표현이었다. 한편 코시모는 수도사들을 위해서 매주 8~12플로린(600~1000만 원)씩을 후원할 정도로 수도원에 깊은 관심을 보였다. 여기까지만 보면, '부자는 많으나, 부자들은 대부분 자신의 부를 너무 사랑한 나머지 필요한 곳에 사용하지 못한다. 하지만 코시모는 돈을 쓸 줄 아는 부자였다'라는 평가를 내려도 무방할 것 같다.

코시모는 화가와 조각가 같은 예술가들의 손을 빌려 수도원의 가장 성스러운 공간인 중앙제단과 사제들의 회의실에 자신이 주인임을 알리는 표식을 해두었다. 그리고 당시 코시모의 의중을 가장 잘 파악하고 있었던 미켈로초는 이 수도원 2층에, 일반 수도사들이 머무르는 방의 두 배 규모로 코시모를 위한 독방을 마련했다. 산 마르코 수도원은 수도사들을 위한 신앙생활 공간이라기보다 코시모가 자신의 정치적 지지 세력을 얻고 기반을 다지는 데 이용하는 공간으로 변모해갔다.

그러나 산 마르코 수도원을 자신의 세속적 욕망을 채워가는 공간으로 활용하려는 코시모의 의도를 알게 된 교황은, 로마로 돌아간 직후에 교황청의 금고 관리를 다른 은행에 맡긴다. 하지만 이러한 조치는 교황의 재임 기간에만 효력이 있었다. 황금은 교황이 바뀌어도 지속적으로 위력을 발휘할 수 있기 때문이다. 결국 어떤 교황도 어찌할 수가 없었다.

코시모, 새로운 종교 축제로 피렌체 문화를 바꾸기 시작하다

코시모는 막대한 황금을 동원하여 르네상스 자유의 광장에 시민들을 위한 산 마르코 수도원을 새로 지었다. 시민들은 메디치 가문의 보호를 받을 수 있는 이 수도원에서 하느님의 은총을 기대하는 한편, 즐거움을 주는 축제도 즐길 수 있게 되었다. 코시모는 이 수도원의 성직자들을 통해 종교 축제를 주관하는 단체를 지속적으로 후원하기 시작했다. 코시모가 처음으로 시민 공동체를 중시하는 가치관을 실현한 것이다. 그러자 코시모의 보이지 않는 손에 의해 피렌체 사회가 움직이기 시작했다. 이제 르네상스 창조의 공간은 메디치 가문의 가치를 실현하는 공간이 되었다.

자신감을 얻은 코시모는 피렌체 사회에서 부유한 상인들 중심의 귀

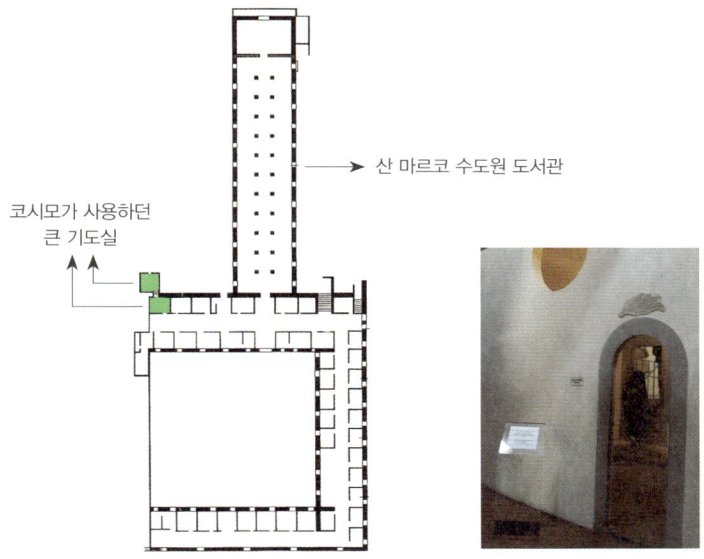

산 마르코 수도원 도서관

코시모가 사용하던
큰 기도실

● 산 마르코 수도원에 있는 코시모를 위한 기도실의 배치도와 입구.

족 문화를 철저히 배제하기로 결정했다. 먼저 자신의 정적政敵이었던
스트로치 가문의 후원으로 산타 트리니타 수도원에서 행해지던 귀족들
의 종교 축제부터 금지했다.

메디치 가문의 추방과 코시모의 귀환

코시모는 정치적 위험에 대비하여 충분한 유동성 자산부터 확보해두었다. 8000다카트를 산 미니아토 알 몬테와 산 마르코 수도원에 나누어 맡겨놓았고, 또다른 1만 5000플로린은 베네치아에 있는 메디치 은행에 예치해놓았다. 마지막으로 피렌체 정부가 발행한 채권을 판매하여 1만 플로린을 로마에 있는 자신의 은행 지점에 예치했다.

그뒤 코시모는 고향으로 돌아가, 루카(토스카나 주의 도시)와의 전쟁에 대한 책임을 씌워 자신을 추방하려는 리날도 알비치(당시 피렌체 정부의 행정장관)가 보낼 불길한 소식을 기다리고 있었다. 오래지 않아 소식이 들려왔다(1433년 9월 5일).[11]

"피렌체 시청사에서 열린 의회에서, 관련 시민들과 나를 10년 동안 파도바로, 동생 로렌초를 5년 동안 베네치아로, 그리고 사촌인 아베라르도Averardo를 나폴리로 10년 동안 추방할 것을 결정했다는 소식을 들었다. 특히, 나는 어떠한 소유물을 팔거나 몬테Monte, 피렌체 자치정부의 자금을 관리하는 부서에 있는 돈에 손을 대는 일이 금지되었고, 10월 3일까지 궁에 갇혀 있었다"라고 코시모는 편지에 그때의 정황을 기록했다. 더불어 추방 판결문에는 "부와 야심 때문에 피렌체가 위험하다"는 내용이 적혀 있었다고 했다.

그러나 교황 에우제니우스 4세와 베네치아 총독의 노력으로 그 이듬해 10월에 코시모는 피렌체로 돌아올 수 있었다(10월 6일). 마키아벨리는 "대승을 한 어떠한 장군도 코시모가 피렌체로 돌아올 때처럼 열렬하게 군중의 환호를 받은 적이 없었다"라고 썼다. 코시모가 피렌체로 귀환한 뒤에, 자신을 반대하던 정적들에게 보인 관용으로 그의 인기는 치솟았다. 당시의 상황을 코시모는 다음과 같이 썼다.

> 그들(메디치 가문에 충성을 맹세한 시민들—인용자)은 많은 불충한 가문들을 질책했다. 그리고 임기가 끝난 특별위원회Balia의 위원을 시민들로 교체하였고, 그 이듬해(1435) 1월에 피렌체 자치정부의 수장인 행정장관 Gonfaloniere으로 나의 이름이 처음 언급되었다. 그 이후 내가 집권하던 시대에는 그 누구도 추방되거나 나쁜 취급을 받지 않았다. 나는 또한 시청사 정문을 지키고 서 있는 군인들의 무장을 해제했으며, 시청사와 청사 앞 광장은 이전처럼 개방하였다. 그리고 나는 10년 동안 베네치아 및 교황과 함께 동맹을 연장했다.

이렇게 50여 년 동안 알비치와 스트로치 가문과 같은 소수의 부유한 가문들이 지배하던 피렌체의 과두정치는 종료되고 메디치 가문이 주도하는 새로운 공화정 시대가 시작되었다.

코시모 데 메디치,
'동방박사 경배' 축제를 부활시켜
시민 공동체를 완성하다

Renaissance

산타 트리니타 수도원 성구실,
젠틸레 다 파브리아노의 〈동방박사 경배〉 &
산 마르코 수도원 코시모 개인 기도실,
베노초 고촐리의 〈동방박사 경배〉

팔라 스트로치
Palla di Onofrio Strozzi, 1372~1462

신흥상인 계층 출신으로, 고리대금업과 양모 무역으로 막대한 부를 축적한 노프리 스트로치Nofri Strozzi의 둘째 아들이다. 1427년에 피렌체 정부가 공식적으로 평가한 자산만 해도 무려 16만 플로린(한화 1300억 원 정도)에 달할 정도로 피렌체 최고의 부자였다. 대부분의 황금은 피렌체 외곽에 위치한 농촌의 자치정부와 농민들에게 돈을 빌려주거나, 국가가 발행하는 공채의 수익금(5~8퍼센트 이자율) 등으로 모았다. 산타 마리아 노벨라 수도원을 후원했던 로셀로 스트로치 가문과는 사촌지간이다. 아버지의 영혼을 위해 산타 트리니타 수도원에 성구실을 마련하고, 화가 젠틸레 다 파브리아노에게 성구실 내부 장식을 맡긴다. 하지만 메디치 가문을 추방하는 데 앞장섰다가 후에 코시모에 의해 추방당해 파도바에서 생을 마감하게 된다.

젠틸레 다 파브리아노
Gentile da Fabriano, 1370~1427

원래 이름은 젠틸레 다 마시Gentile da Massi이지만 태어난 고향의 이름(피렌체 남동쪽에 위치한 파브리아노)을 따 파브리아노로 불렸다. 피렌체 예술가들과 교류가 없었던 그는 주로 로마와 시에나에서 활동하였으며, 1422년 피렌체로 오면서 스트로치 가문의 영묘가 있는 성구실을 장식하는 주문을 받게 된다. 그는 고대 작품을 복사하거나, 세밀화를 묘사하는 데 재주가 있었다고 한다. 특히 중세 스타일을 잘 표현했으며, 신비주의 색채를 띤 종교적 주제를 표현한 작품을 많이 남겼다. 후에 미켈란젤로가 로마의 한 수도원을 장식한 이 화가의 작품을 보고 "과연 파브리아노의 손으로 이루어진 작품"이라 격찬했다는 이야기가 전해진다. 하지만 무엇보다도 이 화가의 명성은 베네치아 회화의 아버지로 칭송받는 야코포 벨리니 Jacopo Bellini라는 걸작품을 길러낸 스승이었기에 더 높아진 것이라 할 수 있다.

피렌체 시민들은 1200년대 후반부터 해마다 1월 초가 되면 '동방박사 경배' 축제를 즐겼다. 동방박사 경배 축제는 멀리 동방에서 유난히 밝게 빛나는 별을 본 세 명의 박사가 아기 예수의 탄생을 알게 되고, 이를 축하하기 위해서 많은 수행원과 함께 베들레헴에 도착한 것을 기리던 종교적 축제였다(마태복음 2장). 아기 예수의 탄생을 축하하는 크리스마스 축제가 활성화되기 이전에는 동방박사 경배 축제가 중요한 종교 축제였다.(173쪽 참조)

이 축제는 피렌체 정부를 지배하는 상류층이 아니라, 평범한 시민들의 자발적인 모임인 평신도 단체Compagnia de' Magi가 주관해오고 있었다. 하지만 재원이 부족해 축제 운영에 어려움을 겪던 평신도 단체가 일부 부유한 상인들의 후원을 받게 되면서, 동방박사 경배 축제는 정치적 목적으로 활용되기 시작했다. 결국 위협을 느낀 피렌체 정부의

지배자들은 이 축제를 금지하기에 이르렀다(1417).[1]

　이 축제는 오래전부터 신성한 성물인 아기 예수가 탄생한 마구간의 여물통이 보관되어 있던 산 마르코 수도원에서 진행되고 있었다. 새롭게 피렌체의 실력자가 된 코시모는 피렌체 시민들이 동방박사 경배 축제를 즐기면서, 피렌체 시민으로서 자긍심을 느끼고 하나가 되는 모습을 보아왔다. 산 마르코 수도원을 시민들의 신앙생활 중심지로 만들려는 코시모에게 이 축제는 안성맞춤이었다. 코시모는 이 평신도 단체에 회원으로 가입하고 후원을 하면서, 겨우 명맥을 유지해오던 동방박사 경배 축제를 새롭게 부활시켰다.

　코시모의 후원으로 새로이 지은 산 마르코 수도원은 시민들이 하나되어 즐기는 축제의 중심지가 된다. 산 마르코 수도원은 피렌체에서 가장 성스러운 종교 단체로 자리잡았고, 시민들도 자주 찾는 새로운 신앙생활 중심지로 변화했다. 이를 통해 코시모는 산 마르코 수도원을 중심으로 새로운 시민 공동체를 구성할 수 있었다.[2]

　한편 코시모가 피렌체의 실력자가 되기 이전부터 산타 트리니타 수도원에서는 '성 삼위일체' 축제(예수가 성령을 받아 이 땅에 다시 태어난 것을 기리는 축제)가 행해지고 있었다. 이 축제는 일반 시민들이 참여하는 것이 아니라 피렌체 정권을 장악한 몇몇 부유한 상인과 고위 성직자만이 참여하는 상류층의 전유물이었다. 주로 메디치 가문을 추방하는 데 앞장섰던 스트로치 가문의 후원으로 개최되고 있었다. 또한 산타 트리니타 수도원은 스트로치 가문의 영묘가 있는 곳이자, 피렌체 정권을 장악한 부유한 상인들의 정치적 모임 장소이기도 했다. 이 부유한 상인들은 수도원에 모여 상류층 중심의 귀족 정치가 이어지기를 기도하고 있었다.

● 1400년대 초반 신흥상인들의 신앙생활 중심지였던 산타 트리니타 수도원의 현재 전경. 이 수도원에서 성 삼위일체 축제가 열렸다.

이렇게 피렌체 정권을 장악하려 경쟁하는 두 가문은 성 삼위일체 축제와 동방박사 경배 축제를 활용하려 한다. 이를 위해 스트로치 가문은 화가 젠틸레 다 파브리아노에게, 그리고 메디치 가문은 화가 베노초 고촐리에게 '동방박사 경배'라는 같은 주제로 작품을 주문한다. 그런데 언뜻 보아도, 똑같은 주제로 완성된 그림이 사뭇 다르다. 젠틸레 다 파브리아노는 아기 예수의 탄생을 축하하러온 세 박사를 황금과 화려한 비단옷으로 치장한 귀족의 모습으로 묘사했다. 하지만 베노초 고촐리는 평범한 옷을 입은 동방박사를 묘사했고, 그림의 배경도 피렌체가 아니라 아기 예수가 탄생한 베들레헴의 동굴이다. 코시모가 성경의 내용에 충실한 작품을 원했기 때문이다.

물론 그림이 그려진 시기에 약간의 차이(20년 정도)가 있기 때문일 수

● 젠틸레 다 파브리아노, 〈동방박사 경배〉, 우피치 미술관 소장. 중세풍 고딕 양식의 대표적인 작품이다.
●● 베노초 고촐리, 〈동방박사 경배〉(1440∼1441). 산 마르코 수도원에서 코시모가 사용했던 큰 기도실
벽면에 위치. 코시모는 이 그림으로 장식된 기도실을 동방박사 경배 축제를 주관하는 평신도 단체에 내
주었다.

도 있다. 하지만 같은 주제를 이렇게 다르게 그린 이유는 두 가문이 작품을 통해서 전달하려는 메시지가 서로 달랐기 때문이다. 스트로치 가문은 피렌체 정부를 장악하고 있는 상류층에서 최고가 되길 원했고, 메디치 가문은 평범한 시민들의 지지를 받는 새로운 공동체를 탄생시키려고 노력했다.

피렌체의 주인이 되려 했던 스트로치 가문

스트로치 가문이 활약하던 1400년대 초반 피렌체는 이미 무역과 금융의 중심지로 국제도시가 되어 있었다. 교황은 물론이고 밀라노의 공작, 그리고 서유럽을 비롯한 비잔틴과 아라비아 등지에서 많은 귀족들이 피렌체를 방문했고, 피렌체 유력 가문들은 유럽 각국의 대사로도 활동하고 있었다. 그래서 피렌체는 귀빈들을 영접해야 하는 경우가 매우 많았다.

그러나 당시 피렌체 자치정부는 소수의 부유한 상인들(알비치, 스트로치, 소데리니Soderini 가문 등)이 권력을 나누어 갖고 있었기 때문에, 피렌체 사회를 대표할 수 있는 특정 가문이 없었다. 다른 말로 표현하면 '남편이 없는 귀부인'과 같은 처지였던 것이다. 이러한 상황에서 고위 공직자로 활동하던 유력 가문들은 경쟁이라도 하듯 자신들이 피렌체를 대표하는 최고 권력자임을 내세우고 싶어했다. 이러한 가문들 중에서 가장 나서기 좋아했던 것이 스트로치 가문이다.

당시 스트로치 가문의 수장이었던 팔라 스트로치는 피렌체의 다른 부유한 상인들 중 그 누구도 가지지 못했던 일곱 가지 행운(위대한 피렌체가 조국이고, 명문가의 혈통이며, 다복한 자녀들을 두고, 아흔 살까지 장수했으며, 선한 마음씨를 지니고, 많은 황금을 소유했으며 마지막으로 어설픈 그리스어와 라틴어 실력까지 겸비했다)을 모두 갖춘 '가장 행복한 사람Il piu felice uomo'이었다. 그래서 오랫동안 피렌체를 대표하는 대사로 외국(피사와 베네치아 등)에서 활동했기 때문에 외국의 지도자들과도 두터운 친분을 맺고 있었다.[3]

이러한 배경을 갖춘 팔라 스트로치는 자신이 피렌체의 최고 실력자임을 외국 손님들에게 보여주려 했다. 이를 위해 산타 트리니타 수도원에 아버지 노프리 스트로치의 시신을 안장할 성구실을 별도로 건축하고 장식하는 데 무려 3만 플로린(240억 원)이 넘는 막대한 황금을 투자했다. 이러한 과정에서 산타 트리니타 수도원의 성구실에서 미사를 드릴 때마다 사용하는 〈동방박사 경배〉라는 작품이 탄생하게 된다.[4]

스트로치 가문의 실패한 프로젝트

스트로치 가문이 후원권한을 얻은 산타 트리니타 수도원은 교단의 창시자 괄베르토Giovanni Gualberto, 995~1073의 가르침에 따라 성 삼위일체 축제의 중심지로 자리잡고 있었다. 이 축제가 열리는 날은 공휴일로 지정되었다. 대축일에 상점 문을 여는 상인들은 벌금을 냈을 정도로 축제는 엄격하게 지켜졌다. 그리고 스트로치 가문이 성 삼위일체 축제를 적극적으로 후원하는 과정에서 선조들의 영묘가 있는 산타 트

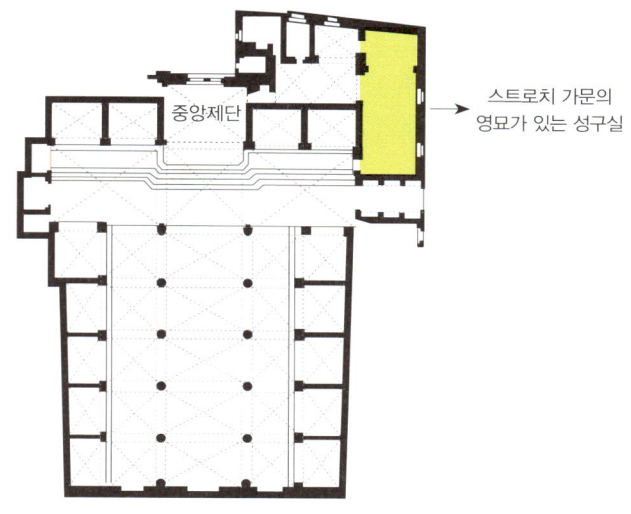

중앙제단

스트로치 가문의
영묘가 있는 성구실

● 산타 트리니타 수도원의 기도실 배치도. 스트로치 가문의 영묘는 성구실에 있었다.

리니타 수도원이 피렌체의 종교 중심지로 변화하게 된다.

이러한 상황에서 후원자를 찾을 수 없어 동방박사 경배 축제를 열지 못하던 평신도 단체(산 마르코 수도원)는 재정이 넉넉한 성 삼위일체 축제를 주관하던 평신도 단체(산타 트리니타 수도원)에 도움을 요청한다. 당시에 스트로치 가문은 성 삼위일체 축제를 주관하던 평신도 단체를 후원하면서, 동방박사 경배 축제를 주관하던 평신도 단체와 인연을 맺을 수 있었다. 이러한 인연으로 스트로치 가문은 예술작품을 통해, 아기 예수의 탄생을 축하하러 가는 동방박사들처럼 자신들이 현명함을 표현하면서, 가문의 위상을 높이려고 했다. 더불어 자신의 가문이 피렌체를 대표하는 가문이라는 점을 널리 알리고 싶어했다.

이러한 연유로 그들은 젠틸레 다 파브리아노에게 선조들의 영묘가 있는 산타 트리니타 수도원의 성구실에 〈동방박사 경배〉를 그리도록 주문하게 된다(〈스트로치 제단화〉라고 불리기도 한다). 북유럽 중세 귀족 풍의 표현 방식(고딕 양식)에 능숙했던 화가는 성경의 내용에 따라 많은 수행원과 함께 온 세 박사가 아기 예수를 안고 있는 성모마리아에게 무릎을 꿇고 선물을 바치는 모습을 묘사했다.

화가는 여기에 아기 예수의 탄생을 축하하는 수행원들 사이로 이 작품의 주문자인 스트로치 가족의 형상을 그려넣었다. 그림 한가운데 청색 바탕에 화려한 무늬로 장식된 비단옷을 입고 터번을 머리에 두른 채 정면을 응시하고 있는 사람이 당시 스트로치 가문의 수장이었던 팔라 스트로치이다. 그리고 먼저 세상을 떠난 그의 아버지 역시 화려한 옷을 입고 아들 옆에서 아기 예수를 바라보는 형상으로 그려져 있다. 또한 화가는 이 작품의 배경으로 아기 예수가 탄생한 베들레헴이 아니라 피렌체를 그려넣었다. 스트로치 가문이 아기 예수의 탄생을 축하하는 수행원이라는 증명사진을 한 장 남겨놓은 셈이다.

화가가 가문 사람들을 이처럼 화려한 의상을 입은 모습으로 그린 이유는 뻔했다. 후원자인 스트로치 가문이 피렌체 고위 공직자들 사이에서 가장 부유하고 힘있는 귀족으로 묘사되기를 원했기 때문이다. 이와 같이 스트로치 가문은 딱히 주인이 없었던 피렌체 사회에서 자신들이 우두머리라는 것을 명백히 드러내려고 했다.

혹 이곳을 찾는 방문자들이 스트로치 가문 사람들을 못 찾을 경우에 대비하여, 화가는 스트로치 가문의 문장인 하얀 독수리를 작품에 그려넣는 등 세심하게 배려했다. 그래도 못 미더웠던지 제단화의 나무 프레임에 가문의 또다른 문장인 '방패에 그려진 세 개의 초승달' 모양을 조각해

● 젠틸레 다 파브리아노, 〈동방박사 경배〉 일부(중앙 부분). 팔라 스트로치(붉은 터번을 쓴 이)와 그의 아버지 노프리 스트로치(팔라 스트로치의 앞 화려한 비단옷을 입은 형상)가 있고, 오른쪽 상단에 스트로치 가문을 상징하는 하얀 독수리 형상이 그려져 있다.

넣었다. 이중 삼중의 장치를 해둔 셈이다.

한편으로 팔라 스트로치는 성 삼위일체 축제에 참여하는 대상을 성직자와 고위 공직자로 국한함으로써, 상류층 사이에서 스트로치 가문의 위상을 높이는 계기를 마련하고자 했다.[5] 하지만 이러한 상류층 중심의 종교 축제는 점차 부유하고 글을 쓰고 읽을 줄 아는 중산층(오티마티Ottimati라고도 하며, 피렌체에서 새로이 등장한 '신엘리트 계층'이다)과 일반 시민들로부터 반감을 사게 된다. 결국 거액을 투자한 스트로치 가문의 정치적 프로젝트는 실패하고 만다.

반면 코시모는 새롭게 등장하고 있는 중산층과 일반 시민들의 지지를 얻어야만 불안정했던 메디치 가문의 위상을 세울 수 있다는 점을 알

● 젠틸레 다 파브리아노의 〈동방박사 경배〉 나무 프레임 밑부분에 새겨진 스트로치 가문의 문장(세 개의 초승달).

고 있었다. 이를 위해 먼저 과거에 피렌체 시민들이 회원으로 있던, 동방박사 경배 축제를 주관하는 평신도 단체에 힘을 실어주었다.

동방박사 경배 축제의 연출가로 데뷔한 코시모

산 마르코 수도원을 피렌체 시민들의 신앙생활 중심지로 구축하기 위해 코시모는 시민들이 자치적으로 운영하던 동방박사 경배 축제를 적극적으로 후원했다. 그 과정에서 코시모는 철저히 자신을 드러내지 않기위해 피렌체 자치정부에 이 단체에 후원을 해주도록 요청했다. 코시모는 '신중함'과 '절제'라는 덕목을 중요하게 생각했기 때문이다.

또한 코시모는 건축가 미켈로초가 자신을 위해서 만들어준 산 마르코 수도원 2층의 공간도 동방박사 경배 축제를 주관하는 평신도 단체에 내어준다. 이후부터 이 단체의 회원들은 코시모가 사용하던 방에서 정기적으로 모임을 가질 수 있었다.[6]

이러한 후원 과정에서 동방박사 경배 축제를 주관하는 단체들의 회합 장소 벽에 〈동방박사 경배〉라는 그림이 그려지게 된 것이다. 앞에서 살펴보았듯이 스트로치 가문의 주문으로 그려진 작품에는 화려한 옷을 입은 귀족들이 등장하지만, 이 그림에는 메디치 가문을 암시하는 형상이나 문장이 묘사되지 않는다. 오히려 성서의 내용에 충실한 느낌을 준다. 그림 배경도 피렌체가 아니라 아기 예수가 탄생한 베들레헴의 동굴이 있는 산인데, 그 이유는 두 작품의 목적이 달랐기 때문이다.

동방박사 경배 축제 행렬은 피렌체의 수호성인으로 모셔져온 세례자 요한에게 봉헌된 세례당에서 시작하여, 메디치 가문의 저택 앞을 통과해 산 마르코 수도원에서 끝나게 된다. 코시모는 직접 산 마르코 수도원에서 열리는 축제 행렬에 참여하기도 했다. 코시모의 부인이 아들에게 보낸 편지를 보면, 코시모는 "털로 만든 옷을 입고 황금색 왕관을 쓰고 행렬에 참여했다"고 한다.

종교 축제로 채색되는 르네상스 창조의 공간

르네상스 시대가 시작될 때만 해도 묵직한 교회의 종소리에 무너져버릴 것만 같았던 르네상스 창조의 공간이 코시모의 치밀한 축제 기획과 풍부한 자금력으로 서서히 그 모습을 드러내게 된다. 산 마르코 수도원에 거주하는 수도사들까지도 창조의 공간에 들어와 편안하게 신앙생활을 영위하고 있었다. 이 수도사들은 상인들이 이윤을 추구하는 행위를 죄악으로 보지 않았고, 오히려 대부업으로 얻는 이자를 위험에 대한 보상이라는 개념으로 옹호하고 나섰다. 또한 시민들이 즐기는 동방박사 경배 축제의 부활로 피렌체 시민들도 산 마르코 수도원에서 즐거움을 찾을 수 있게 되었다. 이제 코시모에 의해 펼쳐진 창조의 공간에서 상인들과 성직자들 그리고 새로운 희망을 가진 시민들이 융합하고 소통할 수 있게 되었다.

소수 귀족들의 신앙생활 중심지였던 산타 트리니타 수도원은 시민들의 기억에서 사라져가고, 성 삼위일체 축제는 소규모 축제로 전락하게된다. 메디치 가문이 피렌체를 150년 이상 지배해온 소수의 상인계층을 무력화시킨 것이다. 코시모는 시민 공동체를 우선시하는 가치관으로 채색된 창조의 공간에서 피렌체의 권력 지도를 바꾸기 시작한다.

축제 행렬에 참여하는 코시모의 머리는 복잡했다. 어렵게 창조해낸 시민 공동체의 주인 자리를 다른 가문에 넘겨주기가 싫었기 때문이다.

코시모, 시민 공동체를 다스릴 메디치 왕조를 꿈꾸다

코시모의 후원 덕택에 여유가 있던 동방박사 경배 축제를 주관하는 평신도 단체는 피렌체에서 이루어지는 모든 축제를 경제적으로 후원하면서 행사에 관여할 수 있게 되었다. 급성장한 동방박사 경배 축제의 주관 단체가 피렌체에서 열리는 모든 축제에 동방박사 경배를 기리는 행렬을 의무적으로 넣게 했을 정도였다.[7] 단순히 시민들에게 더 재미 있는 오락거리를 제공하려는 목적만 있었던 것은 아니었다. 결국 피렌체의 모든 축제는 메디치 가문의 후원으로 유지되던 평신도 단체에 의해 주도되기 시작한다. 왜 그랬을까? 당시 동방박사 경배 축제에서 자주 공연되던 연극의 대사를 살펴보면, 코시모의 정치적 속내를 어렴풋이나마 짐작할 수 있다.

> 연극의 배경에 아우구스투스 황제와 아직 천상에 계신 아기 예수와 성모 마리아의 모습이 그려져 있다. 이어서 아기 예수가 탄생하는 장면이 연출된다. 그리고 하늘의 뜻을 따르는 로마제국 최초의 황제 아우구스투스가 실제로 등장한다. 마지막으로 로물루스(로마제국의 창시자―인용자)가 세운 이교도의 신전이 파괴되는 것으로 막을 내린다.[8]

코시모는 이러한 연극을 통해서 피렌체를 예수의 탄생과 함께 신의 영광으로 재탄생된 도시라고 찬양하기 시작한다. 그리고 로마제국의 초대 황제 아우구스투스Augustus, B.C. 63~A.D. 14를 이교도가 아니라 기독교 신의 계시를 받은 새로운 황제로 탈바꿈해놓았다. 메디치 가문의 수장 코시모는 스스로 신의 계시를 받은 아우구스투스 황제처럼 되고자 했다. 신의 영광을 받은 피렌체에서 메디치 가문이라는 새로운 왕조가 탄생할 것을 암시하고 있는 것이다.

이제 영적 권력의 중심지가 된 산 마르코 수도원을 통해 든든한 종교적 지지 기반을 확보한 코시모는 세속권력의 중심지가 된 메디치 저택을 근거지로 메디치 왕조의 꿈을 서서히 실현해나가기 시작한다. 코시모의

구분	팔라 스트로치	코시모 데 메디치
후원 수도원	산타 트리니타 수도원	산 마르코 수도원
후원 축제	성 삼위일체	동방박사 경배
축제 행렬 경로	산타 트리니타 수도원의 내부	세례당 → 메디치 저택 → 산 마르코 수도원
축제일	5월 말 ~ 6월 초	1월 6일
관련 화가 및 작품	젠틸레 다 파브리아노, 〈동방박사 경배〉(1423)	베노초 고촐리, 〈동방박사 경배〉(1442), 〈동방박사 행렬〉(1459~1465)

● 스트로치 가문과 메디치 가문의 후원 수도원과 축제 비교.

첫번째 야망은 메디치 저택에 있는 개인 기도실을 장식한 그림을 통해서 나타나게 된다.

르네상스 시대 피렌체의
3대 종교 축제의 모습

피렌체에서는 오래전부터 추운 겨울이 지나고 따뜻한 봄이 온 것을 축하하는 '오월제'가 5월 말경부터 열리고 있었다. 그리고 오월제가 절정에 이르면 피렌체 시민들이 수호성인으로 받드는 세례자 요한의 탄생을 축하하는 축제가 계속 이어지게 된다. 이렇게 오월제와 세례자 요한 축제는 시민들의 축제이자 종교적 축제이기도 했다.

다음의 내용은 1200년대 말에 열린 세례자 요한 축제의 모습을 기록한 구절이다. 당시 축제의 모습을 머릿속에 한번 그려보도록 하자.

모두 하얀 예복을 차려입은 천 명이 넘는 군중과 단체가 '사랑'이라는 칭호로 불리던 귀족(로시Rossi 가문—인용자)과 함께하였다. 이 단체는 다른 어떤 것도 하지 않고 그저 스스로 게임과 유흥거리를 즐기며 여자들과 기사들, 그리고 다른 서민들과 함께 춤을 추었다. 이들은 기쁨과 흥에 겨워

트럼펫과 다른 다양한 악기들을 연주하며 그곳을 지나갔으며, 함께 모여 저녁과 성찬 등 식사를 즐겼다. (……) 어떠한 가문이나 지위를 불문하고 피렌체를 지나가는 사람들은 이 단체의 초대를 받았으며, 말을 타고 동행하여 도시에서나 그 외곽에서나 자신들이 원하는 만큼 함께하였다.[9]

이 축제가 진행된 두 달 동안에 시민들은 춤과 게임 그리고 음악을 즐겼으며, 300명의 '믿음직스러운 기사들'로 불리던 후원 단체는 외국에서 온 어릿광대들과 신사들의 방문을 환영하였다. 그리고 기사 작위가 있던 피렌체 토착귀족들은 이러한 축제 행사에서 마상 창 대회를 열거나 화려한 기마 행렬을 선보임으로써 자신들의 위세를 과시하였다.

그러나 1300년대 중반부터 흑사병이 창궐하면서 성직자들은 공포에 싸여 있던 신도들에게 위안을 주어야만 했다. 그로 인해 하느님의 아들로서 천상에 계신 예수의 신성神性보다도 인성人性을 중시하기 시작한다. 그렇게 해서라도 교회는 평신도들에게 하느님의 아들이 인간들과 가까이 있다는 것을 알려주려고 했다. 이러한 흑사병의 공포 속에서 교리와 받드는 수호성인도 변화하게 된다.

이 변천 과정에서 성당이나 수도원 내부를 장식하는 예술작품도 하느님의 아들로서 인간의 운명을 결정하는 그리스도의 모습을 그린 〈최후의 심판〉 같은 권위적인 작품이 아니라, 예수의 인간적인 모습을 묘사하는 작품들이 나타나게 된다. 아기 예수를 잉태한 사실을 성모마리아에게 알리는 〈수태고지〉와 아기 예수의 탄생을 축하하는 〈동방박사 경배〉와 같은 작품들이 자주 등장하는 것도 이러한 변화 때문이다.

이렇게 교리가 혼란을 겪던 시기에 인성을 지닌 아기 예수의 탄생을 축하하는 동방박사 경배 축제가 피렌체에서도 열리기 시작한다. 오늘날까지 보관되어온 기록을 통해 피렌체에서 열린 동방박사 경배 축제의 모습을 상상해보기로 하자(1390).

　　1월 6일, 신성한 동방박사와 산 마르코 수도원에 있는 별을 기념하는 엄숙하고 거대한 축제가 피렌체에서 열렸다. 훌륭하게 차려입은 동방박사들이 말과 많은 수행원을 거느리고 새로운 진기한 발명품들과 함께 도시를 행진하였다. 헤롯 왕(당시 예루살렘의 왕—인용자)은 화려하게 치장을 하고 세례당(두오모 성당 옆에 있다—인용자)에 설치된 연단에 그의 추종자들과 함께 머물렀다. 그리고 행렬이 세례당을 지나칠 때, 그들은 헤롯 왕이 있는 연단에 올라 그들이 숭배하러 가는 어린아이(아기 예수—인용자)에 대해 이야기를 나누고, 왕에게 돌아올 것을 약속하였다. 그러나 동방박사가 어린아이에게 신의를 바친 후에도 헤롯 왕에게 돌아오지 않자, 그는 어머니들과 가정부들의 팔에 안긴 많은 어린아이들을 살해한다. 그리고 행사는 오후 5시를 기하여 끝이 난다.[10]

　이 축제는 독실한 신자들의 모임인 평신도 단체가 주관해오고 있었기 때문에, 모든 시민들이 참여할 수 있는 순수한 종교적 축제였다. 피렌체 정부도 동방박사 경배 축제를 시민들의 축제로 생각했고, 필요할 때마다 이 단체에 축제 행렬에 필요한 양초를 제공하고, 유대인 고리대금업자들로부터 거두어들인 벌금의 일부를 후원하기도 했다. 하지만 이러한 후원 과정에서 동방박사 경배 축제를 주관하는 단체들이 정치적인 세력으로 부상하게 되자, 피렌체 자치정부는 이들 단체의 주도로 이루어지는 모든 종교적 행사를 금지하기에 이른다(1417). 이로써 동방박사 경배 축제는 피렌체에서 사라지는 듯했다.

이어 스트로치 가문과 같은 부유한 상인들의 후원으로 산타 트리니타 수도원에서는 성 삼위일체 축제가 열렸다. 당시 축제의 모습은 다음과 같았다.

> 산타 트리니타 수도원이 성스러운 '예루살렘의 성지'로 변하고, '하늘의 승리'로 축복받았다. 이날의 행진은 수도원장이 입구를 세 번 노크하고 신전의 입구가 열리기를 요청하는 것으로부터 시작되었다. 그리고 '하늘의 승리'는 천국의 신전을 의미하는 성당으로 축제 의식 행렬을 이끈다. 이 승리에 있어 수도사들이 삼위일체에 대해 공경을 표할 때는, 성인 조반니 괄베르토가 그의 교단(발룸브로산 수도회, Vallumbrosan Order)을 위해 쓴 삼위일체에 대한 기도문을 암송하였다.[11]

그리고 1415년 성 삼위일체 축일은 이 수도원이 소속된 교단의 설립자 축일과 합쳐졌고, 이후부터 산타 트리니타 수도원 측은 성 삼위일체 축일을 공휴일로 제정하였다. 공휴일로 제정하게 된 정치적 동기는 분명치 않으나 조그만 가게를 운영하는 상인들은 축일에 상점 문을 닫지 않으면 벌금을 내야 했다. 그러나 이 수도원에서 열리는 성 삼위일체 축제는 피렌체 권력을 장악하고 있던 부유한 상인들과 고위 성직자들만이 참가하는 종교적 축제였기 때문에 시민들로부터 외면당했다. 이에 따라 코시모는 성 삼위일체 축제를 금지하고, 시민들이 스스로 즐길 수 있는 동방박사 경배 축제를 부활시켜 자연스럽게 시민들의 지지를 얻게 된다.

코시모 데 메디치,
피렌체의 메디치 왕조를 꿈꾸다

Renaissance

메디치 저택 기도실,
베노초 고촐리의 〈동방박사 행렬〉과
필리포 리피의 〈아기 예수에 대한 경배〉

피에로 디 코시모
Piero di Cosimo de' Medici, 1416~1469

1464년 코시모가 사망하자 장남 피에로가 마흔여덟의 나이로 피렌체 자치정부의 최고 책임자가 된다. 기록에 의하면 아버지를 닮아 정치적 감각은 있었으나 가문의 사업을 운영할 능력은 부족했던 것으로 평가된다. 지금까지 남아 있는 편지에 의하면, 예술을 사랑했던 피에로와 그의 부인은, 화가 베노초 고촐리와 필리포 리피가 저택 내부의 기도실을 장식하는 데 깊게 관여했던 것으로 보인다. 피에로는 학문에도 관심이 많아 고대 그리스 철학, 자연사, 역사에 관련된 많은 서적을 수집하기도 했다. 불행하게도 메디치 가문의 가족력으로 알려진 통풍으로 아버지의 권력을 이어받은 지 5년 만에 세상을 뜨게 된다.

베노초 고촐리
Benozzo Gozzoli, 1421~1497

원래 이름은 베노초 디 레제Benozzo di Lese로, 산 마르코 수도원 장식을 책임졌던 프라 안젤리코의 제자이다. 그 덕분에 산 마르코 수도원의 〈동방박사 경배〉 벽화 제작에 참여할 기회를 얻을 수 있었다. 이러한 과정에서 메디치 가문과 인연을 맺고, 마흔 살에 메디치 저택의 기도실 벽면을 〈동방박사 행렬〉이라는 작품으로 장식하게 된다. 특히 이야기를 그림으로 표현하는 서사적 회화에 재능을 보였다. 하지만 그는 당대 유명 화가들과는 다르게, 어려서부터 예술에 소질을 보이진 않았다고 한다. 그래서 르네상스 예술가들의 일대기를 쓴 조르조 바사리는 고촐리에 대해 "인내로써 동시대의 화가들을 앞질렀고, 고생 뒤에 안식을 즐길 수 있었던 예술가"라고 평가했다.

프라 필리포 리피
Fra Filippo Lippi, 1406~1469

가난한 정육점 주인의 아들로 태어난 필리포 디 토마소 리피Filippo di Tommaso Lippi는 후에 수도사가 되면서, 줄여서 프라 필리포 리피라고 불렸다. 당시 메디치 저택 내부를 장식하는 책임을 맡고 있던 피에로에게 자신은 "먹여 살려야 할 조카가 여섯 명이나 있는 가난한 수도사이자 화가"라는 편지를 보내 인연을 맺으면서 메디치 가문의 식객이 되었다. 이어 메디치 저택의 기도실을 장식할 제단화를 의뢰받게 되는 행운을 얻는다. 그 작품이 이 글에서 감상할 〈아기 예수에 대한 경배〉라는 작품이다. 한때 수도사였던 이 화가는 하느님의 말씀보다 하느님이 창조한 아름다운 하와의 육체를 그리는 것을 더 좋아했다. 그가 수녀를 유혹하여 낳은 아들은 필리피노 리피라는 유명한 화가가 된다.

1440년대 초반 코시모는 함부로 자신을 드러내지 않는 절제와 시민들을 하나로 통합하는 정치적 수완으로 피렌체의 주인이 되었다. 결국 코시모의 노력으로 피렌체 시민들은 메디치 가문과 산 마르코 수도원을 중심으로 하나가 되었다. 시민들의 지지를 바탕으로 자연스럽게 코시모가 피렌체의 주인이 된 것이다. 대외적으로 많은 것을 이룬 메디치가의 가장 코시모는 그제야 집안 살림을 돌보기 시작했다.

우선 코시모는 선조들의 영묘가 있는 산 로렌초 성당을 찾았다. 하지만 그동안 돌보지 않았던 영묘는 폐허가 되어 있었다. 코시모의 대변인을 자청하던 베스파시아노의 말을 빌리면, 코시모는 "메디치 가문을 영속하게 해줄 기념비적인 작품을 위해 10년 일찍 투자하지 못한 것을 후회했다"고 한다.[1]

코시모는 먼저 조각가 도나텔로에게 영묘가 있는 성구실 장식을 의

● 메디치 저택의 현재 전경. 미켈로초의 설계로 1445년에 건축이 시작되어 1460년에 완공된 르네상스 시대의 대표적인 바로크 양식 건축물이다. 후에 리카르디 가문이 구입하여, 현재는 메디치 리카르디 저택(Palazzo Medici Riccardi)이라고 불린다.

뢰했다. 그러고 나서 바로 이듬해(1444)에 코시모는 메디치 가문의 직계가족뿐만 아니라 친척들까지 거주할 수 있는 대저택을 신축하기로 결정한다. 저택이 완공된 후 이 대저택에는 40여 명이 넘는 가족들을 포함해 90여 명이나 되는 메디치가 사람들이 거주했다고 한다.

코시모는 저택 내부에 자신만의 개인 기도실을 지었다(중앙제단 후원 권한은 1415년 교황 마르티누스 5세로부터 이미 얻어두었다).[2] 그리고 코시모의 아들 피에로가 기도실(편의상 메디치 기도실이라고 부르기로 하자)을 장식하는 책임을 맡았다. 프라 필리포 리피에게 기도실 제단에 그림 〈아기 예수에 대한 경배〉를 주문했다. 또한 베노초 고촐리에게는 기도실 벽면을 장식할 〈동방박사 행렬〉이라는 작품을 주문했다. 필리포 리피는 한때 먹여 살려야 할 조카가 여럿이라 코시모의 아들 피에로에게 일감을 달라고 애걸하던 무명 화가였고, 베노초 고촐리는 이미 산 마르코 수도원의 〈동방박사 경배〉 벽화 제작에 참여했던 경력이 있었다. 두 화가 모두 메디치 가문과 인연이 깊었다.[3]

이 작품을 주문할 당시 메디치 가문은 새롭게 부상한 중산층의 도전을 받고 있었다. 이들은 어느 정도 자금력도 있었고 지식까지 갖춘 신新지식인들이었다. 이들 중에 메디치 가문을 추방하는 데 앞장섰던 스트로치 가문의 사위 루첼라이Giovanni di Paolo Rucellai의 영향력이 가장 컸다. 이들은 메디치 가문을 의심의 눈초리로 보기 시작했고, 코시모도 이들을 경계하기 시작했다. 코시모와 그 측근들은 메디치 가문에 반대하던 신지식인들을 축출하고 메디치 가문의 측근을 중심으로 정부 권력을 장악하기 위해 치밀한 계획을 세우게 된다.

메디치 기도실을 장식한 두 화가의 작품은 이와 같은 정치적 격변기

● 〈동방박사 행렬〉〈아기 예수에 대한 경배〉〈불침번 서는 목자〉〈기도하는 천사들〉로 장식되어 있는
메디치 기도실 내부 전경.

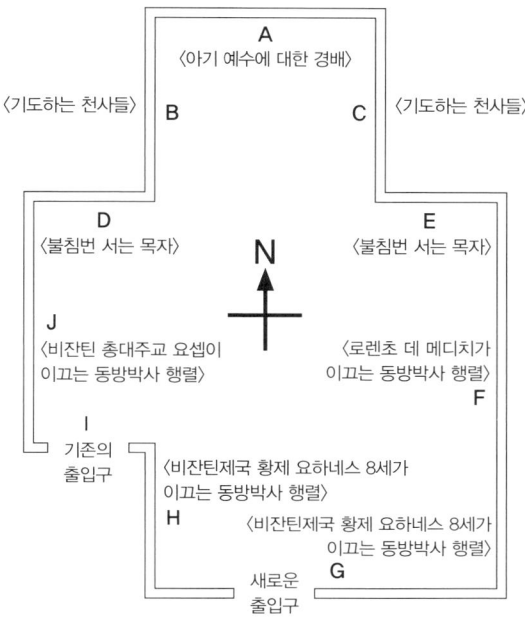

A
〈아기 예수에 대한 경배〉

〈기도하는 천사들〉 B   C 〈기도하는 천사들〉

D
〈불침번 서는 목자〉

E
〈불침번 서는 목자〉

N

J
〈비잔틴 총대주교 요셉이
이끄는 동방박사 행렬〉

〈로렌초 데 메디치가
이끄는 동방박사 행렬〉
F

I
기존의
출입구

〈비잔틴제국 황제 요하네스 8세가
이끄는 동방박사 행렬〉
H

〈비잔틴제국 황제 요하네스 8세가
이끄는 동방박사 행렬〉

새로운
출입구   G

● 메디치 기도실 내부를 장식한 그림 배치도.

에 탄생했다. 이 작품들은 당시 메디치 가문의 정치적 야망을 보여주
는 조감도라 부를 만하다.

친위 쿠데타를 성공시킨 코시모, 메디치 왕조를 꿈꾸다

과거 추방당한 코시모가 말을 타고 피렌체로 돌아오는 거리에 열렬
히 박수를 치는 시민들이 있었다. 이들은 평민의 이익을 대변하던 신
엘리트 계층으로서, 은행업이나 무역업으로 돈을 모으고 학식도 어느

정도 갖춘 사람들이었다. 이들이 바로 메디치 가문을 지지하던 새로운 중산층이다.

코시모 정권 초창기에 이들 신엘리트 계층은 메디치 가문이 받는 특혜들을 눈감아주었다. 메디치 가문이 행한 정책들—국가의 재정, 대외 외교, 유급 성직자의 임명, 그리고 교황청과의 모든 금융 거래에 관한—로 피렌체가 부강해질 것으로 생각했기 때문이었다.

하지만 세월이 지나 이들은 시의회의 의원으로 진출하면서 새로운 정치 세력으로 부상하게 된다. 정치 세력을 확보했다고 자만하던 이들은, 코시모가 고위 공직자를 선출하는 선거 과정에서 부정을 저질렀다고 믿고 오래전부터 선거에 깊게 관여해온 코시모에게 시위원회에 출석하여 해명할 것을 요구한다. 이들은 메디치 가문에 호의를 보이긴 했지만, 그렇다고 메디치 가문과 그 측근들이 독재를 해도 된다고 생각하지는 않았던 것이다.

그러나 코시모는 시위원회의 출석 요구를 거절하고, 이를 거꾸로 자신의 세력을 확고히 하는 기회로 삼았다. 이를 위해 용병 출신으로 자신의 도움을 받아 밀라노 총독이 된 프란체스코 스포르차Francesco Sforza, 1401~1466에게 군사 지원을 요청하고, 메디치 가문의 우호 세력을 동원하여 쿠데타를 일으킨다. 결국 밀라노 용병의 군사적 위협으로 이 친위 쿠데타는 성공을 거두고, 메디치 가문에 반대하는 데 앞장서온 스트로치 가문의 사위를 포함해 열아홉 가문을 공직에 진출할 수 없도록 규정한 후 추방한다. 이어서 150여 명이 넘는 공직자를 해고하는 대규모 숙청을 감행했다.[4]

『군주론』의 저자로 잘 알려진 마키아벨리는 당시 상황을 "도저히 참을 수 없는 폭력이 자행되었고, 시내 곳곳에서 약탈이 이루어졌다"라고 표현했다.[5] 메디치 가문과 그 측근들이 철저하게 반대 세력을 제거하는 데 성공한 것이다.

이때가 1458년으로 코시모가 예순아홉이 되던 해이다. 이제 코시모는 귀족들 어깨에 두를 붉은 비단 몇 필만 있으면, 마음대로 귀족을 지정할 수 있는 위치가 되었다. 메디치 가문의 자손들이 피렌체 정부의 주인이 되는 메디치 왕조를 꿈꿀 만한 여건이 마련된 것이다. 이제 피렌체 시민들이 세속적 욕망을 자유롭게 추구해가던 르네상스 창조의 공간도 메디치 왕조의 전유물로 바뀌게 된다. 한마디로 이 공간의 주인이 나타난 것이다.

메디치 저택에 갇히게 된 코시모

쿠데타 사건 이후로 코시모는 암살에 대한 공포에 시달려 시민들 앞에서 연설을 하지 않았다. 또한 산 마르코 수도원까지 가서 예배를 보던 코시모와 가족들은 암살이 두려워 메디치 저택에 있는 기도실에서 예배를 드렸다. 설상가상으로 코시모는 고질병인 통풍으로 거동조차 불편했다. 이렇게 해서 코시모는 저택 밖으로 나가지 않았고, 나갈 수도 없는 상황에 처하게 됐다.(199쪽 참조)

코시모는 시청사 건물인 베키오 궁전Palazzo Vecchio에서 보던 모든 국가 정사를 메디치 저택에서 처리하기 시작한다. 이러한 이유로 메디치 저택의 기도실에서 중요한 정치적 결정이 내려지게 되었고, 교황과

외국의 사절을 접견하는 장소로도 이 기도실이 사용되기 시작했다.[6]

어쨌든 친위 쿠데타는 성공리에 마무리되었고, 메디치 저택도 막 완공되었으니, 이제 기도실을 장식할 주제를 선택하는 일만 남았다(1459). 코시모는 손자들의 가정교사인 젠틸레 베키Gentile Becchi, 1425/30~1497라는 학자와 상의했다. 코시모의 의중을 잘 알고 있던 이 영민한 학자가 기도실 벽면을 장식하는 종교적 주제를 결정하는 데 중요한 역할을 하게 된다. 젠틸레 베키는 원래 시인이었지만, 라틴어를 아주 잘해서 종교 지식도 상당한 수준이었다(후에 메디치 가문의 후원으로 대주교까지 오른다).[7]

젠틸레 베키는 "먼저 동방박사의 행렬과 천사들이 노래하는 장면을, 그리고 마지막으로 성모마리아가 아기 예수를 경배하는 장면"을 기도실에 장식할 것을 추천했다(누가복음 2장에 있는 내용이다). 코시모와 그의 측근들은 이 학자의 권고를 받아들였다. 이 작품을 언뜻 보면 성경 이야기를 옮겨놓은 단순한 종교화라는 느낌을 받을 수 있다.

하지만 르네상스 상인들은 의미 없는 데에 함부로 돈을 쓰지 않았다. 대★상인 코시모는 특히 그랬다. 코시모는 자신의 저택 기도실을 장식하는 예술작품을 통해, 두 가지 중요한 정치적 메시지를 전달하고자 했다. 하나는 피렌체 정부가 시청사가 있는 베키오 궁전에서 메디치 기도실로 옮겨왔다는 것이며, 다른 하나는 메디치 가문이 피렌체의 새로운 왕조로 탄생했다는 것이다. 각각의 그림을 살펴보면서 이 메시지들을 찾아보도록 하자.

메디치 대저택의 기도실로 천도한 피렌체 정부

먼저 메디치 기도실 제단 위에 그려진 〈아기 예수에 대한 경배〉라는 작품부터 살펴보자. 이 작품에는 하느님이 비둘기로 상징되는 성령을 보내 육신을 지닌 아기 예수에게 신성을 부여하는 장면이 묘사되어 있다. 즉 신성을 지닌 아기 예수가 탄생한 것이다. 당시에 아기 예수 탄생을 묘사하는 작품에는 좀처럼 등장하지 않았던 금빛 후광이 묘사되어 있는 것으로 이를 알 수 있다.

삼위일체 교리에 의하면 예수는 서른 살에 성부로부터 성령을 받게 되는데, 이 작품은 아기 예수가 성령을 받는 장면을 묘사하고 있어 이상하다는 생각이 든다. 그래야만 하는 이유가 있었을 것이다. 해답은 그림의 왼쪽 윗부분에 있다. 회색 수도사 복장을 하고 긴 수염을 기른 노인이 아기 예수의 탄생을 경건한 자세로 경배하는 형상이다. 이 노인은 프랑스 출신의 성 베르나르St. Bernard, 1090~1153로, 이 그림이 그려지기 이전만 해도 아기 예수 탄생 장면에 등장한 적이 거의 없던 성인이다.

전해 내려오는 가톨릭 성인들의 이야기에 의하면, 성 베르나르는 현몽을 통해서 아기 예수의 탄생을 목격했으며, 교회와 정부 사이에 발생했던 다툼을 지혜와 인내로 조정하는 데 많은 기여를 했다고 한다.[8] 그래서 피렌체 정부의 시위원회는 오래전부터 성 베르나르를 시의회의 수호성인으로 모시고 있었다.[9] 코시모와 측근들은 메디치 기도실이 새로 천도한 피렌체 자치정부라는 표식을 아기 예수의 탄생 장면과 같이 그려넣음으로써, 메디치 가문을 종교적으로 축복받으며 탄생한 새로운 왕조로 신성화한 것이다.

● 프라 필리포 리피, 〈아기 예수에 대한 경배〉(1459), 베를린 국립 미술관 소장.
●● 〈아기 예수에 대한 경배〉 부분. 아기 예수가 탄생하는 현몽을 꾸었다는 베르나르 성인의 형상이 그려져 있다.

코시모와 측근들은 이 그림을 통해 피렌체 시의회의 수호성인인 베르나르를 메디치 저택의 기도실 모심으로써, 이제부터 정치의 중심지가 과거의 시청사였던 베키오 궁전에서 새로운 메디치 저택으로 옮겨졌다는 사실을 알리려 했던 것이다. 화가는 능숙한 붓질로 주문자의 이러한 정치적 선언을 그림으로 표현한 것이다.

건강이 악화되던 코시모에게 남은 과제는 자신의 지지자들에게 후계자를 공표하는 것이었다. 메디치 왕조 탄생을 바라는 코시모의 이러한 소망은 메디치 기도실 벽면을 장식한 〈동방박사 행렬〉에 그대로 드러나 있다. 코시모의 마지막 야망을 이 작품을 통해서 들여다보기로 하자.

치밀하게 계획된 메디치 왕조 탄생

메디치가 저택의 기도실 입구에 들어서면 정면에는 〈아기 예수에 대한 경배〉가 있고, 나머지 세 벽면은 화가 베노초 고촐리가 그린 〈동방박사 행렬〉로 장식되어 있다.

기도실의 서쪽 벽면에는 가장 나이가 많은 동방박사로서 당시 비잔틴제국의 총대주교인 요셉 2세Joseph II, 재임 1416~1439가 노새를 탄 모습으로 묘사되어 있다(당시에 나이가 많은 귀족이나 고위 성직자 들은 겸손의 표시로 말 대신에 노새를 타고 다녔다고 한다). 그리고 남쪽 벽면에는 비잔틴제국의 황제인 요하네스 8세Johannes VIII Paleologus, 1392~1448를 성숙한 동방박사 중 한 명으로 묘사해놓았다. 마지막 동쪽 벽면에는 흰색 말을 탄 젊은 귀족이 동방박사가 되어 행렬을 지휘하는 장면이 그려져 있다. 화가는 등장 인물들을 실물과 똑같이 묘사했고, 행렬 장면의 배경도 베들레헴이 아니라 피렌체이다. 그래서인지, 동서 가톨릭교회의 통합을 위해 열린 피렌체 공의회(1438)의 한 장면을 보는 것 같다.

그런데 세 명의 동방박사 중에서 가장 젊은 인물을 코시모의 손자 로렌초 데 메디치Lorenzo de' Medici, 1449~1492로 묘사해놓은 것을 주목해볼 필요가 있다. 이 그림이 그려질 당시 메디치 가문의 수장이었던 코시모는 일흔의 고령이었고, 설상가상으로 어릴 때부터 후계자 수업을 받던 둘째 아들도 아버지보다 일찍 세상을 떠났다.[10] 게다가 유일하게 생존해 있던 첫째 아들 피에로마저 통풍으로 고생하고 있었다. 이러한 불운으로, 코시모는 차기 후계자로 나이 어린 손자 로렌초를 지목했다. 그리고 메디치 왕조를 탄생시키는 데 앞장선 후원자들에게 가문의 후계자에 대한 지원을 부탁했다.

이 젊은 박사가 있는 그림을 자세히 보면, 행렬의 수행원들 중에 코시모의 친위 쿠데타에 앞장섰던 루카 피티Luca Pitti와 사세티Francesco Sassetti(후에 메디치 은행의 총지배인이 된다)의 모습이 있다. 또 쿠데타 과정에서 군사적 지원을 해준 밀라노 총독의 아들(갈레아초 마리아 스포르차Galeazzo Maria Sforza)을 그려넣음으로써, 밀라노 총독에 대한 고마움도 잊지 않았다. 이들이 메디치 왕조가 탄생하는 데 결정적으로 기여한 일등공신들이다. 이렇게 코시모는 메디치 정권에 우호적이었던 일등공신들에게 메디치 왕조의 후계자를 지원해달라는 간곡한 부탁을 이 작품에 남겨놓았던 것이다.

마지막으로 그림을 자세히 들여다보면, 코시모의 손자 로렌초는 월계수 가지로 장식된 모자를 쓰고 있다. 월계수는 고대 로마제국 시대

● 메디치 기도실에 장식된 베노초 고촐리의 〈동방박사 행렬〉(서쪽 벽면, 1460년경). 왼쪽에 하얀 노새를 탄 노인이 비잔틴제국의 총대주교 요셉 2세이다.

●● 〈동방박사 행렬〉(남쪽 벽면, 1460년경). 오른쪽에 비잔틴제국의 황제 요하네스 8세가 하얀 말을 타고 있다.

● 〈동방박사 행렬〉(동쪽 벽면, 1460년경). 하얀 말을 타고 월계수로 장식된 모자를 쓴 동방박사로 묘사된 이가 코시모의 손자 로렌초 데 메디치이다.

부터 승리한 자에게 주어지는 영예였다. 율리우스 카이사르의 양아들인 옥타비아누스가 클레오파트라와 안토니우스 연합군과의 전쟁에서 승리한 후에, 원로원으로부터 '로마의 제1인자'(황제라는 의미이다)라는 칭호와 월계수를 받았다고 한다.

이때부터 옥타비아누스는 아우구스투스로 불리게 되고, 로마제국 시대부터 승리자에게 주어지는 상징물이었던 월계수 가지는 아우구스투스 황제를 의미하는 상징물로 인식되기 시작한다.[11] 코시모와 측근들도 월계수로 만든 관(冠)이 세습이 인정되는 황제를 뜻한다는 것을 잘 알고 있었다.

이제 코시모가 기도실을 방문하는 외국의 귀한 손님과 정치가 들에게 전달하려는 메시지의 윤곽이 드러났다. 코시모는 메디치 기도실을 피렌체 시의회의 수호성인이었던 성 베르나르를 모시는 기도실로 삼음으로써, 이 기도실을 피렌체 정부의 새로운 청사로 재탄생시켰다. 이어 메디치 왕조를 탄생시킨 일등공신들이 로렌초를 그의 후계자로 인정했다는 일종의 '인증사진'인 〈동방박사 행렬〉을 기도실 벽면에 걸어놓은 것이다.

여기서 중요한 점은 아기 예수의 탄생 장면과 함께 자신의 야망을 그려냄으로써, 종교적 신성함을 잃지 않으려고 끝까지 노력했다는 것이다. 아직 고대 그리스 신화나 로마 영웅들에 대한 이야기로 메디치 왕조를 치장할 만큼 코시모와 측근 정치가들은 종교를 멀리하지 않았다.

● 〈동방박사 행렬〉(동쪽 벽) 부분(위)과 〈동방박사 행렬〉(서쪽 벽) 부분(아래). 1 코시모 데 메디치, 2 코시모의 아들 피에로, 3 코시모의 손자 로렌초, 4 밀라노 총독의 아들 갈레아초 마리아 스포르차, 5 베노초 고촐리, 6 메디치 은행의 총 책임자 프란체스코 사세티, 7 친위 쿠데타에 앞장 섰던 루카 피티.

● 〈동방박사 행렬〉(동쪽 벽) 부분. 월계수로 장식된 모자를 쓴 로렌초 데 메디치.

코시모, 메디치 왕조를 지탱해줄 새로운 사상을 원하다

코시모는 의사가 되려고 했던 마르실리오 피치노Marsilio Ficino, 1433~1499에게 카레지에 있는 자신의 별장Villa Medici di' Careggi까지 내주며 고대 그리스 철학자인 플라톤의 학문을 연구하도록 한다. 이때가 1459년으로 코시모가 정치적 야망을 드러내던 시기와 일치한다. 우연한 일치는 아니다. 코시모는 메디치 왕조를 지탱해줄 새로운 사상을 원했다.[12]

이러한 과정에서 '플라톤 아카데미Academia Platonica'라는 정식 명칭을 가진 인문학 연구 기관이 탄생하고, 마르실리오 피치노가 소장으로 임명되었다. 이 스물여섯의 젊은 청년은 이상으로만 존재했던, 한 번도 시행된 적이 없는 플라톤의 이상 정치를 피렌체에서 실험해보려고 했

● 코시모가 젊은 철학자 마르실리오 피치노에게 플라톤 철학을 연구하도록 내준 카레지 별장의 현재 전경. 플라톤 아카데미라고 불렸다.

다. 이 젊은 학자는 피렌체에 새로운 아테네를 건설하기 위해 소크라 테스가 했던 역할을 자신이 해야 할 일로 생각했다. 얼마 지나지 않아 피렌체의 인문학자들이 하나둘 관심을 두기 시작했다. 앞서 메디치 기 도실 내부를 장식할 종교적 주제를 제안했던 젠틸레 베키도 이 아카데 미의 회원이 되었다.

마르실리오 피치노는 가장 먼저 부유한 피렌체 상인들이 갖추어야 될 리더십에 대해 가르쳤다. 그리고 가톨릭 교리에 플라톤 철학을 접 목시키기 위해 '플라톤 철학'이 아닌 『플라톤 신학』이란 책을 저술하며 하느님에게 좀더 가까이 다가갈 수 있는 새로운 종교를 구상했다. 마 지막으로 자신이 원하는 학문을 마음껏 연구할 수 있도록 후원해준 코 시모에게, 최고의 선에 이르는 명상적 삶vita contemplativa을 통해 구원

● 산타 마리아 노벨라 수도원 성당 내 토르나부오니(Tornabuoni) 가문의 기도실을 장식하고 있는 작품(1485~1490) 일부. 플라톤 아카데미 회원이었던 학자들의 초상이다. 왼쪽부터 마르실리오 피치노(1433~1499), 크리스토포로 란디노(1428~1498), 안젤로 폴리치아노(1454~1494), 젠틸레 베키(1425/30~1497).

받을 수 있는 방법을 알려주고자 했다.[13]

그래서 플라톤 아카데미가 있는 카레지 별장에서 죽음을 앞둔 코시모는 마르실리오 피치노를 기다리면서, "당신이 번역하고 있는『지고至高의 선善, De summo bono』이라는 책을 가져 오시오!"라는 말을 남긴 것이다.[14] 결국 코시모는 일흔다섯의 나이로 생을 마감했다. 이때 가문을 이어갈 로렌초의 나이는 겨우 열다섯 살이었다.

완성된 르네상스 창조의 공간

코시모는 메디치 가문의 권력 세습을 뒷받침할 수 있는 새로운 사상이 필요했다. 메디치 가문의 수중에 들어간 르네상스 창조의 공간에서는 신에게 대항하거나 반대하는 것이 아니라, 종교를 심각하게 생각하지 않는 낯선 사람들이 활동하기 시작한다. 이들이 바로 플라톤의 정치적 이상(철학자들이 정치의 전면에 나서는 철인哲人정치)을 피렌체에서 실험하려고 했던 르네상스 인문학자들이다. 이제 르네상스 창조의 공간은 피렌체 시민들이 단순히 세속적 욕망을 추구하던 장소를 넘어, 인문학자들이 그리스의 철학적 지식을 활용하여 새로운 정치를 펼치는 공간으로 변모되기 시작한다. 이제 정치가로 변신한 인문학자들에 의해 르네상스 창조의 공간에는 고대 문화가 부활하는 모습이 하나둘씩 나타나기 시작한다. 한때 이교도처럼 여기던 그리스 신들의 모습과 로마제국 영웅들에 대한 이야기가 예술작품의 대표적인 주제로 등장하게 된다.

이러한 변화는 한 손에는 성경책을 들고, 다른 한 손에는 인문학 책을 들고 있던 교황 피우스 2세Pius II, 재임 1458~1464가 눈감아주었기 때문에 가능했다.

유언을 통해 본 코시모의 가치관
―'위대한' 로렌초를 탄생시킨 코시모 데 메디치

1464년 7월 26일 코시모의 죽음이 임박해 있었다. 코시모는 죽음을 앞두고 오히려 차분했다. 어째서 그렇게 오랜 시간 동안 침묵하고 있었는지 물었을 때 그는 다음과 같이 대답했다. "우리가 별장(플라톤 아카데미가 있던 카레지 별장―인용자)을 방문할 때 출발을 준비하는 데 15일이 걸리지요. 당신은 이해하지 못하겠소? 다음 생을 향해서 현생을 떠나는 내게 생각할 시간이 많이 필요하다는 것을?"

그리고 다음은 코시모의 곁을 지키고 있던 아들 피에로가 카파지올로 Cafaggiolo에 머물던 로렌초와 줄리아노에게 보낸 편지 내용의 일부이다.[15] 당대 최고의 권력자이자 서유럽에서 가장 부유했던 코시모 데 메디치의 또다른 면모를 볼 수 있는 자료이다. 할아버지 코시모는 손자들에게 '형제들의 화합' 과 '교육'의 가치를 강조했다. 아버지 곁을 지키던 아들 피에로의 편지는 이렇게 시작한다.

할아버지는 당신의 과거의 삶을 모두 자세히 이야기하기 시작했다. 도시의 정부에 대해 이야기했고, 상업에 대해 이야기했으며, 마지막으로는 우리 가문의 재산 관리 문제에 대해 이야기했지. 그리고 너희 둘이 관련된 문제를 말이다. 너희가 지혜롭기에 안심한다고 했고, 너희를 잘 교육하라고 부탁하셨다. 너희가 장차 내게 도움이 되도록 말이다. 할아버지는 두 가지에 대해 슬퍼했다. 첫째로 자신이 바라는 만큼, 또는 할 수 있었던 만큼 일을 이루지 못했다는 점이었다. 둘째는 이렇게 건강이 안 좋은 나를 사업이 곤란한 상황에 두고 떠나는 점이었다. 그러고는 유서를 남기지 않겠다고 말씀하셨다. 당신의 할아버지 조반니가 살아 있을 적에 남기지 않았기 때문이며, 우리가 이렇게 항상 사랑과 친목과 존경으로 서로 화합하는 것을 보았기 때문이지.

코시모는 산 로렌초 성당에 허식이나 겉치레 없이 묻히고 싶다고 말하고, "주님이 허락하실 때 떠날 준비"를 했다. 그리고 산 로렌초 성당의 부주교에게 고해성사를 했다. 피에로는 아버지 코시모가 죽음을 앞에 두고 의연한 모습을 보이는 것에 감동했다.

참회를 하고, 참석한 모든 사람에게 용서를 빌며 성찬을 더할 나위 없이 충실히 받으셨다. 이 모든 것이 내 안에서 전지전능한 신에 대한 용기와 희망을 일깨워주었다. 비록 나의 육신은 슬픔을 느끼고 있었지만, 그의 영혼이 얼마나 위대하며 그가 얼마나 처신을 잘하는지를 보게 되니 그의 마지막이 이렇게 된 게 다행이라고 느낄 정도였다. 어제는 할아버지의 상태가 좋았다. 밤 동안에도 괜찮았다. 하지만 할아버지의 고령을 생각해볼 때, 나는 그가 회복할지에 대해서는 큰 희망을 갖지 않는다.

마지막으로 아버지의 죽음을 지켜보면서, 두 아들에게 '성숙한 행동'과 '명예'를 중시하라고 당부했다. 또한 경건한 신앙심을 가질 것을 당부했다.

주님에게, 만일 그것이 최선이라면, 할아버지를 우리 곁에 조금 더 머물게 해달라고 기도드려라. 그리고 어린 너희는, 본보기를 따르고, 또한 주님이 정하신 대로 너희 몫의 책임과 노고를 맡거라. 소년이지만, 청년이 되도록 마음을 먹어라. 네가 처한 상황과 오늘의 사례가 너희 젊은이들에게 이것을 요구한단다. 그 무엇보다 너의 명예에 더해질 수 있는 모든 사항에 대해 주의하거라! 그리고 너희 서로에게 도움이 되거라. 이제 너희가 서로 의지해야 될 때가 왔기 때문이다. 주님을 두려워하며 살아라. 그리고 모든 일이 잘될 것이라고 믿어라.

코시모는 눈을 감으면서, 가족들에게 공연한 허식 없이 한 시민으로서 묻히고 싶다는 뜻을 밝혔다. 하지만 그의 동료 시민들은 진정한 지도자의 죽음을 특별한 방식으로 기리고자 했다. 피렌체 정부는 특별법을 통과시켜, 코시모에게 국부Pater Patriae라는 칭호를 주고자 했다. 피렌체 시민들은 환호하며 그 법을 채택했고, 그리하여 코시모는 항상 '코시모 파테르 파트리아에Cosimo Pater Patriae'라는 이름으로 불린다.[16]

피렌체를 150년이 넘게 장악해온 부유한 상인들의 세력을 꺾고, 시민들의 지지를 기반으로 피렌체의 실질적인 주인이 된 코시모는 일흔다섯의 나이로 숨을 거두었다. 당시 기준으로 보면 장수한 셈이다. 코시모는 평범한 시민으로 죽음을 맞이하고 싶어했다. 하지만 피렌체 시민들은 코시모에게 '국부'라는 칭호까지 주었다.

피렌체에 새로운 시민정치를 구현하고자 했던 코시모가 시민 공동체를 중시하는 가치관을 소중하게 여겨 무덤까지 가지고 가려 했던 것일까? 아니면 죽음을 앞에 두고서도 시민들의 편에 선 것처럼 보여주어, 후손들의 권력을 강화하는 데 대한 시민들의 반감을 미연에 방지하고자 했던 것일까? 필자가 이런 의문을 던지는 이유는, 마키아벨리의 "메디치 가문 사람들은 한 몸에 항상 두 개의 머리가 들어 있어서, 하나로 합치기가 어렵다"라는 말이 문득 떠올랐기 때문이다.

로렌초 데 메디치,
신비주의로 채색된 피렌체의
'새로운 시대'를 열다

R e n a i s s a n c e

메디치 가문의 카스텔로 별장,
산드로 보티첼리의 〈봄〉

로렌초 데 메디치
Lorenzo di Piero de' Medici, 1449~1492

메디치 가문을 유럽의 명문가 반열에 올려놓은 코시모의 손자로, 아버지 피에로가 가문의 고질병인 통풍으로 집권한 지 5년 만에 사망하자 약관의 나이에 메디치 가문의 수장이 된다. 구릿빛 얼굴에 키가 크고 어깨도 넓었으며, 강인하고 호전적인 성격이었던 것으로 전해진다. 어려서부터 피렌체 대학에서 라틴어와 그리스어를, 그리고 당대 최고의 학자들(특히 플라톤 아카데미의 피치노와 젠틸레 베키 등)로부터 철학과 인문학을 배워 지도자에게 필요한 학문적 자질을 두루 갖추었다고 한다. 또한 어머니에게 문학을 배워 사랑하던 여인(미의 여왕으로 뽑힌 시모네타)에게 시를 지어 헌정할 정도로 감수성이 풍부한 인물이기도 했다. 강인한 성품과 풍부한 감수성이라는 잘 어울리지 않는 두 성향이 공존하다보니, 로렌초의 몸과 머리는 항상 따로였다. 로렌초는 로마 귀족가문 출신(오르시니 가문)의 딸과 정략적으로 결혼했다. 부인을 사랑했다기보다는 존경했다. 로렌초의 주변에는 여자들이 많았지만, 다른 귀족들이 그랬던 것처럼 사생아를 낳는 등의 문란한 생활을 하지는 않았다.

산드로 보티첼리
Sandro Botticelli, 1445?~1510

피렌체 피혁업자의 넷째 아들로 원래 이름은 알레산드로 디 마리아노 필리페피Alessandro di Mariano Filipepi이다. 그의 부모는 어려서부터 공부를 워낙 싫어했던 아들을 보티첼리라는 금세공사에게 맡겼다. 그래서 자연스럽게 보티첼리라는 이름으로 불리게 되었다고 한다. 보티첼리는 메디치 기도실에 〈아기 예수에 대한 경배〉를 그린 프라 필리포 리피의 제자가 된다. 그리고 로렌초와 친분이 있던 수도사의 소개로, 메디치 가문으로부터 그리스 신화와 관련된 주제를 나체로 묘사하는 작품을 주로 주문받았다. 그래서 바사리는 "보티첼리는 벌거벗은 여자를 많이 그렸고, 정신과 삶이 무질서했다"라고 비난했다. 보티첼리는 피렌체 르네상스 전성기에 최고의 자리에 올랐으나 미켈란젤로에게 그 자리를 내어주고 우울증에 빠져 생을 마감한다.

코시모의 뒤를 이어 메디치 가문의 수장이 된 피에로는 마상 창 대회를 개최하여 자신의 후계자가 될 장남 로렌초를 피렌체 사회에 서둘러 소개했다. 자신이 가문의 고질병인 통풍으로 오래 살지 못할 것으로 생각했기 때문이다. 각본대로 로렌초가 이 대회에서 우승을 했다. 이 때가 1469년 2월로 스무 살의 젊은 로렌초는 3000명이 넘는 시민들이 지켜보는 가운데 피렌체 사회에 성공적으로 데뷔했다. 로렌초는 이 대회에 '새로운 시대는 곧 돌아온다!Le Temps Revient'는 문구를 새겨넣은 갑옷을 입고 등장했다.[1]

마상 창 대회가 끝나고 10개월 후 아버지 피에로가 사망하자, 약관의 젊은 로렌초가 메디치 가문의 수장이 된다. 또한 로렌초는 메디치 가문을 지지하던 정치적 측근들의 요청에 따라 피렌체 정부의 막후 실력자 자리에 오르게 된다. 이러한 결정은 아버지 피에로가 사망한 지

이틀 만에 모두 이루어졌다.[2]

하지만 로렌초에게 곧바로 시련이 닥쳤다. 당시 피렌체 법에 의하면, 피렌체 정부의 수장gonfaloniere이 되기 위해서는 45세가 넘어야 했다. 로렌초는 야망을 누르고 잠시 뒤로 물러나 있어야 했다.[3] 정치의 전면에 나설 수 없었던 로렌초를 대신한 사람들은 할아버지 코시모가 설립한 플라톤 아카데미의 인문학자들이었다.

인문학자들은 로렌초가 마상 창 대회에 등장하면서 입었던 갑옷에 새겨진 '새로운 시대는 곧 돌아온다!'는 문구가 의미하는 바를 누구보다도 잘 알고 있었다. 그들이 꿈꾸고 있는 이상이었기 때문이다. 이들은 고대 로마제국 시대의 문학작품과 그리스의 플라톤 사상에서 새로운 시대의 모델을 찾았다. 과거 로마제국의 시민들이 당시의 르네상스 시민들보다 행복했고, 당시의 기독교 교리가 인간을 도덕적으로 짓누르고 있다고 생각했다. 이제 막 정치의 장에 진출한 인문학자들은 새로운 시대를 열기 위해 혁신적인 정치적 이상을 실현하는 동시에 새로운 구원 사상을 설파하려 했다.

이들은 새로운 시대의 모습을 고대 로마제국의『로마의 축제들Fasti』에 묘사된 '오월제'에서 찾았다. 인문학자들에 의해 오월제는 로렌초가 펼쳐갈 새로운 시대의 모습을 보여주는 상징이 되었다.

새로운 시대를 염원하는 명작의 탄생

새로운 시대를 열기 위해 인문학자들은 새로운 교리를 원했다. 이들은 먼저 아담과 하와가 하느님같이 되기 위해서 선악과를 따먹고 에덴 동산에서 쫓겨난 죄인이고, 인간을 그 죄인의 후예로 보는 '자만의 죄'라는 교리부터 문제삼는다. 인문학자들은 인간도 '하느님처럼 될 수 있는 존재'로 생각하는 새로운 교리(헤르메스주의Hermeticism)에 귀를 기울이기 시작했다. 그런 교리에 심취한 인문학자들은 성직자의 역할을 대신 맡았고 예술작품의 주제도 이들이 결정할 수 있게 됐다. 이 과정에서 고대 로마제국의 문화와 이교도로 여겨지던 그리스 신들이 예술작품의 주제로 선정된다. 르네상스 예술작품에 새로운 주제가 등장하는 전환점이다.

고대 로마제국의 인문학적 지식과 그리스 시대의 철학 사상으로 무장한 인문학자들은 로렌초의 후원으로 새롭게 지어진 카스텔로 별장Villa di Castello에서 정기적인 모임을 가졌다. 이들은 보티첼리에게 별장의 벽면을 자신들의 새로운 시대를 표현한 아름다운 그림으로 장식해줄 것을 의뢰했다. 〈봄〉 또는 이탈리아어로 〈프리마베라Primavera〉라고 알

● 1477년에 로렌초 데 메디치가 신축한 카스텔로 별장의 현재 전경. 산드로 보티첼리의 걸작 〈봄〉은 애초에 이 별장을 장식하려는 목적으로 그려진 것이다.

● 산드로 보티첼리, 〈봄〉(1482?), 피렌체 우피치 미술관 소장.

려진 작품은 이렇게 탄생된다.

이 작품은 크기가 가로 3미터, 세로 2미터가 넘을 정도로 거대한데, 더 놀라운 것은 캔버스에 그려진 식물만 해도 500종류가 넘고, 190여 종류의 꽃들 하나하나가 정교하게 묘사되어 있다는 점이다. 이 그림에는 이전까지 예술작품의 주제로 등장하지 않았던 비너스, 사랑의 신 큐피드, 꽃의 여신 플로라 등 아홉 명의 고대 그리스 신이 묘사되어 있다. 완벽한 비율로 묘사된 신들의 모습과 섬세한 표정이 감상자들에게 주는 기쁨은 다른 어떤 작품과도 비교할 수 없을 정도이다.[4]

이 작품은 원래 로마제국의 시인 오비디우스Publius Ovidius Naso, B.C. 43~A.D. 17가 저술한 『로마의 축제들』이란 작품에서 묘사된 오월제 장면을 화폭에 옮겨놓은 것이다.[5] 하지만 화가 보티첼리가 이 원작에 등장하지 않는 월계수 가지와 헤르메스 신을 그려넣은 것에 주목해야 한다. 이 그림은 단순히 오월제를 묘사한 것만은 아니다. 보티첼리는 고대 로마 문학과 동방의 신비주의에 빠진 인문학자들이 실현하려 했던 피렌체의 '새로운 시대'라는 주제를 이 그림 속에 숨겨놓았다.

오비디우스의 오월제가 화폭에 담기다

이 그림에 고대 그리스 신들이 등장하게 된 배경을 이해하기 위해서는, 먼저 『로마의 축제들』이라는 작품에서 오월제 장면이 어떻게 묘사되었는지 살펴보는 것이 좋을 듯하다. 오비디우스가 쓴 시는 서풍의 신 제피로스가 등장하는 장면부터 시작한다.

〈봄〉의 오른쪽 부분에는 오비디우스가 "입에 봄바람을 가득 물어 볼이 볼록"하다고 묘사한 서풍의 신 제피로스의 모습이 있다. 이탈리아가 위치한 지중해에서는 서풍이 불면 봄이 오기 시작하기 때문에 서풍의 신 제피로스의 등장은 추운 겨울이 가고 따스한 봄이 오고 있음을 알리는 것이다. 피렌체에 어두운 시대가 가고 '새로운 시대'가 다가오고 있음을 나타내려는 상징적인 표현이기도 하다.

이 시를 좀더 읽어가다보면, 서풍의 신 제피로스가 요정 클로리스를

● (왼쪽) 〈봄〉 부분. 세 개의 일련의 이야기를 담고 있다. 1)서풍의 신 제피로스가 요정 클로리스와 강제로 결혼하고(오른쪽), 2)제피로스는 아내 클로리스에게 결혼 선물로 꽃의 정원을 주며(가운데), 3)꽃의 정원을 받은 요정 클로리스가 꽃의 여신 플로라로 변신한다(왼쪽).
●● (오른쪽) 〈봄〉 부분. 봄이 오자, 계절을 관장하는 신들인 호라이가 등장한다. 호라이는 르네상스 시대에 들어서면서 삼미신(三美神)으로 해석되기도 한다.

쫓아가 강제로 결혼하게 된다는 내용이 이어진다. 그래서 이 작품의 오른쪽에는 제피로스가 입에 서풍을 가득 물고 있고, 요정 클로리스는 깜짝 놀라 도망치는 장면이 그려진 것이다. 남편 제피로스는 강제로 결혼하게 된 것을 사과하려고 아내 클로리스에게 꽃의 정원을 결혼 선물로 준다. 그러자 요정 클로리스가 꽃의 여신 플로라로 변신한다. 그래서 화려한 꽃무늬로 장식된 옷을 입고 기뻐하는 여신 플로라가 바로 옆에 묘사된 것이다.

시에서는 나뭇잎들이 데워지는 봄이 오자, 계절을 관장하는 세 명의 여신 호라이가 등장하는 장면이 이어진다. 보티첼리는 이 구절을 자신의 그림에 춤을 추는 세 여신(삼미신三美神)으로 묘사했다.[6] 이런 식으로 오월제를 노래한 시의 내용을 화폭에 그대로 옮겨놓았던 것이다.

또한 화가는 추운 겨울이 가고 찾아온 따뜻한 봄을 축하하는 오월제가 열리는 광장을 지상에서 가장 진귀하고 아름다운 온갖 꽃들로 장식해놓았다. 아름다운 꽃들로 가득찬 이 광장은 피렌체에 '새로운 시대'가 열릴 것을 암시하는 장면이다. 피렌체는 꽃의 도시Città del Fiore이기 때문이다.

계속하여 시는 풍요의 여신이자 5월의 신으로, 오월제 연극의 주인공인 비너스가 등장하는 구절로 이어진다. 로마 시대 최초의 황제였던 아우구스투스의 후원을 받았던 작가 오비디우스는 이 대목에서 비너스와 자신의 군주를 연결시켜 아우구스투스를 중심으로 펼쳐지는 로마제국의 '새로운 시대'의 완성을 기원한다. 오비디우스의 작품에서 풍요의 여신 비너스를 아우구스투스 황제와 연결시키는 대목만 간략히 옮겨본다.

지금 우리는 그대(아우구스투스 황제—인용자)가 각별히 존경받는 네번째 달(4월—인용자)에 도착했습니다. 아시다시피 비너스여, 시인(오비디우스—인용자)도 달(4월—인용자)도 그대의 것입니다. 여신은 감동하여 도금양으로 가볍게 그의 관자놀이를 건드리며 말했습니다. 그대가 시작한 일을 완성하도록 하시오. 그는 그것을 느꼈고, 그러자 갑자기 날들의 기원이 밝혀지는 것이었습니다.[7]

오비디우스는 봄을 주관하는 여신 비너스를 등장시켜 아우구스투스에게 새로운 과업을 완성할 신비한 힘을 준다(당시에는 율리우스력을 사용했기 때문에, 당시의 4월은 지금의 5월에 해당한다). 여기에 등장하는 열매는 비너스가 가장 좋아하는 도금양이다. 오비디우스는 이 열매를 통해 비너스가 아우구스투스에게 신비한 힘을 주는 장면을 그려내고 있다. 그런 이유로 화가 보티첼리는 화려한 꽃으로 장식한 봄의 정원에 비너스가 가장 좋아하는 도금양을 뜻하는 노란색 열매를 가득 그려넣었다. 비너스가 아우구스투스에게 신비한 힘을 주는 오월제의 주인공이기 때문이다.

〈봄〉에서 오른쪽 끝의 회색빛을 띤 을씨년스러운 배경은 어두운 과거를 상징하고, 화려하고 밝은 꽃으로 단장된 봄의 정원은 피렌체에서 펼쳐질 '새로운 시대'를 의미한다. 또한 인문학자들은 비너스 뒤에 묘사된 월계수 가지를 통해 새로운 시대의 지도자로서 로렌초를 부각하는 것을 잊지 않았다.

● 〈봄〉 부분. 작품 정중앙에 위치한 5월의 여신 비너스 좌우로는 비너스가 가장 좋아하는 노란색 열매인 도금양이. 뒤로는 로렌초를 상징하는 월계수 가지가 무성하게 그려져 있다.

〈봄〉에 숨겨진 '새로운 시대'의 주인공 로렌초

이제 비너스 뒤에 그려진 월계수 가지가 지니는 의미를 살펴보자. 로마제국 시대부터 월계수 가지는 새로운 시대(황금시대)를 준비하던 아우구스투스 황제를 상징해왔다. 그것이 이어져 로렌초가 피렌체를 지배하던 시기에는 월계수가 로렌초를 상징하는 사물이 된다. 당대 최고의 시인이었던 폴리치아노Angelo Poliziano, 1454~1494는 자신의 시에서 "로렌초, 부유하게 태어난 월계수, 그 아래 쉼터에서 행복한 피렌체가 평화 속에 쉴 수 있도록……"이라는 표현으로 로렌초를 찬양하고 있다.[8]

폴리치아노는 이렇게 월계수 가지를 피렌체의 새로운 지도자가 된 로렌초를 드러내는 상징물로 활용했고, 이런 과정을 거쳐 로렌초는 자연스럽게 로마제국의 황금시대를 연 아우구스투스 황제에 비유되었다. 피렌체가 앞으로 맞이하게 될 '새로운 시대'의 주인공으로 로렌초를 부각하고 있는 것이다. 한마디로 '로렌초, 당신밖에 없습니다'라는 의미이다. 이렇게 해서 오월제를 묘사한 고대 로마 시대의 문학작품이나, 당시 피렌체에서 열리던 오월제 때에도 등장한 적이 없던 월계수가 〈봄〉이라는 그림의 한 가운데에 자리잡게 된다.

그러나 나이 어린 로렌초의 위상을 높이기 위해서는 작업이 더 필요했고, 인문학자들은 더 많은 노력을 기울여야 했다. 그들은 진심으로 오월제가 열리는 정원(피렌체)에 신의 축복이 내리기를 기원했다.[9] 하지만 그들이 기대하고 있던 신은 이집트에서 출현한 예언자에 의해 탄생이 예견된 새로운 신이었다. 인문학자들은 〈봄〉의 제일 왼편에서 금

● 〈봄〉 부분. 하느님의 아들이 이 세상에 태어날 것을 예언했던 헤르메스 트리스메기스투스의 형상이
다. 당시 피렌체에 유행하던 신비주의를 나타내는 대표적인 상징이다.

방이라도 비가 내릴 것만 같은 어두운 하늘을 지팡이로 휘젓고 있는 예언자 헤르메스를 통해, 새로운 신의 등장을 표현하고 있다. 새로운 신의 축복을 받는 피렌체의 새로운 시대를 학문적으로 뒷받침하는 일은 플라톤 아카데미의 책임자였던 마르실리오 피치노가 맡았다.[10]

〈봄〉에 숨겨진 '새로운 시대'의 신앙

비잔틴제국에서 비밀리에 전해 내려오던 『헤르메스 전서Corpus Hermeticum』(로마가톨릭교회는 금서로 지정했다)를 어렵게 손에 넣게 된 마르실리오 피치노는 이 책을 라틴어로 번역하기 시작했다(1463년에 마침). 피치노는 헤르메스 트리스메기스투스Hermes Trismegistus라는 주인공에 푹 빠져들었다. 그리고 이 주인공을 새로운 시대에 필요한 새로운 교리를 가져다줄 예언자로 굳게 믿게 되었다.[11] 모세가 그리스도의 탄생을 예언했던 것처럼 이집트와 그리스에서는 헤르메스 트리스메기스투스가 그리스도의 탄생을 예언했다. 모세와 같은 시기에 헤르메스 트리스메기스투스라는 예언자가 있었던 것이다. 하지만 이 두 예언자가 탄생을 예언한 그리스도, 즉 인간의 몸으로 태어난 신이 구원할 인간의 모습과 운명은 서로 달랐다.

로마가톨릭교회는 인간을 하느님이 되려는 욕심에서 선악과를 따먹은 죄인으로 여겼다. 결국 아담과 하와는 낙원인 에덴동산에서 쫓겨났다. 하느님처럼 되려 했던 인간은 영원히 '자만의 죄'를 지은 죄인이었다.

하지만 이집트의 예언자 헤르메스 트리스메기스투스는 인간도 하느님이 우주를 창조한 원리를 잠깐 들여다볼 수가 있다고 믿었다. 신은 자신과 닮은꼴로 인간을 창조하였기 때문에, 인간을 항상 신에 가까이 다가갈 수 있는 존재로 여겼다. 특히 인간은 쾌락적인 삶에서 빠져나와 명상하는 삶을 통해서 하느님에게 가까이 다가갈 수 있다고 믿었다. 인간이 하느님처럼 되려고 노력하는 것은 죄가 아니었다. 이로써 피렌체의 '새로운 시대'에 걸맞는 새로운 구원관이 피렌체에서 탄생하게 된다. 물론 새로은 구원 사상을 찾는 일은 인문학자 피치노가 맡았다.

자연과학이나 의학의 발달이 오늘날의 수준에 미치지 못했던 당시에 죽음, 내세, 영혼과 같은 문제는 사람들에게 매우 중요했다. 사람들은 플라톤 아카데미 인문학자들의 입을 통해서 전달되는 신비주의에 매료되었다. 그리고 이들의 생각은 이탈리아 전역으로 확산되기 시작한다. 아마도 당시 사람들은 자연과학으로 해결할 수 없었던 문제를 새로운 구원관의 발견으로써 해결할 수 있으리라고 믿었던 것 같다. 이러한 과

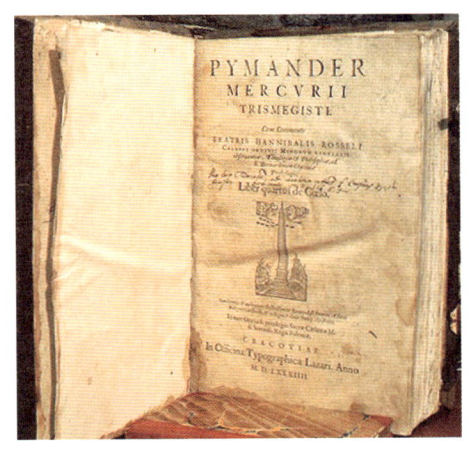

● 1463년에 마르실리오 피치노가 번역한 『헤르메스 전서』의 첫 페이지.

정에서 피치노의 신비주의는 '헤르메스주의'라는 이름까지 얻고, 일부 교회들은 헤르메스 트리스메기스투스의 형상을 건물에 새겨 넣을 정도로 이 예언자를 숭배하게 되었다.[12](220쪽 참조)

신비주의에 빠진 인문학자들은 자신들의 새로운 모임 장소가 된 카스텔로 별장을 장식할 〈봄〉이라는 작품을 기획하면서, 헤르메스의 형상을 그림 속에 넣는 결정을 하기에 이른다. 그들은 로렌초의 앞길에 놓인 어려운 문제들을 최고의 신과 소통이 가능하다고 믿었던 헤르메스 트리스메기스투스가 지팡이로 해결해주기를 기원했던 것이다.

● 시에나 대성당 바닥에 새겨진 헤르메스 트리스메기스투스의 형상. 일부 성당은 성당 안에 형상을 새겨넣을 정도로 동방의 예언자 헤르메스를 숭배했다.

이렇게 인문학자들은 새로운 신의 축복을 받은 로렌초가 펼쳐갈 새로운 시대를 피렌체의 이상향으로 삼았다. 이러한 연유로 오비디우스가 오월제를 묘사한 문학작품에 나오지 않았던 이집트의 예언자 헤르메스가 등장한 것이다.

한편 나이 어린 로렌초를 대신해서 정치 전면에 등장한 인문학자들은 현재가 나아가야 할 방향을 과거, 곧 고대의 황금시대에서 찾으려 했다. 이들은 피렌체에서 펼쳐질 새로운 시대의 세속적인 모습을 과거 고대 로마 시대의 문학작품에서 찾았다. 그리고 새로운 시대에 걸맞는 교리를, 플라톤이 활동하기 이전부터 그리스와 이집트에서 전해 내려오던 예언서에서 찾았다. 인문학자들은 새로운 종교의 타당성을 뒷받침하기 위해, 4대 복음서가 쓰인 시점보다 더 과거로 돌아가려고 했다.

하지만 피렌체 시민들이 모두 볼 수 있는 장소에 이교도의 신으로 여겨지는 그리스 신들이 등장하기에는, 당시 로마 교황청은 여전히 건재했다. 하지만 새로운 사상이란 포도주 맛을 본 뒤 한껏 자신감을 갖게 된 로렌초와 고집스러운 교황 식스투스 4세가 대립하면서, 르네상스 창조의 공간에 그리스 신들이 등장하게 된다.

그럼에도 불구하고 이 공간에서는 한동안 산 마르코 수도원의 수도사들과 신비주의에 탐닉하던 인문학자들이 공존할 수 있었다. 왜냐하면 수도사들의 활동 공간인 산 마르코 수도원과 인문학자들의 연구실인 플라톤 아카데미의 주인이 메디치 가문이었기 때문이다.

코시모, 금서를 손에 넣다
― 신비주의의 탄생

『헤르메스 전서』라는 책을 손에 넣은 코시모는 플라톤 아카데미의 소장이었던 피치노에게 번역을 요청했다. 이 책은 헤르메스 트리스메기스투스라는 예언자가 우주 탄생의 원리와 신의 신성한 의지에 대해 기록한 책으로 1300년이 넘는 세월 동안 수도원 깊숙이 숨겨져 있던 금서였다.[13] 이 예언자는 다섯 명의 헤르메스 신(그리스 신화에서는 제우스의 메시지를 전달하는 전령의 신으로 알려져 있다) 중에서 다섯번째 헤르메스이다. 이 헤르메스가 이집트로 건너가 이집트 지혜의 신 토트와 결합하여 새롭게 예언자 헤르메스 트리스메기스투스가 되고, 하느님 아들의 탄생을 예언했다고 전해진다. 하지만 그가 『헤르메스 전서』에서 하느님의 아들과 인간의 관계를 설명하는 대목은 모세의 창세기(모세 5경)와 매우 달랐다. 그래서 기독교인들은 이 책을 수도원 도서관 깊은 곳에 숨겨놓았다.

하지만 이 책을 번역한 피치노의 가슴은 새로운 희망으로 뛰기 시작했다.

흑사병으로 인한 죽음과 홍수와 같은 자연재해의 공포로부터 인간의 생명을 구해낼 수 있는 새로운 불씨를 발견한 것이다. 피치노는 인간이 우주 행성의 기운을 받는다는 믿음으로 피렌체 시민들에게 새로운 희망을 주려고 했다. 또 자신을 후원해준 코시모에게 영혼은 불멸한다는 희망을 줄 수 있었다. 이 희망의 불씨가 피렌체에 신비주의를 꽃피웠다. 당시 피렌체에 만연한 신비주의의 면모를 잠깐 살펴보기로 하자.

우주 탄생의 원리와 신의 의지, 그리고 자연을 만든 인간

모세의 창세기에 의하면, 조물주는 만물을 창조했다. 그러나 선과 악을 구분하는 선악과를 몰래 먹은 아담과 하와는 에덴동산에서 쫓겨나게 된다. '하느님처럼' 되려고 했다는 죄목이었다. 이후 인간은 죄인이 되었다. 그렇지만 예언자 헤르메스 트리스메기스투스에 의하면, 인간이 하느님처럼 되려고 하는 것은 죄가 아니었다.

이 예언자의 창세기를 간략하게 들여다보자. 조물주는 하느님의 아들을 낳았고, 우주를 구성하는 일곱 행성을 창조했다. 그리고 하느님과 닮은 인간을 창조했다. 인간은 하느님이 창조한 우주를 잠깐 들여다보고 그 아름다움에 감탄했다. 인간은 하느님을 졸라, 지상에서 자연을 창조할 권리를 부여받았다. 하느님은 자신을 닮은 인간을 너무 사랑했기 때문이다.

하느님과 닮아 자연을 너무 사랑했던 인간은 암컷과 수컷으로 나뉘어 번성할 수 있었지만, 자연처럼 죽을 수밖에 없는 운명을 지니게 된다. 그리고 인간과 인간이 만든 자연의 사물들은 조물주의 창조물인 일곱 행성의 지배를 받는 존재가 되었다.

그러자 당대 최고의 인문학자들은 별들의 움직임을 관찰하고, 인간의 운명을 점치는 점성술사가 된다. 기독교에서 성직자가 하던 역할을 인문학자들이 대신하게 된 것이다.

죽음을 앞둔 코시모, '지고의 선'으로 영혼 불멸의 희망을 품다

헤르메스는 인간이 자신에게 주어진 신비를 고려해서 이승에서 어떻게 행동해야 하는지에 관해 조언을 한다. "너는 빛이며 생명이다. 인간이 태어난 아버지 신과 같다. 그러므로 네가(인간이―인용자) 빛과 생명으로 빚어진 너 자신을 아는 것을 배우게 된다면, 너는 생명으로 돌아가게 될 것이다." 하지만 지성을 가진 인간만이 자신을 알 수 있다.

피치노는 죽음을 앞둔 코시모에게, 인간의 영혼도 불멸할 수 있다는 희망을 전했다(1464년 1월). 단, 물질적인 삶을 멀리하고 명상적인 삶을 실천할 때 가능하다며 다음과 같은 전제 조건을 달았다.

첫째, 인간은 "자신들에게 주어진 부, 건강, 아름다움, 힘, 그리고 좋다고 말해지는 모든 것들을 올바르게 사용할 줄 아는 지혜를 가져야 된다". 둘째로 "정신을 통해 세상을 명상하고, 일곱 행성의 위계질서와 순서를 보라"고 함으로써 명상하는 삶을 강조했다. 피치노는 인간이 물질적인 삶에만 치중하고, 명상을 통해 행성들이 움직이는 원리를 이해하지 못한 채 단순히 행동만 하며 살게 되면 하느님의 분노를 살 것이라고 생각했다.

예술작품과 우상숭배

예언자 헤르메스 트리스메기스투스는 조상들이 신을 만들어내는 예술을 발명했다고 전한다. "인간들은 사실 영혼을 만들 수는 없기 때문에 천사들의 영혼을 불러낸 다음 이것을 거룩하고 신성한 예식에 따라 자신들의 우상에 불어

넣는다. 따라서 우상들은 선과 악을 행하는 힘을 가지게 되었다." 그리고 인간이 수많은 희생물과, 찬송과 찬미의 노래와, 천상의 조화를 상기시키는 달콤한 연주로 이들을 기쁘게 해 주려고 노력한다면, 우상 속에 깃들어 있는 천상의 요소들이 기꺼이 오랫동안 인간들 가운데 머물러 있을 것이라고 믿었다.

피치노는 이 예언자의 "예술로도 신을 만들 수 있다"는 예언에 착안하여, "만약 인간들이 예언자 헤르메스의 은총을 받기를 원한다면, 헤르메스 트리스메기스투스의 형상을 주석이나 은 위에 그려넣어야 한다"라는 글을 남겼다. 이로써 〈봄〉이라는 작품과 시에나 대성당의 바닥에 헤르메스 트리스메기스투스의 형상이 그려지게 된 것이다.

{11}

로렌초 데 메디치,
'조국의 수호자'가 되다

Renaissance

메디치 가문의 카스텔로 별장,
산드로 보티첼리의 〈팔라스와 켄타우로스〉

야코포 데 파치
Jacopo de' Pazzi, 1421~1480

1400년대 중반부터 피렌체의 소금 수입을 독점하고 로마와 프랑스 아비뇽에 있는 은행을 통해 막대한 황금을 쌓아온 파치 가문의 수장이다. 파치 가문의 성장을 염려한 로렌초의 할아버지 코시모는 로렌초의 누이 비앙카를 파치 가문으로 출가시켜, 사돈 관계까지 맺어놓았다. 이러한 인연으로 로렌초가 피렌체를 장악하던 1470년대 초반까지만 해도 파치 가문은 메디치 가문에 우호적이었다. 하지만 로렌초의 정치적 측근들에 의해 피렌체 공직에서 밀려난 파치 가문은 메디치 가문에 아첨을 그만두고, 교황 식스투스 4세와 함께 로렌초 형제를 살해할 음모를 꾸미게 된다('파치 가문의 음모'라고 부른다). 그러나 예상과는 달리 파치 가문과 교황의 합작은 반쯤 실패로 끝난다. 음모 주동자 야코포 데 파치는 시청사 광장에서 공개 처형당했다. 피렌체 정부는 법률까지 제정하여 파치 가문의 문장과 초상화를 영구히 제거하도록 하였다.

산드로 보티첼리
Sandro Botticelli, 1445?~1510

보티첼리가 피렌체 남부의 비냐Via della Vigna Nuova라는 지역으로 이사한 뒤, 이웃에 살던 조르조 베스푸치Giorgio Antonio Vespucci를 알게 된 것은 큰 행운이었다(조르조 베스푸치는 콜럼버스와 함께 신대륙을 발견했던 항해사 아메리고 베스푸치의 삼촌이다). 조르조 베스푸치는 플라톤 아카데미의 책임자 피치노와 함께 동방박사 경배 축제를 후원하는 평신도 단체의 회원이기도 했으며, 점성술에 관심이 많아 플라톤 아카데미의 인문학자들과 아주 친하게 지냈다. 또한 피치노가 번역한 플라톤의 저서를 교정해줄 정도로 그리스어와 라틴어 실력이 탁월했다고 한다. 이렇게 피치노와 친분을 쌓아온 조르조 베스푸치의 소개로 보티첼리는 플라톤 아카데미의 회원들과 가깝게 지낼 수 있었다. 특히 로렌초의 오른팔이었던 시인 폴리치아노와 절친하게 지냈다. 이러한 인연으로 메디치 가문의 작품 주문을 독점하게 된다. 이것이 같은 시대에 활약하던 레오나르도 다빈치가 메디치 가문으로부터 한 점의 작품도 주문받지 못한 직접적인 이유이다.

나이 어린 로렌초를 대신해 전면에 나선 인문학자들은 피렌체를 이끌고 갈 새로운 시대의 주인공으로 로렌초를 조심스럽게 추켜세웠다. 하지만 피렌체 내부뿐만 아니라 교황청의 분위기도 로렌초에게 불리하게 돌아가고 있었다. 정치 개혁이 필요했다. 인문학자들은 먼저 피렌체 자치정부에서 중요한 의사 결정을 하던 '70인 위원회'의 위원들을 교체하기 시작했다. 그중에서 메디치 가문에 위협이 될 만큼 성장한 유력 가문들부터 바꿔나갔다.

먼저 파치 가문이 정부의 공직에 참여할 수 없도록 했다. 파치 가문과는 코시모가 로렌초의 누이 비앙카를 이 가문의 아들과 결혼시킴으로써 사돈 관계를 맺고 있었다.[1] 피렌체에서 추방당한 파치 가문의 수장 야코포 데 파치는 곧바로 자신들의 은행이 있는 로마로 달려가 교황의 발에 입을 맞췄다. 이때부터 파치 가문은 교황의 권력을 빌려 메디치 가문에 복수하기로 마음먹었다.

한편 장군이라는 별명을 가진 교황 식스투스 4세Sixtus IV, 재임 1471 ~1484는 종교권력은 뒤로하고 세속권력을 확장하는 것이 하느님의 뜻이라고 생각했다. 교황은 마침 자신의 편이 된 파치 가문으로부터 돈을 빌려 영토를 확장하기로 결정했다. 하지만 교황이 사들이려는 지역(이몰라Imola 지역)은 피렌체와 로마를 잇는 길목에 있었고, 피렌체에는 전략적 요충지였다. 당연히 로렌초는 교황의 결정에 강하게 반발했다.

교황은 나폴리 왕의 군대를 불러들여 무력으로 피렌체를 침공하기에 이른다. 한순간에 피렌체 전체가 위기에 빠져들었다. 하지만 로렌초는 물러서지 않았다. 로렌초는 호위병도 거느리지 않은 채 홀로 교황을 군사적으로 지원하던 나폴리왕국으로 건너가, 피렌체를 전쟁의 위험에서 구해낸다. 이때 로렌초의 나이는 불과 스물아홉이었다. 피렌체 시민들은 로렌초를 '조국의 수호자Tutela Patrie'라고 칭송했고, 시인 폴리치아노는 로렌초를 영웅으로 칭송하는 시를 지어 헌정했으며, 화가 보티첼리는 로렌초의 영웅적인 업적을 화폭에 담았다. 〈팔라스와 켄타우로스〉가 그것이다.

화가는 이 작품의 주제를 기원전 8세기경에 그리스어로 쓰인 『일리아스』에서 찾았다. 이 작품을 라틴어로 번역한 폴리치아노가 그림의 주제를 결정하는 과정에서 중요한 역할을 했다.

로렌초는 200여 년 전 중세 시대의 귀족들과 고위 성직자들처럼, 서로 한 몸이 되어 특권을 즐기려고 했던 파치 가문과 교황 식스투스 4세의 세력을 제거한 것이다. 새로운 시대를 열어가고자 했던 르네상스인

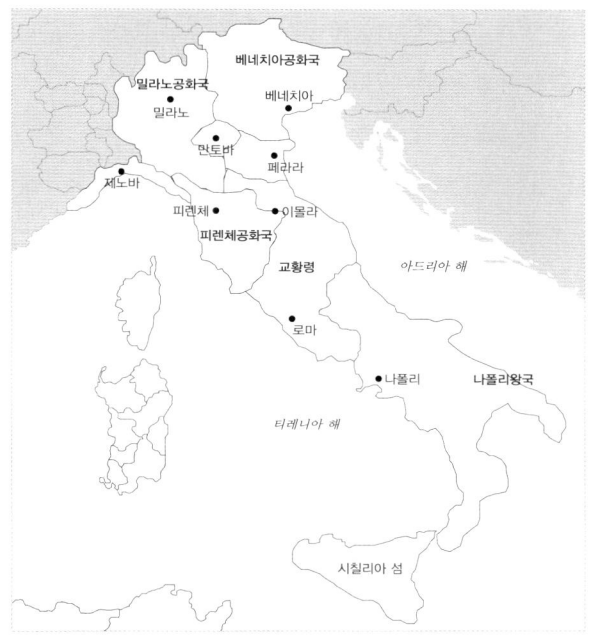

● 로마에서 피렌체로 통하는 전략적 요충지인 이몰라.

로렌초와 그 측근에 있던 인문학자들의 활약은 중세 시대의 문을 닫는
결과를 가져왔다.

중세인의 최후

메디치 가문의 수장이었던 코시모가 피렌체 권력을 장악하던 1459년
당시에는 파치 가문의 재산이 메디치 가문보다 많았다. 더구나 피렌체
토착귀족의 후손이었던 이 가문은 여러 유력 가문 자손들과의 정략결

혼을 통해 피렌체 사회에서 많은 영향력을 행사해오고 있었기 때문에, 메디치 가문에 가장 위협적인 존재였다.

로렌초를 대신해 정치 전면에 나선 인문학자들은 오랜 고민 끝에, 메디치 가문보다 황금이 많았던 파치 가문을 고립시켜야 메디치 가문이 피렌체의 주인이 될 수 있다고 생각했다. 이들은 파치 가문의 자손들이 피렌체 정부의 공직에 일절 참여할 수 없도록 조치했다. 그리고 여성이 유산을 상속할 수 없는 법을 제정하여, 파치 가문에 막대한 재산 피해까지 입혔다. 당시 파치 가문은 부유한 바로메이Barromei 가문의 외동딸과의 결혼으로, 얼마 안 있으면 그녀의 상속재산이 자신들에게 귀속될 상황이었기 때문이다. 파치 가문의 수장 야코포 데 파치는 메디치가에 적개심을 품을 수밖에 없었다.

한편 교황은 로마에서 피렌체로 통하는 길목에 위치한 이몰라 지역을 사들여 자신의 조카인 지롤라모Girolamo Riario에게 맡길 생각이었다. 하지만 교황의 권력으로부터 피렌체를 방어하기 위해 오래전부터 이몰라 지역에 공을 들이던 로렌초는 교황의 이러한 움직임을 수상하게 여기고 있었다. 이러한 상황에서 황금이 필요했던 교황은 메디치 은행이 70여 년 동안(1410년부터) 가지고 있던 교황청의 금고 열쇠를 빼앗아, 교황의 발에 입을 맞춘 야코포 데 파치에게 넘겨주고, 파치 은행으로부터 황금을 쉽게 빌릴 수 있었다. 이렇게 파치 가문과 교황은, 중세 시대의 귀족들과 고위 성직자들이 세속적인 이권을 놓고 한 몸이 되었던 200년 전으로 돌아가고 있었다.

교황청의 금고 열쇠를 허리춤에 차고, 교황의 은총까지 받게 된 파치 가문은 이번 기회에 피렌체의 주인이 되기로 마음을 단단히 먹었다. 이를 위해 교황의 측근들(교황의 조카 지롤라모도 참여했다)과 함께 로렌초 형제를 죽이려는 치밀한 계획을 세우게 된다. 파치 가문과 측근들의 음모를 사전에 알고 있었던 교황은 "가서 하고 싶은 대로 하되, 살인만은 피하라"는 말을 남겼다.[3] 하지만 파치 가문은 교황의 간곡한 부탁(?)을 한 귀로 흘려듣고, 스물다섯 살이던 로렌초의 동생 줄리아노 Giuliano de' Medici, 1453~1478를 살해하고 만다. 불행 중 다행으로 로렌초는 부상만 당하고 피신할 수 있었다. 이 사건이 1478년에 일어난 '파치 가문의 음모Congiura dei Pazzi'이다.[4]

로렌초는 이 음모를 주도했던 파치 가문의 수장 야코포 데 파치와 음모에 가담한 성직자들(피사의 대주교였던 살비아티Francesco Salviati 추기경도 포함되었다)을 모두 처형했다. 그것도 많은 피렌체 시민들을 시청사 광장에 모아놓고 성직자들을 공개적으로 교수형에 처했으며, 피렌체 정부는 화가들에게 공개 처형 장면을 그리도록 했다. 이에 교황은 피렌체 정부가 성직자를 살해했다는 이유를 들어 로렌초를 파문하고, 그 이듬해에는 나폴리 왕과 연합하여 피렌체를 침공한다.

서른 살 젊은이가 '조국의 수호자'가 되다

로렌초는 더이상 물러설 곳이 없었다. 물러서면 피렌체 지도자의 위상뿐만 아니라, 목숨까지도 보장받을 수 없는 상황이었다. 로렌초의 결정은 단호하고 빨랐다. 로렌초는 "피렌체가 처한 위험 앞에서, 생각할 시간은 이미 지났고, 이제 행동으로 옮길 때이다. 나는 나폴리로 떠

● 레오나르도 다빈치, 〈교수형에 처해진 사람 습작Etude d'un pendu〉, 보나(Bonnat) 미술관 소장. 이 작품은 파치 가문의 음모가 실패한 뒤, 로렌초에 의해 피렌체 시청사에서 교수형에 처해진 반란자를 스케치한 것이다.

나기로 결정했다. (……) 내 목숨을 걸어서라도 내 나라를 구해야 하는 책무가 나에게는 있다"라는 말을 남기고, 호위 군사도 거느리지 않은 채 홀로 나폴리로 떠났다.[5]

다행스럽게도 로렌초는 10주 동안 나폴리에 혼자 머물면서 나폴리와 평화협정을 맺는 데 성공한다(사실 당시 교황은 이탈리아반도에 상륙한 오스만튀르크와 전쟁을 할 군사도 부족한 상황이었다). 그리고 이듬해인 1480년에 승리감에 도취된 젊은 로렌초가 배를 타고 귀국하자, 피렌체 시민들은 길가에서 로렌초를 환영하며 "조국의 수호자!"라고 환호했다. 이때가 로렌초가 서른 살이 되던 해이다.[6]

권력의 달콤한 맛을 알게 된 인문학자들은 로렌초의 영웅적인 행동을 칭송하는 기념주화를 당대 최고의 금세공사였던 니콜로 피오렌티노Niccolo Fiorentino, 1430~1499에게 주문했다. 이 세공사는 주화 앞면에는 근엄한 표정을 짓고 있는 로렌초의 형상을, 뒷면에는 백합 세 송이를 들고 월계수 아래 앉아 있는 로렌초의 형상을 새겼다. 백합 세 송이는 프랑스 왕이 자신의 왕가 문장을 메디치 가문 문장에 사용하도록 해준 것을 의미하며, 월계수는 로렌초의 상징물이었다. 물론 로렌초를 상징하는 월계수가 조각된 기념주화 뒷면에 TUTELA PATRIE(조국의 수호자)라는 글귀를 새겨넣는 것도 잊지 않았다. 이 기념주화는 조국의 수호자가 된 로렌초의 영도 아래 피렌체가 '새로운 시대'를 맞이하고 있음을 알리는 상징이 되었다. 하지만 인문학자들은 로렌초를 홍보하는 전략을 기념주화를 제작하는 것만으로 끝내지는 않았다.

● 로렌초가 피렌체를 위험에서 구하고 난 뒤 발행된 기념주화. 앞면(왼편)에는 로렌초의 얼굴이, 뒷면 (오른편)에는 로렌초를 상징하는 월계수와 메디치 가문을 상징하는 백합 송이를 들고 있는 로렌초, 그 리고 '조국의 수호자'라는 글귀가 새겨져 있다.

시인과 법률가에 의해 '위대한' 로렌초로 칭송되다

인문학자들은 '피렌체를 지배하는 로렌초에게 카리스마가 없으면, 피렌체에 평화가 지속될 수 없다'는 확고한 믿음을 가지고 있었다. 먼 저 로렌초와 어려서부터 동문수학을 했던 시인 폴리치아노가 앞장섰 다. 폴리치아노는 로렌초를 영웅으로 칭송하는 시를 피렌체 사회에 퍼 뜨리기 시작한다. 폴리치아노는 르네상스 시대를 통틀어 시의 운율에 가장 뛰어난 재능을 보였던 시인이니만큼 시민들도 이 시를 따라 외우 기가 쉬웠을 것이다.[7]

로렌초 님의 손을 잡게 되니 어찌 기쁘지 아니할까,
안전하게 그가 나신 땅에 돌아오셨네!

그리고 이렇듯 긴 축하의 행렬이

기쁨으로 가득찬 군중들이 모여 있는 그의 옆을 통과하네.

시의회 의원들이 그를 둘러싸고 있네.

그는 다른 누구보다도 고상한 위치에 서 있네.

제가 다가가도 될까요? — 선망의 눈으로 바라보던 군중들이 거부하네.

아니면 말이라도? — 두려움으로 더듬거리던 말씨가 사라졌네.

아니면 쳐다만 봐도 될까요? — 기꺼이 함께하도록 하지요,

한가운데에서 그가 그들의 위에 올라서네!

영광의 빛이 그를 둘러싸고 휘감아오르는 모습을 지켜보라!

그들의 가득한 광명이 그의 명예로운 머리 위에 있으라!

그가 그를 둘러싼 친구들에게 경의를 표하는 동안

희망찬 얼굴로, 긍정으로, 목소리로, 손으로.

이렇게 다들 나와 함께해주니 더이상 바랄 게 없다.

나의 사랑은 증명되었고, 나의 순종의 서약 또한 이루어졌으니

나의 시여, 이제 나의 가장 친한 친구들에게 가서 경의를 표하라!

그리고 말하길, '이러한 신의의 말들은 바로 폴리치아노가 보내는 것이니!'

이렇게 시인 폴리치아노에 의해 이제 막 서른 살이 된 로렌초는 피렌체 사회에서 영웅으로 우상화되기 시작한다.

인문학자들은 법률학자들을 고용해, 로렌초가 자신과 동생을 살해하려고 했던 성직자를 교황청의 재가도 없이 처형한 것이 적법한지에 대한 판단을 맡겼다. 고심 끝에 법률학자들(바르톨로메오Bartolomeo 외 두 명)은 "성직자라 할지라도 로렌초를 살해하려는 행위는 피렌체를 위협

하는 행위이다"라는 판결을 내렸다. 피렌체 정부는 곧바로 법률가들의 결정을 로마 교황청에 알렸다. 이제 피렌체는 더이상 교황의 지배를 받는 국가가 아니라는 것을 교황에게 통보한 셈이다.

교황의 말에 순순히 따르던 피렌체가, 교황의 종교권력으로 통치되지 않는 새로운 피렌체로 재탄생하게 된다. 법률가들은 판결문에서 로렌초를 지칭하여 마이스타스Maistas(왕이라는 의미가 있음)라는 명칭을 사용하였다. 이제 법률가들의 판결문으로 로렌초는 교황의 종교권력이 미치지 않는 피렌체 정부의 실질적인 수장이 되었다. 이후부터 자연스럽게 로렌초에게는 '위대한il Magnifico'이라는 수식어가 붙게 되고, 고위 성직자라 할지라도 로렌초의 분노를 피할 수 없게 되었다.[8]

로렌초는 이제 종교권력의 눈치를 보지 않고 세속적 욕망을 마음껏 드러낼 수 있었다. 한편 로렌초의 승리에 그의 측근 인문학자들도 용기를 얻어, 세속적 욕망을 과도하게 드러내는 교황을 공개적으로 비난하기 시작한다.

보티첼리의 붓으로 피렌체가 교황의 불가침 지역으로 선포되다

인문학자들은 화가 보티첼리의 〈팔라스와 켄타우로스〉라는 작품을 통해, 교황청의 재가 없이도 피렌체의 평화를 위협하는 성직자를 처벌할 수 있는 '위대한' 로렌초의 권력을 과시하려고 했다. 화가는 이제 갓 서른 살이 된 젊은 로렌초를 아테나(팔라스 아테나) 여신으로 묘사하여, 신성을 지닌 피렌체의 수호자로 치켜세웠고, 천국으로 향하는 열쇠를

손에 쥔 사도 베드로의 후계자인 교황을 폭력적인 괴물 켄타우로스로 표현했다.[9]

아테나 여신이 견고한 대리석으로 지어진 성을 침범하려는 켄타우로스의 머리를 잡고 있는 형상을 표현함으로써, 피렌체를 침공하려는 교황에게 경고를 보내고 있다. 또한 로렌초가 피렌체 서쪽에 위치한 '바다 Vada'라는 항구에서 홀로 배를 타고 나폴리로 향했다는 역사적 사실을 강조하기 위해 작품의 배경에 배 한척까지 그려넣는 세심함도 보였다.

보티첼리는 〈팔라스와 켄타우로스〉라는 작품의 소재를, 트로이전쟁을 한 편의 대서사시로 엮어낸 호메로스Homeros의 『일리아스』라는 작품에서 찾았다.[10] 불같은 성격을 지닌 아킬레우스가 분노를 참지 못해 탐욕스러운 그리스 왕 아가멤논을 살해하려고 칼을 빼는 순간 "아킬레우스와 아가멤논을 똑같이 사랑하는 헤라 여신이 아테나 여신을 내려보내 싸움을 말린다". "아테나 여신은 천국에서 내려와 아킬레우스의 머리털을 잡아당기"는데, 보티첼리는 『일리아스』의 이 구절에서 아킬레우스를 난폭한 켄타우로스로 대치해, 아테나 여신이 켄타우로스의 머리털을 잡아당기는 장면을 묘사한 것이다.

이뿐만이 아니다. 피렌체에서 유행처럼 번지던 점성술과 신비주의의 영향을 받아, 고대 로마제국 시대에 만들어진 달력의 복사본(이들 달력 중에서 풍요로운 도시들을 상징하는 그림이 그려진 것이 인기가 있었다)들이 유행하기 시작한다. 이 달력에는 행운의 여신이 야만족의 머리를 움켜쥐고, 그 위에 평화와 번영을 상징하는 황금 나팔과 꽃병이 그려진 장면을 쉽게 발견할 수 있다. 이 그림은 한때 야만인들로 무법천지였던 트리어Trier. 현재 독일 중서부 지역에 있던 옛 도시라는 도시가 로마제국의 보호

● 산드로 보티첼리, 〈팔라스와 켄타우로스〉(1482), 피렌체 우피치 미술관 소장. 오른편에는 로렌초를 상징하던 다이아몬드 문양이 수놓인 옷을 입고 있는 지혜의 신이자 도시의 수호신 아테나 여신이, 왼편에는 사람의 형상인 상반신과 말의 하반신을 가진 켄타우로스가 그려져 있다. 그리스 신화에서 켄타우로스는 매우 난폭한 성향을 지녔다고 전해진다.

● 고대 로마제국 시대에 야만인들이 살고 있던 트리어를 정복한 일(354)을 기념하여 발행한 달력이다. 아테나 여신이 야만인의 머리를 움켜쥐고 있다.

아래 서유럽에서 가장 번영을 누리게 되었다는 유래에서 비롯되었다. 그림의 구도나 의미를 보더라도 보티첼리가 이 달력의 장면을 보았을 것이라는 확신이 든다.[11]

　어깨너머로 고대 그리스 고전에 대한 지식을 갖춘 보티첼리는 플라톤 아카데미의 준회원이 될 수 있었다. 보티첼리는 시인 폴리치아노와 함께 시를 지었고, 피치노 및 란디노Cristoforo Landino, 1424~1498와 더불어 신비주의와 철학을 논하던 로렌초는 화가 보티첼리의 작품을 감상하면서 탐미주의자가 되어갔다.[12] 그렇게 인문학과 예술로 따뜻하게 데워지고 있던 플라톤 아카데미라는 유리온실은 종교적 교리에 영향을 받지 않는 공간이 되었다.

서른 살의 로렌초는 플라톤 아카데미의 기운(인문학과 예술)으로 따뜻하게 데워진 르네상스 창조의 공간에서 더 강해질 수 있었다. 성숙해진 로렌초는 겨우 여덟 살밖에 안 된 어린 아들을 추기경으로 만들기 위한 프로젝트에 착수한다. 그렇게 해야 피렌체의 주인이 된 로렌초와 재임 기간이 짧아 자주 바뀌던 교황을 연결하는 핫라인을 확보할 수 있었기 때문이다.

새로운 시대의 싱크탱크가 된 플라톤 아카데미

메디치 가문의 수장이었던 코시모는 주치의의 아들 마르실리오 피치노에게 카레지 별장과 플라톤의 책을 건네주었다. 코시모는 별장의 이름을 플라톤 아카데미라고 불렀고, 의사가 될 운명이었던 스물아홉의 젊은 피치노는 이 아카데미의 소장이 되었다.[13]

플라톤 아카데미의 시작은 그리스 고전에 대한 학문적 연구였다. 그리스어에 능통했던 피치노는 피렌체 대학에서 아리스토텔레스학파의 논리학과 자연철학을 공부하면서 학문적 기반을 닦았다. 또한 그는 인간의 사랑과 신의 사랑을 연결시킬 수 있는 철학의 역할에 대해 연구했다(플라톤적인 사랑Amor Platonicus). 이어 피치노는 15세기 중엽 피렌체에서의 명상적인 삶의 현세적 개념과 인간의 존엄성을 탐구했다. 인문주의는 그의 진정한 동력이었다.[14] 그런 뒤 마지막으로 피렌체 귀족들의 세계로 들어갔다. 경제적 필요 때문에 그는 이 세계에 머물며 후원자들을 찾아다녔다. 귀족 세계에서 그는 많은 친구를 사귀었고, 귀족들은 피치노로에게 좋은 삶을 향해 가는 방향을 배웠다. 메디치 가문에 반기를 든 파치 가문의 아들(피에로 데 파치Piero de' Pazzi)과, 로렌초의 아들로 후에 교황 레오 10세가 되는 조반니를 가르치게 된 것도 피치노가 귀족 세계의 문을 두드렸기 때문이다.

피치노는 소크라테스가 아테네에서 했던 역할을 자신이 피렌체에서 하기로 결심했다. 플라톤 아카데미가 메디치 가문의 후원을 받게 되자 젊은 학자들이 몰려들었고, 피치노는 그 중심에 있었다.

코시모의 손자 로렌초 시대에 이르면 플라톤 아카데미의 학자들은 유력 가문들과 고위 성직자들을 제치고 정치 전면에 나서게 된다. 그리고 인문학자들의 학문적 요람인 플라톤 아카데미는 '새로운 시대'를 위한 정책을 만들어내는 싱크탱크가 되었다. 인문학자들은 그리스 철학을 바탕으로 정치 실험에 나서게 된다. 피렌체는 플라톤의 '철인정치'를 시험해보는 실습장이 되었다. 마키아벨리가 묘사한 짧은 문장으로도, 당시 플라톤 아카데미에 참여하고 있던 학자들의 면면과 그들이 담당한 역할을 쉽게 파악할 수 있다.[15]

피렌체에는 폴리치아노의 지휘 아래 인문학이 번창하고 있었다. 그리스어는 도메트리오Dometrio 경, 철학과 예술은 마르실리오 피치노와 피코 델라 미란돌라Pico della Mirandola 경을 비롯한 다른 훌륭한 학자들에 의해 발전하였다. 로렌초는 피렌체의 오래된 토착 문화에도 관심을 보였고 음악, 건축, 미술, 조각을 비롯하여 모든 종류의 예술을 (로렌초의—인용자) 손과 마음에 담음으로써 도시 전체가 그 아름다움으로 넘쳐났다. 탁월한 재능을 지녔던 로렌초를 기쁘게 하기 위해 예술가들이 다투어 경쟁하였기에 모든 예술은 더욱더 번성해갔다.

프란체스코 사세티,
아홉 살 아들을 수도원장으로 만들려는
로렌초의 염원을 담아내다

Renaissance

산타 트리니타 수도원 성당 사세티 기도실,
도메니코 기를란다요의 〈교황의 프란체스코 수도회 정관 승인〉

프란체스코 사세티
Francesco Sassetti, 1421~1490

1300년대 중반부터 환전상을 운영해 부자가 된 신흥상인 가문 출신이다. 프란체스코 사세티의 형인 바르톨로메오는 로렌초의 할아버지 코시모가 메디치 저택과 메디치 가문의 영묘가 있는 산 로렌초 성당을 건축할 당시에 현금 출납관을 맡을 정도로 메디치 가문으로부터 신임이 두터웠다. 이러한 인연으로 프란체스코 사세티는 열아홉 살에 제네바에 있는 은행에서 근무하게 되고, 선임자를 제치고 제네바 은행의 최고 책임자가 된다. 기사 작위도 받고 과시적인 소비를 즐겼다는 기록으로 보아, 귀족적인 삶을 동경했던 인물로 판단된다. 이런 취향 때문에 주변 사람들로부터 시기도 많이 받았다고 한다. 그러나 그가 산타 트리니타 수도원에 가문의 기도실을 소유하게 되는 1470년대 후반에는 메디치 은행의 총지배인에 오를 정도로 로렌초의 신임을 받았다.

도메니코 기를란다요
Domenico Ghirlandaio, 1449~1494

화가 기를란다요는 미켈란젤로의 스승으로 잘 알려져 있다. 그의 아버지(토마소 비고르디 Tommaso Bigordi)가 여성들의 머리를 장식하는 금과 은으로 된 화관花冠을 만드는 일을 주로 해서 기를란다요('화관'이라는 뜻이다)라는 이름으로 불리게 되었다. 그는 지나가는 사람을 한 번만 보고도 그대로 재현해낼 정도로 초상화에 뛰어난 재능을 보였다고 한다. 작품 주문자들의 의뢰를 거절하는 법이 없어 그의 공방은 매우 바빴고, 그만큼 많은 돈을 벌 수 있었다. 1485년 사세티 가문으로부터 산타 트리니타 수도원에 있는 기도실을 성 프란체스코의 일대기로 장식해달라는 주문을 받게 된다.

피렌체를 교황의 침입으로부터 보호한 로렌초는 서른의 나이에 피
렌체 시민들로부터 '조국의 수호자'로 칭송받았다. 그리고 곧바로 행복
한 고민에 빠졌다. 자손이 귀했던 메디치 집안에, 로렌초가 존경했던
부인이 아들을 셋이나 낳아준 것이다. 큰아들은 가문의 사업과 정치를
이어야 하기 때문에, 로렌초는 둘째 아들 조반니를 성직에 진출시켰
다. 인문학자들은 로렌초와 함께 일곱 살이던 둘째 아들 조반니의 머
리 한가운데를 밀었다(삭발례).

　예전부터 자손이 많았던 유력 가문들은 큰아들에게는 사업을 맡겼
고, 둘째 아들은 성직자를, 그리고 셋째 아들은 장군을 시켰다. 금력과
종교권력, 그리고 무력을 가지면 못 이룰 것이 없었기 때문이다. 로렌
초의 측근들은 조반니를 산타 트리니타 수도원의 원장으로 앉히기 위
해 가능한 모든 일을 다 했다. 황금으로 달래보기도 하고 군대도 동원

해봤지만, 둘째 아들 조반니를 스트로치 가문의 영묘가 있던 수도원의 원장으로 앉히려는 로렌초의 시도는 번번이 좌절되었다.

한편 이 무렵 메디치 가문에 경제적 어려움이 다가오고 있었다.[1] 메디치 가문의 주력 사업인 메디치 은행의 해외 지점들이 적자가 심했기 때문이다(프랑스의 아비뇽, 벨기에의 브루게, 런던 지점이 문을 닫았다). 정치에 전념해야 했던 로렌초는 자신에게 충성을 보여온 프란체스코 사세티를 메디치 은행의 총지배인으로 임명했다(1482). 주변의 반대도 많았지만, 로렌초는 "당신에게 나의 삶과 내 아들들, 그리고 내가 이 세상에서 가진 모든 것을 맡긴다"고 공개적으로 표현할 정도로 사세티에게 무한한 신뢰를 보냈다.[2]

프란체스코 사세티는 해외 지점에 근무하면서 찾은 진귀한 책들을 계속 보내왔다. 피렌체로 돌아온 사세티는 플라톤 아카데미의 인문학자들과 쉽게 하나가 되었다. 피치노를 비롯한 인문학자들과 메디치 가문의 황금을 관리하는 책임을 지게 된 사세티는 로렌초가 펼쳐갈 새로운 시대의 모습에 대해서 같이 고민했다.

메디치 가문이 어렵던 시점에, 프란체스코 사세티는 산타 트리니타 수도원에 가문의 기도실을 소유하게 되었다. 사세티는 이 수도원에 선조들을 위한 영묘를 짓는 한편, 현세에서는 기도실을 장식하는 예술작품을 통해 메디치 가문에 헌신과 봉사를 하기로 다짐했다. 그리고 미켈란젤로의 스승이자 당대 최고의 화가 기를란다요에게 기도실 장식을 의뢰했다.

화가는 기도실 벽면을 〈교황의 프란체스코 수도회 정관 승인Confirmation of the Franciscan Rule by Pope Honorius III〉이라는 종교적 주제를 표현한 작

● 도메니코 기를란다요, 사세티 기도실(1483~1486), 산타 트리니타 수도원 성당. 이 기도실은 〈제물의 포기〉〈불의 시련〉〈성흔〉〈성 프란체스코의 죽음〉〈교황의 프란체스코 수도회 정관 승인〉〈죽은 소년 을 부활시키는 성 프란체스코〉 등의 종교적 주제로 장식되었다. 천장에는, 서로 다른 메시지를 전달하 는 시빌 예언자 네 명의 형상이 묘사되어 있다.

● 도메니코 기를란다요, 〈교황의 프란체스코 수도회 정관 승인〉(1483∼1486), 사세티 기도실, 산타 트리니타 수도원 성당. 그림의 맨 오른쪽에 서 있는 네 명은, 왼쪽부터 로렌초의 최측근 루카 피티, 로렌초, 기도실의 주인 프란체스코 사세티, 사세티의 막내아들이다.

품으로 장식했다. 이 작품은 성 프란체스코가 교황으로부터 프란체스코 수도회의 정관을 승인받는 장면을 묘사한 벽화이다. 산타 트리니타 수도원의 원장이 청빈과 육체노동을 중시하는 프란체스코 수도사들의 신앙적 삶을 존경해왔기 때문이다. 기도실 천장에는 고대 그리스 시대부터 신통한 예언자로 알려진 시빌Sibylle을 묘사해놓았다. 당시 성직자들은 시빌을 그리스도의 탄생을 예언한 신비로운 인물로 생각했기 때문이다.

여기까지만 보면, 화가는 이 수도원의 이상과 부합하는 내용을 묘사해놓은 것처럼 보인다. 그러나 이 그림을 자세히 들여다보면, 교리로

만 해석할 수 없는 장면과 형상 들을 곳곳에 묘사해 놓은 것을 확인할 수 있다. 사세티를 포함한 인문학자들이 이 기도실을 장식하는 작품을 통해서 로렌초가 펼쳐갈 새로운 시대의 모습을 드러내려고 했기 때문이다. 그 때문에 후대 학자들도 이 작품에 대해 "이 기도실에는 아무리 파헤쳐도 고갈되지 않는 역사적 보물들이 숨겨져 있다"라고 언급한 것이다.[3] 기를란다요는 인물을 표현하는 데 특별한 재능을 보이던 대표적인 예술가였기 때문에 이 작품을 감상할 때는 인물 하나하나에 세심한 눈길을 주어야 한다.

메디치 가문의 가신이 된 프란체스코 사세티

사세티 가문은 1300년대 초반부터 피렌체에서 환전상을 운영하던 집안이다. 말이 환전상이지, 실제로는 존경받지 못하던 고리대금업자였다. 사세티는 사교성이 매우 뛰어났던 것으로 알려졌다(아첨이 지나쳤다고 한다). 은행가들의 이익 단체인 피렌체 은행 길드가 사세티 가문을 회원으로 받아들이는 것을 반대했을 정도로, 이 가문에 대한 사회적 평판은 좋지 않았다.[4]

하지만 사세티가 메디치 가문의 측근이 되면서, 사세티 가문은 피렌체 사회의 유력 가문으로 떠오르게 된다. 메디치 가문과의 관계는 프란체스코 사세티의 형(바르톨로메오 사세티Bartolomeo Sassetti) 때부터 시작되었다. 프란체스코 사세티의 형은 로렌초의 할아버지 코시모의 신임을 받아 메디치 대저택을 신축했다. 또한 메디치 가문의 영묘가 있는 산 로렌초 성당을 개축할 당시에, 재정 관리의 총책임을 맡았다. 당시에 건물의 신축 과정에서 재정 담당자는 건축가나 석공 그리고 내부를 장식할 화가나 조각가를 선정하는 역할뿐만 아니라, 근로자에게 임금을 지급하고 자금 조달을 책임지는 등의 중요한 일을 했다.[5]

그 덕택에 동생 프란체스코 사세티도 열아홉 살이 되던 해에 메디치 은행에 입사했다. 그리고 로마 귀족 혈통인 부인(네라 코르시Nera Corsi)과 결혼하면서 행운을 거머쥘 수 있었다. 사세티의 부인이 같은 로마 귀족 출신인 로렌초의 부인(클라리체 오르시니Clarice Orsini)과 친분이 있었기 때문이다(콜론나, 오르시니 그리고 코르시 가문은 당시 로마에서 가장 세력이 강했던 3대 귀족가문이다).

마침 프란체스코 사세티는 산타 트리니타 수도원에 선조들의 영혼을 안장할 기도실 후원권한을 얻기 위해 수도원에 막대한 후원을 해오고 있었다(시내에 있는 자물쇠 공장 부지와 건물, 그리고 수도원 근처의 토지 등을 수도원에 기부했다). 이러한 노력의 결실로 이 수도원으로부터 프란체스코 수도회를 창설한 성 프란체스코에게 봉헌된 기도실까지 얻을 수 있었다(1478).[6] 프란체스코 사세티는 성 프란체스코의 보살핌 아래 선조들의 영혼이 안식을 얻을 것으로 믿고 안심했다. 이제 지상에서 로렌초의 둘째 아들 조반니가 이 수도원의 원장이 된다면, 프란체스코 사세티가 천상과 지상에서 해야 할 임무는 다 마친 셈이다. 그러나 상황은 그렇게 녹록치 않았다.[7]

로렌초, 아홉 살의 어린 아들을 수도원장으로 앉히다

자신의 둘째 아들을 산타 트리니타 수도원의 원장으로 앉히려는 로렌초의 꿈은 실현되는 듯 보였다. 1483년 산타 트리니타 수도원 원장이 수녀에게 보낸 연애편지가 공개되자 잔뜩 겁먹은 수도원장이 교황에게 직접 사표를 제출했기 때문이다(당시 이 수도원장의 최종 임명권은 교황에게 있었다).

이 수도원이 소속되어 있던 교단의 수도회 총장(돈 비아조 밀라네시 Don Biagio Milanesi)은 유력 가문들의 세속권력으로부터 수도회를 지켜내는 것을 하느님이 주신 임무라고 생각했던 원칙주의자였다. 이 수도

● 피에트로 페루지노(Pietro Perugino), 〈돈 비아조 밀라네시의 초상〉(1499). 로렌초의 아들이 수도원장이 되는 것을 막으려 했던 수도회 총장이다.

회 총장은 세속화된 수도사들이 황금이 없이는 일주일도 버티지 못하는 상황을 이미 많이 보아왔다.

수도원장의 연애 사실을 뒤늦게 알게 된 총장은, 수도원장이 수녀에게 보낸 연애편지를 찢어버리고 수도원장을 가볍게 안아주었다. 그러자 용서를 받았다고 느낀 수도원장은 눈물을 흘리고, 교황에게 제출한 사표를 급히 거두게 된다. 로렌초의 완패로 끝난 셈이다.

그러나 로렌초에게 기회가 한번 더 찾아왔다. 마침 피렌체 동남쪽에 위치한 파시냐노Passignano라는 지역에 있는 수도원의 원장이 고령으로 사망한 것이다. 이 수도원 원장 자리는 전임 교황 식스투스 4세가 사망하기 직전에 로렌초에게 약속했던 자리였다. 그러나 이러한 사실을 모르고 있던 수도원 측은 가장 연로한 수도사를 후임 원장으로 추대했다. 로렌초는 새롭게 임명된 수도원장을 쫓아내기 위해 불과 20여 명의 수도사들이 머물고 있던 수도원에 3000여 명이 넘는 군인을 투입했다(당시 기록에 의하면, 연로한 새 수도원장은 맨발로 도망 나왔다고 한다).

그러나 이 수도원이 소속되어 있던 교단이 하필이면, 산타 트리니타 수도원과 같은 교단이었다. 원칙을 중시해온 수도회 총장은 직접 로마로 달려가 교황에게 청원한다. 하지만 로렌초가 건네준 황금으로 교황이 된 인노켄티우스 8세Innocentius VIII. 재임 1484~1492는 수도회 총장에게 "그들이 무슨 말을 하고 있는지 모르시겠습니까? 피렌체 귀족들은 당신을 이웃으로 삼고 싶지 않은 것입니다"라는 말을 남겼다.[8] 말할 것도 없이 수도회 총장의 호소는 헛일이 되고 만 것이다.

결국 1484년에 아홉 살밖에 안 된 로렌초의 둘째 아들 조반니가 파시냐노 지역의 수도원장이 되었고, 메디치 저택에 머물면서 성직록을

받을 수 있었다. 비록 산타 트리니타 수도원은 아니었지만 조반니는
수도원을 관리하는 수도원장이 되었다. 기록에 의하면 조반니는 이러
한 성직을 열여섯 개나 가지고 있었다고 한다.

로렌초의 간절한 바람을 예술로 담아낸 메디치 은행의 CEO

로렌초의 둘째 아들이 파시냐노 수도원의 원장이 되고 1년이 지난
시점에, 사세티 가문의 기도실이 화가 기를란다요의 작업으로 장식되
기 시작한다(1485). 프란체스코 사세티는 기를란다요에게 성 프란체스
코가 수도회를 설립할 당시에(1209), 교황으로부터 수도회의 정관을 승
인받는 장면을 묘사하도록 주문했다. 그래서 작품의 한가운데에 열두
명의 수도사가 교황에게 새로운 수도회의 정관을 건네는 장면이 묘사
되었다. 그런데 그림에 등장하는 일부 수도사들은 프란체스코 수도사
들이 입는 회색 수도복을 입고 있지 않으며, 그림의 배경 또한 교황청
이 있는 로마가 아니라 피렌체 시청사의 광장이다.[9]

사실 이 작품은 프란체스코 수도회가 교황으로부터 정관을 승인받
는 장면을 묘사한 것이 아니다. 로렌초가 피렌체를 침입했던 교황과
화해하기 위해, 교황에게 열두 명의 사절단을 보낸 역사적 사실(1481년
11월)을 묘사한 장면이다. 로렌초의 의중을 누구보다도 잘 알고 있던
프란체스코 사세티는 이 장면을 통해 피렌체에 평화가 찾아왔다는 사
실을 시민들에게 우의적으로 알리려 했다. 결국 이 그림은 메디치 가
문이, 끊임없이 세속권력을 확대하려고 한 교황과 화해했다는 당시의

● 〈교황의 프란체스코 수도회 정관 승인〉 부분. 성 프란체스코와 그의 열두 제자. 프란체스코는 항상
열두 명의 제자를 데리고 다녔다고 한다. 이 장면에서 주목할 점은 일부 수도사들이 프란체스코 수도사
임을 드러내는 회색 수도복을 입지 않은 모습이라는 것이다. 맨 오른쪽은 프란체스코 수도회 정관을 인
가한 교황 호노리우스 3세이고, 그 앞에 무릎을 꿇고 정관 승인서를 받는 사람은 프란체스코 수도회를
창설한 성 프란체스코이다.

●● 〈교황의 프란체스코 수도회 정관 승인〉 부분. 배경으로 피렌체의 시청사 광장과 베키오 궁전이 그
려져 있다. 피렌체를 배경으로 하고 수도복을 입지 않은 사절단의 모습에서 이 그림은 단순히 교황의
수도회 정관 승인 장면을 묘사한 것이 아니라, 로렌초와 교황의 화해를 표현한 것임을 알 수 있다.

● 〈교황의 프란체스코 수도회 정관 승인〉 부분. 가장 앞의 남성이 로렌초의 신임을 받고 있던 시인 폴리치아노. 그 옆의 아이가 얼마 전 수도원장이 된 둘째 아들 조반니(후에 교황 레오 10세가 된다)이다. 그뒤는 로렌초의 첫째 아들 피에로 데 메디치와 셋째 아들 줄리아노 데 메디치이다.

정황을 암시하고 있는 것이다.

이제 프란체스코 사세티에게 남은 과업은 로렌초의 둘째 아들이 수도원장이 된 사실을 시민들에게 알리는 일이었다. 그래서 교황이 성 프란체스코에게 수도회의 정관을 승인하는 장면 바로 아랫부분에, 얼마 전에 수도원장으로 임명된 로렌초의 둘째 아들 조반니가 시인 폴리치아노의 손을 잡고 올라오는 모습을 그려넣었다. 곧이어 첫째 아들과 막내 아들이 등장하는 것을 볼 수 있다. 둘째 아들이 첫째 아들보다 앞서 등장하는 구도인 것도 다 이유가 있었던 것이다. 당시 인문학자들은 자신들의 정치적 홍보 매체로서 예술을 잘 활용할 줄 알았다.

피렌체, '새로운 시대'의 윤곽이 드러나다

한편 인문학에 관심이 많았던 프란체스코 사세티는 메디치 은행의 해외 지점을 통해서 많은 그리스 문헌을 손에 넣었고, 이 책들을 보관할 개인 도서관까지 소유하고 있었다. 『아이네이스Aeneis』 『변신 이야기』 그리고 『자연사』와 같은 고대 그리스의 중요한 문헌들도 사세티의 개인 도서관에 보관되어 있었다. 그래서 폴리치아노와 폰치오Bartolomeo Fonzio, 1445~1513 같은 인문학자들도 이 도서관을 자주 이용하였다.

이러한 인연으로 프란체스코 사세티가 폰치오에게 자신의 묘비 비문을 맡길 정도로 둘은 친숙한 사이가 된다.[10] 그리고 사세티는 이러한 친분을 통해 플라톤 아카데미의 회원으로 들어간다. 이제 르네상스 창조의 공간에는 인문학자, 예술가 그리고 황금에 대한 감각이 남달랐던 은행가까지 참여했다. 이 공간에는 새로운 피렌체 건설을 위한 사상과 돈이 마련되었고, 이를 널리 홍보할 수 있는 예술까지 갖춰지게 된 것이다.

새로운 시대를 열어가려는 주인공들은 피렌체를 문명화가 덜 진행된 국가로 보았다. 그래서 이들은 피렌체 시민들을 위해 새로운 법률을 공포할 새로운 지도자가 나타난다는 것을 암시하려고 했다. 이들은 '문명이란 스스로 진화해가는 것이 아니고, 로렌초에 의해서 건설되어야 한다'고 굳게 믿었다. 이러한 정치적 목적에서 베르길리우스Publius Vergilius Maro, B.C. 70~B.C. 19가 쓴 『아이네이스』란 작품을 번역한 폰치오는 고대 로마제국 시대에 새로운 지도자의 탄생을 예고했던 예언자 시빌을 등장시키게 된다. 그래서 종교적으로 성스러운 공간에 시빌이라

● 도메니코 기를란다요, 〈네 명의 시빌〉(1483~1486), 사세티 기도실, 산타 트리니타 수도원 성당. 위에서부터 시계 방향으로 그리스도에 의한 구원을 예언한 에리트레아 시빌Eritrean Sibylle, 팔에 새겨져 있는 라틴어가 선명하지 않아 정체가 불분명한 시빌, 로마제국에 새로운 지도자가 탄생할 것을 예언했던 쿠마이 시빌Cumaean Sibylle, 아기 예수 탄생을 예언했던 아그리파 시빌Agrippan Sibylle이다.

는 예언자를 그려 넣은 것이다. 그것도 종교적인 반대를 최소화하기 위해서, 시기별로 역할이 서로 다른 네 명의 예언자 시빌을 같이 묘사하는 재치를 발휘했다.[11]

인문학자들에 의해 부활되는 고대의 '황금시대'

시빌이 남긴 것으로 알려진 『시빌 예언서Oracula Sibyllina』에는 "위대한 평화는 모든 땅에 펼쳐질 것이다. 그리고 별이 빛나고 있는 천상에서 영원히 죽지 않는 자는, 전 지상의 인간들을 위해 공통의 법률을 공표하실 것이니!"라는 구절이 있다.

이 짧은 구절에는 문명화가 덜 된 세계에 불멸의 신이 나타나, 법률을 공표하여 새로운 세계를 열게 될 것이라는 예언이 담겨 있다. 이러한 예언은 로마제국 최초의 황제인 아우구스투스 시대에 들어서면서, 시인 베르길리우스에 의해 '황금시대'라는 개념으로 재창조된다.[12] 로렌초 측근에 있던 인문학자들은 피렌체의 '새로운 시대'의 모델로 로마제국의 '황금시대'를 그대로 받아들이게 된다.

고대 로마제국 시대에 베르길리우스가 생각했던 새로운 지도자는 황제 아우구스투스였지만, 피렌체의 새로운 지도자는 '위대한' 로렌초였다. 그리고 르네상스 시대의 피렌체는 1500년 전에 황금시대를 구가하던 고대 로마제국의 수도 로마의 모습을 닮아가게 된다. 또한 로렌초의 측근에 있던 피치노와 미란돌라 같은 인문학자들은 아우구스투스 곁에서 '메세나'가 되었던 베르길리우스와 『변신 이야기』의 저자인 오비디우스의 역할을 맡게 된다.

고대 로마제국 황금시대의 옷으로 치장되는 피렌체 르네상스

메디치 가문에 행운은 계속되었다. 로렌초의 둘째 아들 조반니가 열세 살이 되던 해에 로마 교황청의 추기경으로 임명된 것이다(후에 교황 레오 10세가 된다). 어린 조반니가 추기경으로 임명되는 데 소요된 비용이 무려 10만 플로린(한화로 800억 원 상당)이었다고 한다.[13] 로렌초와 측근에 있는 인문학자들의 피나는 노력을 직접 확인할 수는 없지만 얼마나 대단한 것이었는지 짐작할 수는 있을 것 같다(당시 종교법에 의하면, 추기경으로 임명되기 위해서는 열여섯 살이 넘어야 했다).

르네상스 시대 피렌체 세속권력의 주인공이었던 로렌초와 인문학자들은 교황청에 영향력을 미칠 수 있는 종교권력까지 동시에 갖게 되었다. 이제 이들은 중세 시대와 단절된 새로운 시대를 연 것에 만족하지 않고, 더 큰 권력을 원했다. 그들은 세속권력과 더불어 종교권력까지도 세습할 수 있게 하여 메디치 가문의 번영이 지속되기를 바랐다.

이렇게 1400년대 후반 피렌체를 중심으로, 고대 로마제국 시대에 로마를 중심으로 세계 평화가 유지되던 '팍스 로마나 시대'의 영광을 부활하려는 움직임이 펼쳐진다. 그리고 로렌초 측근에 있던 인문학자들의 정치적 욕망이 변화하면서, 르네상스 창조의 공간은 로마제국 황금시대의 옷으로 갈아입게 된다.

인문학자들은 황제 아우구스투스의 모습을 로렌초에게 투영하기 위해, 로렌초 우상화 프로젝트에 착수한다. 피렌체 사회는 한편으로 고대 로마제국의 황금시대로 탈바꿈하기 시작하고, 다른 한편으로는 별들의 움직임에서 인간의 운명을 읽는 점성술과 신비주의에 심취하기 시작한다.

메디치 은행의 탄생과 몰락[14]

　1397년 코시모의 아버지 조반니 디 비치가 5500플로린, 바르디 가문이 2000플로린, 그리고 다른 가문이 2500플로린, 이렇게 총 1만 플로린(80억 원)을 투자해 피렌체에 새로운 은행을 열었다. 조반니가 사망할 때까지 23년 동안 메디치 은행은 15만 2820플로린의 수익을 올렸다. 수익의 4분의 3은 메디치 가문의 몫이었다.

　메디치 은행의 주 수익원은 해외 무역에 필요한 돈(오늘날의 환어음)을 결제해주는 환전업이었다. 1463년에 베네치아의 메디치 은행이 한 기업의 요청으로 어음을 발행해준 후, 3개월 후에 런던의 메디치 은행이 어음 증서를 소유한 사람에게 돈을 지불할 것을 약속한 환어음을 살펴보자.[15] 이를 통해 메디치 은행이 수익을 창출하는 구조를 살펴볼 수 있다.

　세 달 동안 메디치 은행은 환전 수수료로 34다카트를 받았다. 연간 24~25퍼센트에 해당하는 수익률이다. 메디치 은행은 이러한 방식으로 수익을 올렸다.

† *YHS 1463 a di 20 lujo in Vinexia [Ducati] 500*

Pagate per questa prima a uxo a Ser Girardo Chanixiani ducati

zinquezento a sterlini 47 per ducato per altretanti qui da ser

Pierfrancesco di Medizi e conpagni. Cristo vi quardi

Bartolomeo Zorzi e Ieronimo Michiel

● 1463년 7월 20일 메디치 은행의 베네치아 지점은 베네치아에 있는 바르톨로메오 회사의 요청으로 500다카트에 상당하는 어음을 발행했다. 그리고 세 달 후에 런던에서 메디치 은행의 런던 지점장인 지라르도(Girardo)는 이 어음을 가지고 온 사람에게 500다카트를 지불했다(환율은 1다카트=47스털링). 최종적으로 베네치아에 있는 프란체스코(환어음 발행을 요청한 바르톨로메오 회사의 대리인)는 원금 500다카트와 수수료 34다카트(총 534다카트)를 베네치아에 있는 메디치 은행에 지불했다.

그리고 런던과 벨기에의 브루게에 있는 메디치 은행의 해외 지점들은 환어음을 결제해주는 일 외에도 양모를 수입하여 만든 옷을 다시 수출하는 무역 거점 역할을 했다. 비단 무역도 양모 사업과 같은 형식으로 운영했다. 그래서 해외 지점들 중에서 런던과 브루게 지점의 비중이 컸다. 메디치 은행의 총지배인이 된 프란체스코 사세티도 열아홉 살 때부터 브루게 지점에 근무했으며, 선임자들을 제치고 이 지점의 총책임자로 승진하였다.

메디치 은행 중에서도 교황청이 있는 로마 지점의 역할이 중요했다. 교황청의 금고 역할도 중요했지만, 교황청 소유의 톨바Tolva 광산에서 생산되는 백반alum의 수출 독점권을 메디치 은행이 소유하고 있었기 때문이다. 백반은 양모에 광택을 내고 착색을 하는 데 매우 중요한 광물이었다. 코시모가 메디치 가문의 수장으로 있던 시기만 해도 교황과 사이가 좋아 백반 광산에서 수익을 얻을 수 있었고, 그 결과 메디치 은행은 번성했다. 메디치 은행의 번성기는 1450년대 중반으로, 해외에 있는 지점과 소규모 점포까지 합하면 총 72개나 되었다.

하지만 로렌초 시대에 들어서면, 백반 광산의 독점권과 교황청의 금고 관리도 파치 가문으로 넘어가게 된다. 또한 영국과 브루게 지역의 상인들이 자체적으로 양모를 가공하면서, 피렌체로 들어올 수 있는 양모의 양이 급격히 줄어들게 된다. 이러한 과정에서 메디치 가문은 재정적으로 어려움을 겪게 된다. 결국 런던과 브루게 지점이 문을 닫았고, 프랑스에 있던 아비뇽 지점도 문을 닫았다. 이어 로마 지점과 베네치아 지점까지 폐쇄함으로써, 메디치 가문의 사업은 내리막길로 접어들게 된다.

마키아벨리는 메디치 가문이 경제적 어려움을 겪게 된 원인을 다음과 같이 분석했다. "로렌초는 사업 운이 안 좋았다. 사업을 책임진 해외 지점의 지점장들이 상인이 아니라 마치 귀족처럼 행동하였기 때문이다. 그래서 대부분의 손실은 외국의 지점에서 발생했고, 결과적으로 피렌체 정부는 로렌초에게 거액을 지원해야만 했다." 또한 경제학의 아버지인 애덤 스미스는 로렌초의 사업이 기울게 된 원인에 대해 "정부, 기업의 낭비와 비효율성 때문으로, 귀족은 상인으로서 성공할 수 없다"라고 결론지었다. 같은 현상을 놓고 정치가와 경제학자의 분석은 서로 비슷했다.

로렌초는 조카인 피에르프란체스코PierFrancesco de' Medici, 1463~1503로부터 무려 5만 3640플로린(무려 400억 원이 넘는 거액이다)을 차입하고도 상환하지 못할 정도로, 재정적 어려움을 겪고 있었다. 이 문제로 결국, 차남 가문(코시모보다 먼저 세상을 떠난 동생 로렌초 가문)과 불화를 겪게 된다. 그리고 1494년 메디치 가문이 피렌체에서 추방당하면서, 메디치 은행은 97년 만에 문을 닫게 된다.

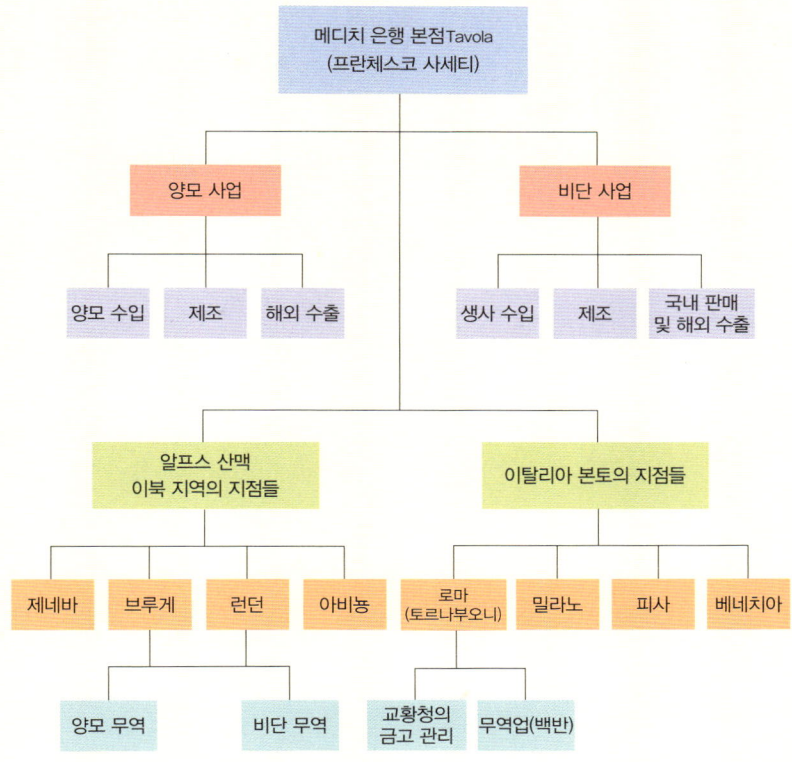

```
              메디치 은행 본점Tavola
                (프란체스코 사세티)
         ┌──────────────┼──────────────┐
    양모 사업                        비단 사업
  ┌────┼────┐                   ┌────┼────┐
양모 수입  제조  해외 수출       생사 수입  제조  국내 판매
                                              및 해외 수출
```

```
          ┌──────────────────┬──────────────────┐
    알프스 산맥                      이탈리아 본토의 지점들
   이북 지역의 지점들
  ┌────┬────┬────┐        ┌────┬────┬────┬────┐
제네바 브루게 런던 아비뇽    로마   밀라노  피사  베네치아
      ┌────┴────┐        (토르나부오니)
   양모 무역  비단 무역      ┌────┴────┐
                         교황청의   무역업(백반)
                         금고 관리
```

● 로렌초가 물려받은 메디치 가문의 사업 구조.

플라톤 아카데미 인문학자들,
로렌초가 주인공인
피렌체 황금시대의 도래를 기원하다

Renaissance

메디치 가문의 카스텔로 별장,
산드로 보티첼리의 〈비너스와 마르스〉

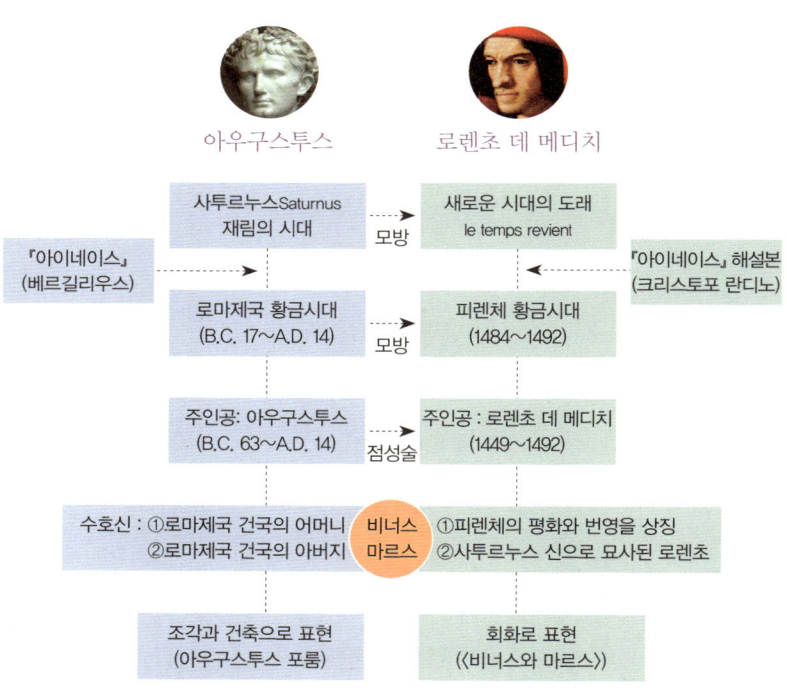

아우구스투스　　　　　　　로렌초 데 메디치

사투르누스Saturnus 재림의 시대	---모방--->	새로운 시대의 도래 le temps revient

『아이네이스』
(베르길리우스) ---->　　　　　　　　<---- 『아이네이스』 해설본
(크리스토포 란디노)

| 로마제국 황금시대
(B.C. 17~A.D. 14) | ---모방---> | 피렌체 황금시대
(1484~1492) |

| 주인공: 아우구스투스
(B.C. 63~A.D. 14) | 점성술 | 주인공 : 로렌초 데 메디치
(1449~1492) |

| 수호신 : ①로마제국 건국의 어머니
②로마제국 건국의 아버지 | 비너스
마르스 | ①피렌체의 평화와 번영을 상징
②사투르누스 신으로 묘사된 로렌초 |

| 조각과 건축으로 표현
(아우구스투스 포룸) | 회화로 표현
(《비너스와 마르스》) |

● 로마제국과 피렌체의 황금시대 비교.

로렌초에게는 행운이 계속 따랐다. 로렌초의 재산 덕택에 새롭게 교황으로 선출된 인노켄티우스 8세는 로렌초에게 무척이나 호의적이었다. 교황으로부터 교황청의 모든 외교 문서를 넘겨받아 외교 정책을 총괄하게 된 로렌초는 베네치아와 협력을 맺고 이탈리아에 평화를 가져다주었다. 당연히 피렌체에도 평화가 찾아왔다. 로렌초 측근에 있는 인문학자들은 이 기회를 놓치지 않고, 피렌체에서 권력을 강화해 나가기 시작했다.

　하지만 이 과정에서 인문학자들은 메디치 가문이 오랫동안 간직해온, 시민 공동체를 중시하는 가치관을 까맣게 잊어버리고 만다. 평화의 포도주에 취해 있던 피렌체 시민들도 이 사실을 알아차리지 못했다. 메디치 가문에 항상 반감을 보여왔던 마키아벨리만이 후에 "로렌초와 그 정치적 후원자들은 피렌체에서 어느 세력도 대항할 수 없는 권

력의 왕국을 건설하였다"고 비판했다.[1]

인문학자들은 로렌초가 스무 살의 나이에 마상 창 대회에 참가하면서, 시민들에게 선보였던 새로운 시대의 구체적인 모습을 완성하기 시작했다. 이들은 로렌초가 인도할 피렌체의 새로운 시대의 모델을 로마제국의 황금시대를 예언했던 『아이네이스』라는 문학작품에서 찾았다. 이 작품은 기원전 20년경에 로마제국 최고의 시인 베르길리우스가 로마제국의 건국 과정을 신화로 포장한 대서사시이다. 아우구스투스 황제의 후원을 받은 베르길리우스는 로마제국의 황금시대에 아우구스투스 황제가 절대 권력을 갖게 되는 배경을 노래했다. 로렌초 측근에 있는 인문학자들이 보기에 이 작품은 황제 아우구스투스를 피렌체 황금시대의 지도자가 될 로렌초로 대치하기에 안성맞춤이었다.

피렌체 황금시대의 구체적인 모습을 기획하는 책임은 플라톤 아카데미에서 활동하는 인문학자들이 맡았다. 로마제국의 황금시대를 피렌체에 문학적으로 부활시키는 책임은 『아이네이스』 해설서를 쓴 크리스토포로 란디노가 맡았다. 그리고 황제 아우구스투스를 로렌초로 대치하는 작업은 행성의 움직임으로 인간의 운명이 결정된다고 믿었던 마르실리오 피치노가 맡았다. 신비주의와 점성술에 심취해 있던 피치노는 로렌초와 황제 아우구스투스 모두 신비로운 별인 토성(라틴어로 사투르누스 Saturnus, 영어로 새턴Saturn)의 기운을 받아 태어났다고 믿었기 때문이다.

마지막으로 플라톤 아카데미의 준회원이었던 화가 보티첼리가 피렌체에 로마제국의 황금시대가 재림하는 모습을 회화로 표현하는 책임을 맡았다. 로렌초의 측근들은 평화로운 시대에는 가슴을 뛰게 하는 격렬한 문장 한 구절보다 그림을 통해 정치적 메시지를 반복적으로 전달하

는 것이 효과가 크다는 것을 잘 알고 있었다.[2]

이상적인 비율로 묘사된 비너스의 아름다운 몸매와 바람에 흩날리는 갈색 머리에 수많은 사람들이 찬사를 던진 〈비너스의 탄생〉, 그리고 비너스와 전쟁의 신 마르스의 연애 사건으로 종종 해석되기도 하는 〈비너스와 마르스〉는 피렌체에 도래할 새로운 황금시대의 모습을 제시하려는 대표적인 정치적 홍보물이다. 신화로 치장된 로마제국의 건국 과정을 알고 보아야만 이 작품들의 진가가 드러난다. 역사의 시계를 잠시 로마제국이 탄생하던 기원전 200년경으로 돌려보자.

로마제국의 황금시대가 부활하다

율리우스 카이사르의 양아들로 로마제국 최초의 황제가 된 아우구스투스는 자신이 통치하는 로마제국을 찬양할 훌륭한 서사시가 필요했다. 결국 황제의 후원을 받고 있던 시인 베르길리우스는 『아이네이스』라는 작품에서 아우구스투스를 로마 황금시대의 주인공으로 등장시켰다('황금시대의 재림'이라고도 한다). 아우구스투스의 후원으로 창작에만 몰두했던 베르길리우스는 로마 건국신화를 쓰면서 작품 곳곳에 자신의 주군을 신격화해놓았다(그는 이 책을 출판하지 못한 채 사망했다).[3]

이 작품은 아들 제우스에 의해 쫓겨난 사투르누스(제우스의 아버지 크노소스Knossos)가 현재 로마가 위치한 지역에 나라를 세우고 이름을 라티움Latium이라 불렀다는 내용으로 시작한다.[4] 그리고 시인은 사투르누스에 의해 탄생된 로마제국 건국기를 첫번째 황금시대라고 부른다(제

8권, 319~324행).

　이어 "사투르누스가 다스리던 라티움 들판에, 아우구스투스가 또다시 황금시대를 열 것"이라는 대목에서, 아우구스투스가 다스리는 황금시대가 재림할 시기가 다가오고 있음을 예고한다(6권 791~794행). 마지막으로 이 시인은 "그러다가 여왕이자 여사제인 레아 실비아가 전쟁의 신 마르스에 의해 잉태하여 마침내 쌍둥이 아들(로마제국을 건국한 로물루스와 레무스 형제)을 낳게 되리라! 나는 이들에게 무한한 권력을 주었다"라고 묘사하고 있다. 평범한 문장 같아 보이지만, 이 글은 로물루스의 후손인 아우구스투스가 1인 절대 권력을 쥐는 정당성을 마련하기 위해 쓰인 중요한 대목이다.

　신들의 이야기 속으로 잠깐 들어가보자. 로마의 첫번째 왕이 된 로

● 카피톨리노 언덕에 있던 신전의 상상도. 왼편이 제우스 신에게 쫓겨나 로마 지역에 라티움이라는 나라를 세운 사투르누스 신전이고 오른쪽은 베스파시아누스 신전이다.

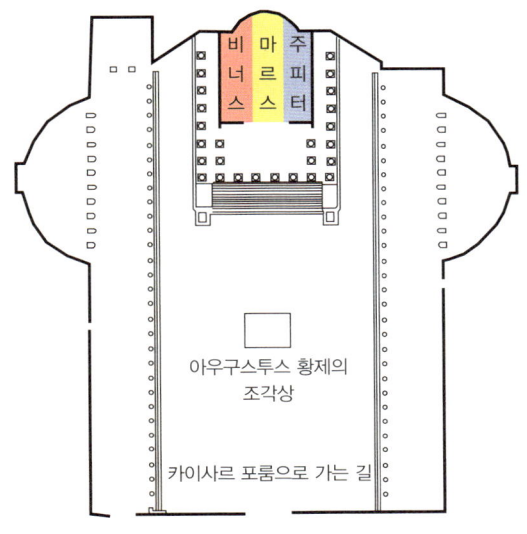

비너스

마르스

주피터

아우구스투스 황제의
조각상

카이사르 포룸으로 가는 길

● 아우구스투스 포룸 배치도.

물루스의 어머니 레아 실비아(일리아)는 『아이네이스』의 주인공 아이네
이아스의 후손이다. 또한 아이네이아스는 여신 비너스가 트로이 왕족
인 안키세스Anchises와 결혼하여 낳은 아들이기 때문에, 로물루스는 모
계母系로 보아 여신 비너스의 후손인 셈이다. 그리고 전쟁의 신 마르스
와 아이네이아스의 후손인 레아 실비아 사이에서 태어난 아들이 로물
루스이기 때문에, 부계父系 쪽으로는 마르스 신의 후손이 된다.

시인 베르길리우스가 창조한 건국신화 덕분에, 로물루스의 후손으로
'황금시대'의 지도자가 된 아우구스투스는 비너스와 마르스의 후손이
되었다. 로마에 있는 아우구스투스 포룸에 비너스와 마르스의 형상이
등장하는 것도 이러한 건국신화를 바탕으로 포룸이 건설되었기 때문이
다. 베르길리우스는 로물루스를 로마제국을 창시한 왕으로 보았고, 로

물루스의 후손인 아우구스투스는 제국을 중흥해 황금시대로 이끈 황제로 묘사했다. 아우구스투스가 지배한 시대를 황금시대의 재림으로 보았던 피렌체의 인문학자들은 다시 그 황금시대가 피렌체에 그대로 재현될 것을 고대하고 있었다.(280쪽 참조)

로마제국 탄생의 어머니 비너스를 피렌체로 모셔오다

로렌초를 피렌체의 황금시대를 열어갈 영웅으로 신격화하는 일은 쉽지 않았다. 종교권력이 아무리 약해졌다 해도 당시는 기독교를 위해 순교하거나 생전에 기적을 행한 고위 성직자들만이 성인으로 추앙받을 수 있는 시대였기 때문이다. 한발 뒤로 물러선 인문학자들은 당시 피렌체 사회 곳곳에 스며들고 있던 점성술을 활용하여, 피렌체에도 황금시대가 오고 있다는 정치적 선전을 하게 된다.

로렌초가 집권하고 있던 당시에 점성술을 연구하던 학자들은 피렌체 외곽에 있는 카레지 별장에서 정기적인 모임을 가졌다. 그리고 로렌초는 이 별장을 '사투르누스가 재림한 장소'라고 이름 지었다.[5] 과거에 로마를 건국한 사투르누스가 피렌체에 재림함으로써, 피렌체에도 머지않아 황금시대가 오리라는 기원을 담은 이름이었을 것이다.

마침 신기한 현상이 피렌체 밤하늘에 나타났다. 아기 예수가 탄생할 때 큰 별이 나타나 동방박사들이 목격했던 것처럼, 1482년 12월에 피렌체 밤하늘에 밝은 빛을 내는 커다란 별이 나타난 것이다.[6] '사투르누스가 재림한 장소'에 있던 인문학자들은 점성술로 탁월한 예언 능력을 지녔다는 수도사에게 편지를 보내는 등 부산을 떨기 시작한다. 그리고 이들은 이러한 이례적인 천체 현상을 피렌체에서 황금시대가 탄생하는 길조로 믿기 시작했다. 이러한 길조를 그림으로 묘사한 대표적인 작품이 바로 〈비너스의 탄생〉이다.[7]

이 작품에서 화가 보티첼리는 여신 비너스가 서풍의 신 제피로스가 부는 바람에 떠밀려, 꽃의 여신 플로라가 환영하는 장소로 이동하는 모습을 묘사했다. 이탈리아반도는 서풍이 불면 추운 겨울이 가고 따뜻한 봄이 오기 때문에, 화가는 황금시대를 잉태한 여신 비너스를 등장시켜, 피렌체에도 황금시대가 펼쳐질 것이라는 희망을 그려내고 있는 것이다. 보티첼리는 비너스가 피렌체로 향하고 있다는 확신을 주기 위해서, 꽃의 도시 피렌체를 상징하는 꽃의 여신 플로라를 작품에 그려 넣었다. 이렇게 그림을 통해 정치적 메시지를 은유적으로 잘 전달하는 것이 보티첼리가 가진 재능 중 하나이다. 그래서 보티첼리는 당시 최고의 실력자인 인문학자들로부터 신임을 받을 수 있었다.

이제 로렌초와 아우구스투스 사이에 유사성만 찾아내면, 다가올 황금시대의 주인공으로 로렌초를 우상화할 수가 있었다. 이 과정에서 몇몇 인문학자들은 점성술사로 변모한다.

로렌초를 위해 로마로 간 인문학자들

고대부터 신을 모시던 신관들은 우주의 질서가 새벽 하늘에서 빛나는 토성에서 시작하여 태양에서 막을 내린다고 생각했기 때문에, 토성

● 산드로 보티첼리, 〈비너스의 탄생〉(1484~1486), 우피치 미술관 소장. 가운데의 비너스를 중심으로 왼쪽에는 서풍의 신 제피로스와 요정 클로리스가, 오른편에는 꽃의 도시 피렌체를 상징하기 위해 그려 넣은 꽃의 여신 플로라가 있다.

을 신성한 별로 여겼다. 마찬가지로 토성의 기운을 받고 태어난 인물들은 당연히 신성하게 여겨졌다. 로마의 신전을 지키는 제사장들도 황금시대를 연 사투르누스가 토성의 신성한 기운을 받았다고 생각했다. 그래서 로마제국 시대에 들어서면 자신들의 권력을 신성화하려는 지도자들은 자신이 토성의 기운을 받고 태어났다는 것을 증명하려고 온갖 수단을 강구했다. 로마 사회를 지배하는 자신의 권력을 점성술로 신성화하려고 했던 것이다.

사투르누스의 후손인 아우구스투스도 토성의 기운을 받고 태어났다는 신화로 포장되었다. 아우구스투스 시대의 치적을 칭송하기 위해서 발행된 기념주화에서 이러한 당시의 믿음이 반영된 상징을 어렵지 않게 찾아볼 수 있다. 이 주화 앞면에는 월계관을 쓴 아우구스투스의 형상이 있고, 뒷면에는 염소의 형상이 있다.

르네상스 시대에 플라톤 아카데미에서 점성술을 연구하던 인문학자들도 로마제국 황금시대의 주인공인 사투르누스를 상징하는 토성과 로렌초 사이의 연관성을 꼼꼼히 살펴보기 시작한다. 우선 로렌초의 출생 연월일과 관련된 별자리 점을 따져보기 시작했다.

로렌초는 1448년 1월 1일, 태양이 막 떠오르기 직전에 태어났다. 서양 점성술에 의하면 새해 첫날에 떠오르는 태양은 토성의 기운을 받게 되어 있고, 토성의 기운을 받은 태양은 별자리 중에서 특히 염소자리 Capricornus를 빛내주었다고 한다. 그래서 초하루에 태어난 로렌초는 토성의 기운을 받고 태어난 신비한 인물이며, 별자리로 보면 염소자리가 되는 셈이다. 우리 식으로 말하자면, 로렌초는 지도자가 될 사주팔자를 타고난 셈이다.

● 고대 로마제국 시대의 주화. 앞면에는 아우구스투스 황제의 형상이(왼쪽), 뒷면에는 아우구스투스 황제를 상징하는 염소(자리)가(오른쪽) 부조되어 있다.

인문학자들은 염소자리를 매개로 로마제국에 황금시대를 부활시킨 아우구스투스와 로렌초 사이의 유사성을 찾는 데 성공했다. 점성술에 기반을 두고 카레지 별장에 모인 인문학자들은 염소자리인 로렌초를 피렌체에 황금시대를 열 새로운 지도자로 부각하기 시작한다. 로렌초와 측근 인문학자들은 이러한 점성술을 굳게 믿었고, 지도자로서 로렌초의 신성한 운명을 마음속으로 흠모하기 시작한다. 이어 이들은 화가 보티첼리의 예술적 재능을 빌려 로렌초를 로마제국 황금시대의 지도자 아우구스투스와 일체화하려는 정치적인 메시지를 그림으로 표현하게 된다.

보티첼리의 손에서 탄생한 피렌체 황금시대의 주인공 로렌초

보티첼리가 그린 〈비너스와 마르스〉라는 작품을 보면, 미의 여신 비너스가 곤히 잠들어 있는 전쟁의 신 마르스를 그윽한 눈길로 바라보는 모습을 볼 수 있다.

고대 그리스 신화에 의하면, 바람기가 많았던 비너스는 마르스만큼은 진정으로 사랑했다고 한다. 그래서 이 작품은 결혼 선물용으로 제작된 것이라는 오해를 받기도 한다.[8]

하지만 이 그림은 로렌초에 의해 피렌체에도 과거 로마제국과 같은 황금시대가 오고 있음을 알리려는 대표적인 작품이다. 앞서 설명했듯 비너스는 고대 로마제국의 기초(황금시대)를 마련한 아이네이아스의 어머니이고, 마르스는 로마제국을 건국한 로물루스와 레무스 형제의 아버지이다. 화가는 야만인들이 살던 라티움(현재 로마 지역)에서 황금시대를 펼친 로마인들의 어머니母系와 아버지父系를 피렌체로 모셔와, 피렌체에도 황금시대가 도래하고 있다는 선전을 하려고 했다.

그러나 로렌초를 로마제국 황금시대의 주인공인 아우구스투스와 연결시켜야 되는 마지막 단계가 남아 있었다. 인문학자들은 이러한 연결 고리를 로마제국 시대에 행해지던 축제에서 찾았다. 고대 로마제국 시대에는 전쟁의 신 마르스를 기리는 축제가 1년에 두 번씩 벌어졌다. 축제 때마다 어린 소년들은 가죽 갑옷을 걸치고, 원뿔형 전투모를 쓰고, 왼손에는 방패를 들고 무리를 지어 축제 행렬에 참여하였다고 한다. 기록에 의하면 황제 아우구스투스도 어린 시절에 전쟁의 신 마르스를 기리는 축제의 회원이었다. 그래서 이 그림에는 소년들로 묘사된 숲의 신 사티로스Satyros가 여러 명 묘사되어 있다.[9]

또한 화가는 하반신은 염소의 모습인 사티로스를 통해 로마제국 황금시대의 주인공 아우구스투스와 신성한 염소자리를 지니고 태어난 로렌초를 연결시키려고 했다. 로렌초 측근에 있는 인문학자들은 화가 보티첼리의 화려한 붓을 빌려, 로렌초를 아우구스투스와 같은 위치에 올려놓을 수 있었다. 이것만으로 안심이 안 되었는지, 화가는 평소에 로렌초가 자주 즐기던 마상 창 대회에서 사용한 긴 창을 그려넣는다. 이러한 과정을 거치면서 로렌초를 피렌체의 황금시대를 열어갈 신성한 지도자로 부각하려는 정치적인 의도가 드러나게 된다.

그러나 인문학자들은 로렌초를 로마제국 황금시대의 주인공으로 만드는 것만으론 만족하지 못했다. 이들은 로마제국보다 더 먼 과거에서 피렌체 황금시대의 모델을 다시 찾아내려 했다. 항상 더 오래된 과거가 현재보다 이상적이라고 굳게 믿었기 때문이다. 이들이 찾아 나선 것은 바로 로마인들이 그리던 황금시대의 이상향이었다.[10]

인문학자들은 우주에 떠다니는 별들의 움직임에서 눈을 떼지 못했다. 아기 예수의 탄생을 축하하는 동방박사 경배 축제나 수호성인들에게 봉헌하는 종교 축제 행렬보다 하늘의 별들을 기리는 축제 행렬이 더 중요하게 생각되었다. 그러자 피렌체 사회 전체가 신비주의의 물결로 출렁이기 시작한다.

● 산드로 보티첼리, 〈비너스와 마르스〉(1483). 런던 내셔널 갤러리 소장. 비너스와 마르스 주변의 염소 뿔이 나고 하반신이 염소 털로 뒤덮인 소년들은 사티로스이다. 고대 로마제국 시대에는 전쟁의 신 마르스를 기리는 축제가 있었는데, 이 축제 행렬에는 갑옷을 입은 소년들이 행진했다고 한다. 어린 시절 아우구스투스 역시 이 축제의 회원이었다. 화가는 아우구스투스와 로렌초의 공통점인 염소형상의 사티로스를 표현하면서 로렌초를 강력하게 암시하기 위해 로렌초가 어린 시절 우승했던 마상 창 대회 때 사용한 긴 창을 그려넣었다.

플라톤 아카데미 인문학자들이
활용했던 로마제국의 황금시대관

플라톤 아카데미의 인문학자들은 인간을 포함한 동물의 육체는 원시적인 상태보다 현재가 나은 것이라고 생각했다. 하지만 인간이 살던 시대는 과거가 현재보다 낫다고 믿었다. 이들은 과거에는 일을 하지 않아도 먹을 것이 풍부했고, 서로 다투지 않아도 평화롭게 살 수 있었다고 생각했다. 황금시대는 항상 '풍요와 평화'의 시대를 의미했다.[11] 그래서 이들 인문학자는 현재보다 과거에서 이상향을 찾았다. 그리고 그 황금시대에는 항상 주인공이 있었다.

사세티 기도실에 장식된, 예언자 시빌의 이야기부터 들어보자.[12]

모든 것을 낳는 대지는 자신의 최상의 열매, 빵, 포도주, 그리고 야생 올리브를 끝도 없이 필멸의 존재들에게 베풀 것이기 때문이라네. (……) 지상에는 그 어떤 칼도 그 어떤 전쟁의 소음도 존재하지 않을 것이라네.

(……) 그러나 위대한 평화는 모든 땅에 펼쳐질 것이고 언제까지나 왕과 왕은 친구로 지낼 것이라네. 그리고 별이 빛나는 천상의 불사자不死者는, 전 지상의 인간들을 위해 모두가 복종해야 하는 법률을 공표하실 것이니.

예언자 시빌이 묘사한 황금시대도, 풍부한 빵과 포도주와 올리브가 있고 또한 전쟁의 소음이 들리지 않는 풍요롭고 평화로운 시대였다. 그리고 이 황금시대를 법률로 다스릴 불사자가 등장하는데, 그가 바로 황금시대의 지도자이다.

로마제국 시대의 시인 베르길리우스에겐 불사자는 곧 아우구스투스라는 생각이 곧바로 떠올랐을 것이다. 그래서 그는 기원전 19년에 『아이네이스』를 완성하면서, 시빌이 예언한 황금시대를 로마제국에 부활시켰다. 이 작품에서 베르길리우스는 로마제국을 탄생시킨 아버지 아이네이아스를, 이집트 여왕 클레오파트라와의 전쟁을 승리로 이끈 아우구스투스 황제와 연결시킨다. 그러고는 이 황제에게 절대 권력을 주었다. 황제정치를 정당화한 것이다.

이어 베르길리우스는 『목가Ecologae』라는 전원시를 통해 아우구스투스 황제에 의한 '황금시대의 재림'을 다시 한번 강조하고 있다(제4편, 4행~10행).

이제 쿠마이Cumaei를 칭송할 마지막 시대가 다가왔다. 위대한 시대가 다시 새롭게 시작될 것이다. 이제 비르고Virgo가 돌아오고, 사투르누스가 다스리는 시대가 다시 오고 있다. 이제 새로운 세대가 저 높은 하늘에서 내려온다. 오직 당신만이, 순결한 루치나Lucina여, 새롭게 태어나는 아이에게 호의를 베푸소서. 우선 철의 종족이 지배하던 시대가 사라지고, 황금의 시대가 전 세계에 도래하나니! 당신의 아폴로가 이제 왕이 되리!

이 시구의 쿠마이는 알렉산드로스 대왕이 세운 마케도니아 왕국이 지배하고 있던 마지막 식민지로 이탈리아 남부에 위치한다. 그러므로 쿠마이를 칭송할 마지막 시대가 도래했다고 묘사한 첫 구절은, 마케도니아 왕국이 멸망하고 새로운 로마제국이 등장하고 있음을 암시하는 것이다. 그리고 비르고는 동정녀를 뜻하기도 하지만, 타락해가는 인간의 모습을 피해 천상으로 다시 돌아간 '정의Justice'를 의미하기도 한다. 그러므로 쿠마이가 멸망하고 비르고가 돌아온다는 의미는 '정의를 중요한 가치로 생각하는 새로운 국가가 탄생한다'는 의미이다.

이어 베르길리우스는 사투르누스가 다스리는 시대가 다가오고 있다는 예언을 하고 있다. 이 시대는 사투르누스라는 신에 의해 모두가 즐길 수 있는 태평성대를 의미한다. 그다음에 등장하는 루치나는 출산을 도와 출산의 위험과 고통을 덜어주는 여신이다. 베르길리우스는 사투르누스를 등장시켜, 곧 태평성대가 올 것이며, 이 태평성대가 뿌리를 내릴 때까지, 새로운 지도자에게 호의를 베풀어달라는 기원을 하고 있는 것이다.[13]

플라톤 아카데미의 인문학자들은 '풍요롭고 평화로운 시대'의 모델을 고대 로마제국이 그렸던 황금시대에서 찾았다. 그리고 아우구스투스 황제의 후원을 받았던 베르길리우스가 했던 것처럼, 로렌초의 후원을 받던 인문학자들도 로렌초가 '피렌체 황금시대'의 지도자가 되기를 그림으로 염원했던 것이다.

{14}

플라톤 아카데미 인문학자들,
'위대한' 로렌초를
피렌체 황금시대의 왕으로 추대하다

Renaissance

**메디치 저택,
루카 시뇨렐리의 〈판의 궁정〉**

 루카 시뇨렐리
Luca Signorelli, 1441~1523

피렌체 남동쪽에 위치한 아레초에서 태어나 화가였던 삼촌으로부터 그림을 배웠다. 시뇨렐리는 해부학을 배워 인체를 마치 살아 있는 듯 묘사하는 뛰어난 재능을 지녔었다고 한다. 미켈란젤로를 신처럼 떠받들던 바사리도, 미켈란젤로가 시뇨렐리의 영향을 가장 많이 받았다고 인정했다. 〈판의 궁정〉이라는 작품은 시뇨렐리가 피렌체 화가들의 화풍을 연구하기 위해 피렌체를 방문했던 1490년대 초반에 로렌초의 측근들로부터 주문받아 작업한 것이다. 후에 이 작품은 베네치아 화가들(특히 조르조네의 〈전원의 합주〉라는 작품)에게 영향을 미칠 정도로 명성이 자자했다고 한다. 그러나 시뇨렐리는 자신의 화풍과는 반대로, 화려한 의상을 즐겨 입고 귀족 같은 삶을 누렸으며, 여든두 살까지 장수하였다.

한때 로렌초 측근에 있던 인문학자들은 피렌체에 펼쳐질 황금시대의 구체적인 모습을 로마제국의 황금시대를 묘사한 문학작품에서 찾았다. 하지만 이들은 인간이 중심이었던 황금시대의 단계를 넘어 신의 축복을 받을 수 있는 새로운 황금시대를 갈망하기 시작했다. 이들은 판Pan 이라는 신의 축복으로 목동들이 평화로운 전원생활을 하는 아르카디아 Arcadia를 새로운 황금시대의 모델로 삼았다.[1] 고대 신화에 의하면 그리스의 아르카디아라는 전원에는 목동들이 수호신으로 여기는 판이라는 신이 요정들과 함께 풍요롭게 살고 있었다고 한다. 판이 살고 있는 이들판은 천국이었다. '풍요'와 '평화'라는 두 단어로 상징되었던 황금시대에 음악과 춤이 넘치는 '즐거움'까지 덧붙여진 것이다. 인문학자들의 이 상향은 이제 로마 시대에 만족하지 못하고, 더 먼 과거인 그리스 황금시대까지 다다랐다.

한편 플라톤 아카데미의 리더 격인 피치노는 마술을 이용하여 인간이 우주에 있는 행성들로부터 받는 기운을 조절할 수 있다고 생각했다. 이때가 1480년대 후반으로, 의사의 길을 가려고 했던 피치노가 인간의 질병을 우주의 기운으로 치료할 수 있다는 책을 펴낸 시점이다 (1489년에 출판된『삶에 대한 세 권의 책De vita libri tres』이라는 의학 서적). 이와 때를 같이하여 우주의 신비로운 기운을 받으려는 피렌체 시민들 사이에 부적과 마술이 유행처럼 번졌다. 바야흐로 피렌체 사회는 신비주의에 휩싸이게 된 것이다. 정치 전면에 나섰던 인문학자들은 이제 점성술사가 되었다.

그리고 이 점성술사들은 우주 만물의 움직임을 관장하는 화신으로 판을 생각하기 시작했다. 종교 의식인 아기 예수의 탄생과 성모마리아, 기독교 성인들을 모시는 축제를 축소하고, 우주의 신비한 기운을 찬양하는 '일곱 행성 축제'를 적극적으로 후원하기 시작한다(1489년에 처음 열렸다).[2]

점성술사가 된 인문학자들은 고대의 현인들이 신전을 건립하고 내부에 조각상을 모셔두면서, 신의 존재를 지켜온 지혜를 기억해냈다. 플라톤 아카데미의 점성술사들은 우주 만물의 움직임을 관장하는 판이라는 신이 피렌체에 현현하기를 기원했다. 플라톤 아카데미가 있는 카레지 별장이 판을 모시는 신전 역할을 했다. 피렌체 정치권력을 장악한 인문학자들이라 해도 교회와 수도원이 신앙활동의 중심이었던 시절에 이교도의 신 판을 기리는 신전을 지을 수는 없었기 때문이다.

인문학자들은 피렌체의 황금시대가 판이라는 신의 도움으로 완성될 수 있으리라는 믿음을 드러내기 위해 화가 루카 시뇨렐리를 선택했다.

● 루카 시뇨렐리, 〈판의 궁정〉(1490년대 초반). 베를린 국립 박물관에 소장되어 있었지만 제2차세계대
전중에 소실되어 현재는 흑백사진으로만 남아 있다. 이 작품은 1490년 시뇨렐리가 피렌체를 방문했을
때 주문받아 그린 것이다.

시뇨렐리는 환상적인 이미지를 표현하는 데 특별한 재능을 지닌 화가였다. 화가는 〈판의 궁정〉이라는 작품 한가운데에 상반신은 인간 모습을 하고 하반신은 염소 모습을 한 판을 그렸다. 피리를 부는 요정과 지팡이를 든 목동들은 판에게 무슨 말인가를 건네고 있는 듯하다. 복잡한 피렌체 도심이 아니라 벌거벗은 요정들이 몸을 숨길 수 있을 만큼 숲이 우거진 전원이 작품의 배경을 이루고 있다.

고대부터 신탁을 내리고 제사를 지내는 신관神官은 항상 존재해왔다. 왕이 그 자리를 겸하거나, 때로는 귀족들 중에서 덕망이 높은 인물들이 신관 직책을 맡아왔다. 피렌체의 점성술사들은 로렌초를 판을 모시는 신관으로 신격화하기 시작했다. 이들은 로마제국 시대에 행성들과 새들의 움직임을 보고 길흉을 예언할 수 있었던 아이밀리우스 파울루스Lucius Aemilius Paullus, ?~B.C. 160 장군을 등장시켜, 로렌초를 판의 신관으로 묘사하려 한다. 이 장면에서 로렌초를 신격화하려는 인문학자들의 정치적 음모가 드러난다.

별들의 축제를 연출하여 로렌초를 신격화하다

고대부터 신탁을 내리는 신관들은 우주를 구성하는 일곱 개의 행성이 홍수와 지진 같은 자연현상과 개인의 길흉에 영향을 준다고 믿고 있었다(망원경이 발명되기 이전에 사람의 육안으로 가장 멀리 볼 수 있는 행성은 토성이었고, 태양에서 시작하여 토성까지 합하면 모두 일곱 행성이다).[3] 점성술을 반대하던 교황 피우스 2세조차도 "고위 성직자는 우주의 비밀을 인간에게 알려주는 점성술을 알 필요가 있다"고 말했을 정도로 르네상스 시대 고위 성직자들도 점성술에 관심이 많았다. 로렌초 또한 피사에 있는 대학교에 점성술 학과를 별도로 설치할 정도로 관심이 많았다.

플라톤 아카데미 소장이었던 피치노는 별자리 점으로 로렌초의 둘째 아들 조반니가 교황이 되리라 예언했다고 한다. 그러자 피치노 주변에 있는 인문학자들은 점점 밤하늘을 밝히는 별들을 관찰하는 점성술에 경도되었다. 이렇게 1480년대 후반에 들어서면, 점성술은 인문학자들과 시민들의 마음에 깊숙하게 자리잡게 된다.[4]

인문학자들은 신비주의를 정치적으로 활용하기 위해 '일곱 행성 축제'(우주 행성의 신비함을 기리는 시민들의 축제)를 주관하는 단체를 조직했다. 이 단체의 책임자로 로렌초의 아들 피에로가 임명되자, 점성술사들도 더욱 자유롭게 활동할 수 있게 되었다.[5] 이러한 과정을 거쳐 정치적 목적으로 일곱 행성 축제를 주관하는 단체가 피렌체에서 열리던 모든 축제를 배후에서 조종하게 된다. 이 단체는 피렌체 시의 수호성인 세례자 요한을 기리는 신성한 종교 축제에도 일곱 행성 축제 행렬을 끼워넣을 정도로 이 축제를 중요하게 여겼다. 그러자 우주의 신비한 기운으로 피렌체에 평화와 번영이 오기를 기원하면서 시작된 시민들의 축제가 로렌초를 신격화하는 축제로 변질되기 시작한다.

1491년에 일곱 행성 축제가 열리던 장면을 묘사한 기록을 보면, 로렌초 측근들의 정치적 의도를 쉽게 찾을 수 있다. 기록에는 "로렌초는 행성들의 축제를 주관하는 단체를 후원하여, 그 자신만의 가상 공간을 연출해냈다. 그리고 아이밀리우스 파울루스 장군은 40~50년 동안 사람들이 세금을 내지 않아도 로마가 지탱될 수 있을 만큼의 보물을 열다섯 대의 마차에 실어 도시로 가지고 돌아왔다. 이전에는 누구도 이만큼의 보물을 가져온 적이 없었다"라고 묘사되어 있다.[6]

파울루스 장군은 알렉산드로스 대왕이 세운 마케도니아왕국을 멸망시킨 뒤, 250대의 마차에 전리품을 가득 싣고 로마로 돌아온 용맹한 장군으로 알려져 있다. 인문학자들은 이 장군이 했던 또다른 역할을 알고 있었다. 파울루스는 일찍이 새가 나는 모양과 하늘의 변화를 보고 점을 치는 점술원의 복점관卜占官으로서, 수시로 로마에서 행해지는 모든 제사의 격식을 결정하는 중요한 직책을 맡았다. 한마디로 신탁을 내릴 수 있는 신관의 위치에 있었던 것이다. 인문학자들에게 아이밀리우스 파울루스 장군은 용맹함을 갖춘 사람일 뿐만 아니라 우주 행성계의 변화를 읽어낼 수 있었던 신성한 사람으로 받아들여졌다.

당시 인문학자들은 로렌초와 아이밀리우스를 곧바로 연결짓기 위해 축제 행렬에 아이밀리우스를 등장시켰다. 이렇게 로렌초는 로마제국의 황금시대를 연 황제 아우구스투스를 뛰어넘어, 하늘의 뜻을 읽어낼 수 있는 예언 능력까지 갖춘 신성한 지도자로 재탄생하게 된다. 이러한 정치적 목적으로 인문학자들은 신성한 로렌초에 의해 펼쳐질 피렌체 황금시대의 모습을 화가 시뇨렐리에게 그려달라고 주문하게 되는 것이다. 물론 화가는 로렌초를 황금시대의 이상향 아르카디아를 다스리는 판이라는 구체적인 신으로 신격화하는 장식물을 묘사하는 것을 잊지 않았다.

종교와 정치를 분리하려 했던 로렌초와 인문학자들

화가 시뇨렐리가 그린 작품의 원래 제목은 '아르카디아의 신 판Pan Deus Arcadia'이다. 그리스 신화에 등장하는 목동들의 수호신 판이 주인공이다(우리나라에서는 '목신木神'으로 알려져 있다). 하지만 판이라는 단어는 어원적으로 '모든 것'이라는 의미를 지니고 있기 때문에 판은 주로 '우주 만물을 관장하는 신'으로 인식되었다.

폴리치아노는 로렌초가 주인공이 될 황금시대의 이상향을 고대 로마제국의 베르길리우스가 쓴 『목가』에서 찾았다.[7] 이 작품에서 다음과 같은 구절을 발견할 수 있다. "위대한 시대가 다시 새롭게 시작될 것이다. 사투르누스가 다스리는 시대가 다시 오고 있다. 이제 새로운 시대가 저 높은 하늘에서 내려온다. 그리고 젖으로 인해 젖가슴이 불어난 염소는 스스로 집으로 돌아올 것이다. 들판은 천천히 작물의 부드러운 이삭들로 금빛으로 물들어갈 것이다."

『목가』에서 그리는 이상향은 풍요로운 들판에서 목동들이 식량 걱정 없이 노래와 춤을 즐기는 평화로운 삶을 영위하는 것이다. 이 풍요의 들판이 고대 그리스인들이 꿈꾸던 이상향 아르카디아이다.[8] 폴리치아노는 평화와 풍요의 땅 아르카디아를, 피렌체에서 펼쳐질 황금시대의 전형으로 생각했다. 폴리치아노는 『목가』를 라틴어로 번역하여 유포했다. 그는 로마제국 지도자들이 갈망하던 황금시대의 모습을 당대의 그 누구보다 잘 알고 있었기 때문이다.

폴리치아노의 전거에 따라 판은 황금시대를 상징하는 중요한 신이 되었고, 이를 기반으로 시뇨렐리는 피렌체에 황금시대를 가져올 행운의 신

● 〈판의 궁정〉 중 판 부분. 화가는 이 그림에서 판의 뿔을 왕관을 상징하는 초승달 모양으로 표현해 자연스럽게 판이 이상향 아르카디아의 왕인 로렌초임을 암시하고 있다.

●● 〈판의 궁정〉 중 배경인 헬리콘 산 부분. 나무가 우거진 헬리콘 산을 그려넣어 화가는 이곳이 신화 속에 나오는 이상향 아르카디아라는 것을 강조하고자 했다.

판을 유려한 솜씨로 화폭에 담아낸다. 그 그림이 바로 〈판의 궁정〉이다.

먼저 그림 한가운데에 있는 판을 보자. 그리스 신화에 의하면, 판은 "몸은 털로 뒤덮여 있으며, 다리는 염소 다리이고 발에는 갈라진 굽이 있다. 말랐지만 강한 근육으로 이루어진 다리를 가졌고, 이마에는 두 개의 뿔을 달고 있는 형상이다". 이 그림은 그리스의 신 판을 충실히 묘사한 작품으로 이해된다. 그러나 놀랍게도 이 작품에는 고대 그리스 신화에 등장하지 않는 갖가지 형상들이 묘사되어 있다.

작품의 배경인 나무가 무성하게 우거진 헬리콘Helicon 산부터 보기로 하자. 이 산은 예술의 여신 무사들이 음악에 맞춰 춤추고 노래를 부르던 장소로, 고대 그리스인들이 꿈에 그리던 풍요의 땅 아르카디아 들판에 있는 산이다. 화가는 헬리콘 산을 배경에 그려넣음으로써, 판이 관장하고 있는 세계가 바로 풍요의 땅 아르카디아라는 표시를 해두고 있다. 여기까지가 천상의 세계이다.

그러나 이 신이 걸치고 있는 장신구들이 예사롭지 않다. 판이 목에 걸고 있는 장신구부터 자세히 들여다보면, 염소자리가 정교하게 묘사되어 있는 것을 확인할 수 있다. 로렌초는 염소자리이기 때문에, 이 그림에 등장하는 판이라는 신이 바로 로렌초라는 것을 은유적으로 나타내고 있는 것이다. 이 장신구가 당시에 피렌체 사회에서 유행한 신비로운 우주의 기운을 받기 위한 부적이다.[9]

한편 그리스 신화 속에서 판의 머리에 난 염소의 뿔은 태양이 주는 빛을 받아들이는 통로로, 하늘이 인간에게 준 번영과 풍요의 선물을 상징한다. 우주의 기운을 받아들여 지상의 만물을 관장하는 신 판의 역할을 강조하는 상징물이다. 시뇨렐리의 그림에서는 판이 염소의 뿔

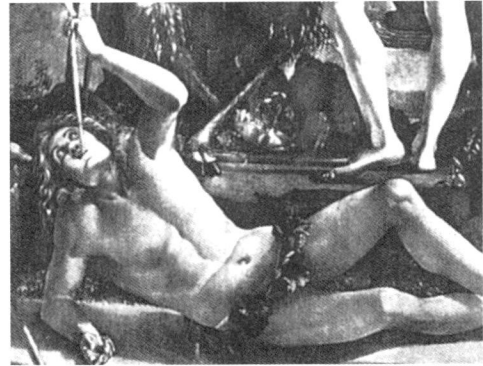

● 〈판의 궁정〉 중 아르카디아의 요정 부분. 이 요정은 귀리로 만든 피리를 잘 부는 것으로 알려져 있다.
● 〈판의 궁정〉 중 바쿠스 부분. 판의 발밑에 있는 바쿠스는 그리스 신화에서 술과 광란의 신인 디오니소스에 해당한다.

이 아니라 마치 왕관을 쓰고 있는 형상으로 묘사되었는데,[10] 화가는 자신의 작품에 이렇게 다양한 상징들을 활용하여 로렌초를 신성을 가진 지상 세계의 지도자로 격상시켰다. 이제 피렌체에서는 판이라는 신의 차원으로 받들어진 로렌초가 새로운 황금시대의 지도자가 되었다.

황금시대 왕의 발밑에 아무런 옷도 걸치지 않은 채로 피리를 불고 있는 남성이 있다. 이 남성은 술의 신 바쿠스Bacchus로 환락과 신비스러운 광기를 부여하는 신으로 잘 알려져 있다. 그 왼편의 조각처럼 굳은 형상을 한 여성은 아르카디아 들판에서 귀리로 만든 피리를 잘 부는 요정이다. 화가는 우주의 만물을 관장하는 신 판 옆과 밑에 음악과 노래로 즐거운 삶을 즐기는 요정과, 술과 광란을 즐기는 바쿠스를 묘사해놓았다. 화가는 이 형상들을 통해 여자들은 항상 음악 소리에 맞추어 즐겁게 춤을 추고 남자들은 집집마다 넘쳐나는 포도주에 취할 수 있는, 피렌체 황금시대의 이상향의 모습을 시민들에게 홍보하려 한 것이다.

폴리치아노는 시뇨렐리의 붓을 빌려, 피렌체 황금시대의 모습을 구체적으로 묘사했다. 시인은 피렌체에서 앞으로 펼쳐질 '피렌체 황금시대'의 모습을 고대인들의 이상향이었던 아르카디아로, 그 지도자 로렌초를 아르카디아에서 수호신으로 모셔지는 판이라는 신으로 대치해놓았다. 이제 춤과 음악을 즐기는 요정과 포도주에 흠뻑 취한 바쿠스로 묘사된 피렌체 시민들은 황금시대가 펼쳐지는 광장에서 풍요를 즐기기만 하면 되는 것이었다.

잠시 동안 '피렌체 황금시대'의 광장은 술과 음악 그리고 춤을 즐기는 디오니소스Dionysos 축제가 열리는 광장이 된다. 그곳이 디오니소스 축제를 즐기는 중심 무대로 장식되자, 피렌체 사회의 이상향은 더이상

● 조르조네(Giorgione), 〈전원의 합주Concerto campestre〉(1509), 파리 루브르박물관 소장. 이 작품에 묘사된 풍경이 르네상스인들이 이상향으로 여기던 아르카디아의 전형적인 모습이다. 시뇨렐리의 〈판의 궁정〉의 영향을 받았다.

하나가 아니라 성직자들의 이상향이었던 에덴동산과 인문학자들의 이상향이었던 아르카디아로 분리되기 시작한다. 이 시점은 서양사에서 매우 중요한 지점이다. 제정祭政 분리, 즉 종교와 정치가 분리되고 있는 순간인 것이다.

그러나 〈판의 궁정〉이 완성될 즈음인 1492년 로렌초는 마흔셋이라는 젊은 나이로 세상을 뜨게 된다. 로렌초가 사망하자 메디치 가문에 의해 펼쳐지던 황금시대 광장의 입구는 두꺼운 철문으로 닫히게 된다. 신비주의의 결말은 항상 폭력과 무질서로 귀결되기 마련이다. 피렌체도 예외는 아니었다. 하느님이 주신 포도밭에서 열심히 일하던 수도사 사보나롤라Girolamo Savonarola, 1452~1498가 앞장서서 신비주의의 잔재들을 소각하기 시작했다. 그러자 로렌초의 후원으로 풍요를 누리던 산드로 보티첼리가 가장 먼저 자신이 소장하고 있던 작품들을 사보나롤라의 발밑에 바쳤다.

이후 피렌체가 조금 안정을 찾으면서, 마키아벨리가 본격적으로 활동하는 피렌체 공화정 시대가 들어서게 된다. 피렌체가 다시 시민들의 품으로 돌아온 것이다. 또한 코시모의 아버지가 유언으로 남겨놓은 시민 공동체를 중시하는 가치관이 다시 등장하고, 예술가들도 피렌체공화국의 가치를 상징하는 주제를 작품에 반영하게 된다. 밀라노에서 활동하다 피렌체로 막 돌아온 레오나르도 다빈치와 피렌체 대성당에서 〈다비드〉 조각상을 제작하고 있던 미켈란젤로가 그 주인공들이다.

HIERONYMI·FERRARIENSIS·A·DEO
MISSI·PROPHETÆ·EFFIGIES

● 프라 바르톨로메오(Fra Bartolomeo), 〈지롤라모 사보나롤라의 초상〉(1498), 산 마르코 수도원 소장. 로렌초의 고해성사를 담당한 산 마르코 수도원의 원장 사보나롤라의 초상화이다. 로렌초 사후 설교를 통해 피렌체공화국 사람들에게 막대한 영향력을 행사하였다. 이후 피렌체가 프랑스와 동맹을 맺을 것을 우려한 교황 알렉산데르 6세에 의해 제거되었다.

종부성사도 받지 못하고 눈을 감은
'위대한' 로렌초

　로렌초는 자신의 종부성사를 해줄 성직자로 산 마르코 수도원의 원장 사보
나롤라를 원했다. 수도원장은 의사 집안 출신이나 의학 공부를 마다하고 신학
을 공부하여 성직자가 되었다. 얼마나 신앙심이 두터웠던지, 신학 공부를 중지
하고 집으로 돌아오라는 부모의 요구에, "부모님이 나를 방해하시는군요. 아
직도 탄식하고 계시면 두 분은 나의 적이요, 원수입니다!"라고 답장을 보낼 정
도였다고 한다. 로렌초의 도움으로 산 마르코 수도원의 수도사가 되었으며, 로
렌초가 눈을 감던 1492년에는 이 수도원의 원장이 되었다.

　하지만 이 수도원장은 로렌초를 폭군이라고 공개적으로 비난했다. 그리고
로렌초와 인문학자들의 후원으로 이루어지던 축제와 예술작품 들을 타락한 것
으로 보았다. 피렌체 시민들이 축제와 예술에 빠져 폭군 로렌초의 정치적 의도
를 알아채지 못하고 있다고 생각했기 때문이다.

　다음은 시인 폴리치아노가 로렌초가 눈을 감기 직전의 상황을 기록한 글이

다.[11] 먼저 위대한 로렌초가 자신을 비난하던 이 성직자를 자신이 가는 마지막 길에 은총을 내려줄 고해성사자로 선택한 내용부터 읽어보자.

이제 신은 로렌초가 아프게 되고 병이 악화되어 죽음이 가까워짐에 즐거워하셨다. 로렌초는 사보나롤라 수도사를 부르러 사람을 보내며 다음과 같이 정확하게 말했다. "사보나롤라 원장을 모셔오너라. 나는 그와 같이 정직한 수사를 만나본 적이 없다." 이윽고 사보나롤라 원장이 로렌초가 누워 있는 카레지 별장에 도착했고, 몇 분 후 로렌초가 나와서 참회를 하고 싶다고 말했다. 사보나롤라 원장은 기꺼이 그러겠다고 대답했는데, 참회를 듣기 전에 세 가지를 먼저 언급하고 싶다고 말했다. 그리고 이 점에 동의한다면, 그의 구원은 확실해질 것이라고 말했다. 로렌초는 그렇게 하겠다고 대답했고 요구하는 바가 무엇인지 물어보았다.

수도원장은 세 가지 참회를 요구했다.

먼저, "로렌초 님, 당신은 기독교를 믿습니까?"라고 물었다. 로렌초는 고개를 끄덕였다. 로렌초 측근 인문학자들이 신봉하고 있던 신비주의에 대한 반발이었을 것이다. 그러고는 두번째를 덧붙였다. "그동안 당신이 부당한 방법으로 취한 모든 재산을 돌려줘야 하오." 잠시 동안 곰곰이 생각한 후에, 로렌초는 대답했다. "원장님, 그렇게 하겠습니다. 만일 제가 할 수 없다면 제 상속자들이 그렇게 하도록 시키겠습니다." 그러자 원장님이 마지막 요구를 했다. "공화국에 도시의 자유를 다시 돌려줘야 하오. 도시가 예전의 상태로 돌아가는 것 말이오!" 하지만 로렌초는 아무 대답도 하지 않고, 고개를 돌렸다. 그러자 사보나롤라 원장은 더이상의 참회 의식을 진행하지 않고 자리를 떠났다. 그리고 얼마 되지 않아 로렌초는 조용히 눈을 감았다.

이때가 1492년 4월 7일로, 피렌체를 24년 동안 장악하고, 고대 문학작품을 재발견해 그를 통해 위대한 예술작품을 남긴 로렌초는 종부성사도 받지 못하고 눈을 감았다. 그리고 그의 시신은 메디치 가문의 영묘가 있는 산 로렌초 성당 지하에 안장되었다.

정치가 마키아벨리,
피렌체에 새로운 르네상스를 탄생시키다

Renaissance

피렌체 시청사 회의실,
레오나르도 다빈치의 〈앙기아리 전투〉와
미켈란젤로의 〈카시나 전투〉

레오나르도 다빈치
Leonardo da Vinci, 1452~1519

미켈란젤로
Michelangelo di Lodovico Buonarroti Simoni, 1475~1564

"레오나르도 다빈치는 스피니(피렌체 귀족—인용자) 저택 근처의 길을 걸어가고 있었다. 그곳에는 한 무리의 청년들이 모여 단테의 (『신곡』—인용자) 구절에 대해 이야기하고 있었다. 그들은 레오나르도 다빈치에게 이를 설명해달라 요청하였다. 마침 그때 미켈란젤로가 그 옆을 지나가자, 레오나르도 다빈치는 '미켈란젤로가 설명해줄 거요'라고 그들에게 대답하였다. 그러자 놀림을 당했다는 걸 깨달은 미켈란젤로는 분개하며 응수하였다. '밀라노에서 청동 기마상을 주조하려고 청동까지 다 준비해놓고, 완성하지 못한 이가 누군지 대답해봐라. 그리고 거기 그렇게 남겨놓고 온 걸 부끄럽게 생각해라!' 이렇게 말하고는 돌아섰고, 레오나르도 다빈치만 얼굴이 붉어진 채 그 자리에 서 있었다. 그리고 더욱 수치스럽게도, 미켈란젤로는 한마디 덧붙였다. '그리고 널 믿고 있는 밀라노 사람들도 한심하다.'"[1]

피렌체 시내에서 우연히 만난 레오나르도 다빈치와 미켈란젤로가 신경전을 벌이던 이때는 1501년으로, 메디치 가문의 지배가 막을 내리고 새로운 정부가 들어선 시점이었다. 새롭게 탄생한 정부는 이 두 화가에게 피렌체 시청사 1층에 위치한 시의회 회의장 벽면을 장식할 작품을 주문한다.

'위대한' 로렌초가 사망하고 아들 피에로Piero di Lorenzo de' Medici, 1472~1503가 스무 살의 어린 나이에 피렌체 통치권을 이어받았다. 피에로는 집권한 지 2년도 안 되어 위기를 맞았다. 군사력이 강해진 프랑스가 한때 자신들이 지배했던 나폴리왕국을 되찾기 위해 이탈리아를 침공했기 때문이다. 나폴리로 향하는 과정에서 프랑스 군대는 전략상 교두보인 항구도시 피사 일대를 점령하게 된다. 원래 피사는 독립국가였지만, 오랜 투쟁 끝에 피렌체의 영토가 된 도시이다.

　갑작스러운 프랑스 침공에 당황한 피에로는 피렌체 외곽까지 와 있던 프랑스 왕(샤를 8세)에게 홀로 달려가 협상을 하게 된다. 아마 아버지 '위대한' 로렌초가 교황의 침입을 물리치기 위해서 혼자 몸으로 나폴리로 갔던 기억을 되살렸던 것 같다. 하지만 협상 과정에서 피에로는 피렌체 무역 항구인 피사를 프랑스 군대가 일시적으로 사용하도록

● 브론치노(Bronzino), 〈피에로 데 메디치의 초상〉(15세기).

해주는 실수를 저지른다(추가로 25만 피렌체 금화를 지원하기로 약속했다).

피렌체 상인들과 정부는 당황했다. 피사는 피렌체 상인들이 유럽의 여타 국가들과 무역을 하고 있는 항구로 피렌체 경제의 요충지였기 때문이다. 또한 피에로는 나폴리를 침공한 프랑스를 지원함으로써, 나폴리를 후원해오던 교황을 적으로 돌리고 말았다. 피렌체 시의회는 피에로의 이러한 실수를 보고만 있을 수 없었다. 그들은 의회를 소집하여 피에로를 추방하기로 결정한다.

피에로는 아버지 로렌초처럼 '조국의 수호자'가 될 줄 알고 의기양양해서 피렌체로 돌아오고 있었다. 그러나 피렌체로 돌아오던 도중 이 소식을 듣고 일요일 저녁을 틈타 도주해버린다.[2] 이때가 1494년 11월로 메디치 가문의 수장이 피렌체 정부의 실질적인 지도자가 된 지 꼭 60년 2개월이 되는 시점이다. 로렌초와 그의 측근들이 그토록 염원했

● 베로키오(A. Verrocchio)가 작업한 '국부'라는 비문이 새겨진 코시모의 영묘 앞 바닥 장식(1465~1467). 산 로렌초 성당. 1494년 피렌체 시민들에 의해 파괴된 이후에 다시 복원되었다.

던 황금시대 부활의 원대한 꿈은 스물두 살 젊은 피에로의 어이없는 실수로 무너지게 된다.

이성을 되찾은 피렌체 시민들은 자신들이 피렌체의 황금시대가 아니라, 메디치 가문의 독재 치하에서 살고 있었다는 것을 깨닫는다. 신화에 대한 기대가 무너지면, 폭력과 무질서가 뒤따르는 법이다. 피에로의 도주 사실을 알게 된 피렌체 시민들은 산 로렌초 성당 바닥에 새겨진 로렌초의 할아버지 코시모를 기리는 평판의 '국부Pater Patriae'라는 글자까지 지워버렸다.[3] 당시 피렌체 시민들이 메디치 가문에 보인 적의를 실감케 하는 대목이다.

뒤이어 메디치 가문에 의해서 공직에 진출할 수 없었던 유력 가문들과 시민들이 중심이 되어 시의회를 부활시킨다. 1498년 스물아홉 살의 청년 마키아벨리가 시의회의 공무원으로 선출되었다. 그리고 얼마 지나지 않아 메디치 가문과 거리를 두었던 피에로 소데리니Piero di Tommaso Soderini, 1450~1522가 종신제 행정 수반으로 선출된다.[4] 당분간 피렌체는 야심에 가득찬 젊은 마키아벨리와 우유부단한 성품을 지닌 피에로 소데리니가 주인공으로 활약하는 새로운 시대를 맞이하게 된다.

마키아벨리는 피렌체에서 메디치 가문의 흔적부터 지우려고 했다. 하지만 젊은 마키아벨리 앞에 펼쳐진 피렌체의 앞날은 험난했다. 이탈리아에서 가장 강력한 국가가 된 베네치아는 피렌체에 반기를 든 피사를 지원하면서, 피렌체의 심장부를 공격했다. 피렌체 동남쪽에 있는 아레초에서 반란이 일어났다. 유일한 우군은 프랑스밖에 없었지만, 이 약삭빠른 우군은 더이상 황금을 가져오지 않는 피렌체를 도우려 하지 않았다.

피렌체가 사면초가에 처해 있던 시기에 피에로 소데리니와 마키아

● 기를란다요, 〈피에로 소데리니의 초상〉(16세기).
● 산티 디 티토(Santi di Tito), 〈니콜로 마키아벨리의 초상〉(16세기 초반).

벨리는 당대 최고의 화가 레오나르도 다빈치와 미켈란젤로에게 시청사 1층에 위치한 대회의장 벽면을 장식할 그림을 주문한다. 이 회의장은 새로이 선출된 시의회 의원들의 회의 장소로 피렌체 정부의 얼굴이기도 했다.[5]

회의실에 그려질 작품의 주제는 〈앙기아리 전투Battaglia di Anghiari〉와 〈카시나 전투Battaglia di Cascina〉로, 얼마 전까지만 해도 피렌체의 영토였던 앙기아리와 카시나 이 두 지역은 현재 위협을 받고 있었다. 이렇게 전쟁에서 승리하여 얻은 영토였던 두 지역의 전투 장면을 그리게 한 까닭은 과거 피렌체의 위대함을 상기시키기 위함이라고 오해하기도 한다. 하지만 이 작품에는 위험에 처한 피렌체를 구해내고자 한 젊은 마키아벨리의 정치적 계산이 숨어 있다.

마키아벨리는 어려움에 처한 피렌체를 구할 해법을 황제가 아니라 시민들이 권력을 가지고 있었던 로마제국의 공화정에서 찾았다. 그리고 레오나르도 다빈치와 미켈란젤로는 마키아벨리가 염원하고 있던 로마제국 공화정의 이상을 작품에 담아내기 시작한다. 로렌초 측근에 있던 인문학자들이 피렌체의 미래를 로마제국의 황금시대에서 찾았던 상황과 180도 달라진 셈이다.

로마제국의 공화정 체제를 부활시키려는 젊은 마키아벨리

한때 로렌초 측근 인문학자들은 피렌체에 로마제국의 황제정치를 부활시키기 위해 로마제국 황제들이 지배하던 황금시대를 찬양하는 작품을 제작하게 하였다. 이러한 필요를 가장 잘 충족해준 형식이 황제를 신격화한 신화적인 이야기였다. 그들은 점성술까지 동원해가며, 로렌초를 로마제국의 황제들과 같은 반열에 올려놓으려고 애썼다(로마제국의 황제들은 생전에 신격화되었다).

하지만 마키아벨리는 로마제국의 황금시대를 타락한 시대로 보았고, 황금시대의 지도자 아우구스투스를 타락한 군주로 여겼다. 마키아벨리의 냉정한 눈에는 피렌체 황금시대의 주인공인 로렌초와 측근 인문학자들이 피렌체를 위험에 빠뜨린 죄인들로 보였던 것이다. 이러한 과정에서 피렌체 르네상스의 무대가 '피렌체 황금시대의 광장'에서 마키아벨리가 주인공으로 등장하는 '피렌체 시민의 광장'으로 변화하게 된다.

무엇보다도 전쟁이 일어날 때마다 로렌초의 측근들이 막대한 돈이 들어가는 용병을 고용했기 때문에 피렌체의 국력이 쇠퇴했다고 마키아벨리는 믿었다. 그리고 용병을 고용하는 데 필요한 재원을 공급하고(공채 발행), 후에 이자를 돌려받는 과정에서 재력을 가진 소수의 귀족들만이 배를 채우고 있었다고 보았다.

또한 마키아벨리는 자신이 직접 용병 대장들과 급료를 놓고 협상하는 과정에서, 용병들이 더 많은 급료를 받기 위해 전쟁을 질질 끄는 등, 평화보다는 전쟁을 선호하는 악당이었다는 사실을 알게 된다(실제로 이 젊은이가 공무원이 된 뒤 가장 많이 한 업무는 용병들과 추가 급료 문제를 놓고 협상하는 일이었다).[6] 용병들에게서 애국심을 기대할 수는 없었다. 마키아벨리는 돈은 많이 들고 애국심은 부족한 용병들 때문에 피렌체가 위기에 처했다고 본 것이다.

로마의 역사를 깊게 연구해온 마키아벨리는 로마제국의 멸망 원인이, 황금시대에 애국심이 부족한 귀족들이 직접 전쟁에 나서지 않고 용병을 고용한 데 있다고 보았다(그의 저서 『로마사 논고Discorsi Sopra la prima Deca di Tito Livio』는 이렇게 탄생한 작품이다). 이성의 눈으로 현실을 바라보기 시작한 이 젊은이는, 그럼에도 불구하고 로마제국이 지속할 수 있었던 것은 질서가 잡히고 애국심으로 가득찬 로마의 시민군이 많았기 때문이라고 판단했다(로마공화정의 '수數와 질서'라고 한다).

마키아벨리는 위험에 처한 피렌체를 구하기 위해 용병 제도를 폐지하고, 피렌체 시민들로 구성된 정규군을 운영해야 한다고 주장한다.[7] 그리고 레오나르도 다빈치의 예술적 재능을 빌려, 자신의 주장을 시의회 의원들에게 보여주려고 했다. 이 역시 일종의 정치 선전이었던 것이다.

마키아벨리의 정치적 전략을 그림으로 표현한 레오나르도 다빈치

레오나르도 다빈치의 작품 〈앙기아리 전투〉에 등장하는 앙기아리 성은 피렌체의 동쪽에 위치한 아레초라는 도시를 지키는 요새이다. 아레초는 이탈리아를 가로지르는 아펜니노 산맥을 넘어 로마로 가는 유일한 길목에 있는 전략적 요충지였다. 이 요충지는 로렌초의 할아버지 코시모 시절(1440)에 용병을 고용해 피렌체의 영토로 편입시킨 지역이다.

이렇게 중요한 전략적 요충지에서 반란이 일어났다. 마키아벨리를 더욱 당황스럽게 한 것은, 피렌체를 버리고 야반도주한 로렌초의 아들 피에로가 앙기아리라는 요새에서 반란을 도모하고 있다는 소문이었

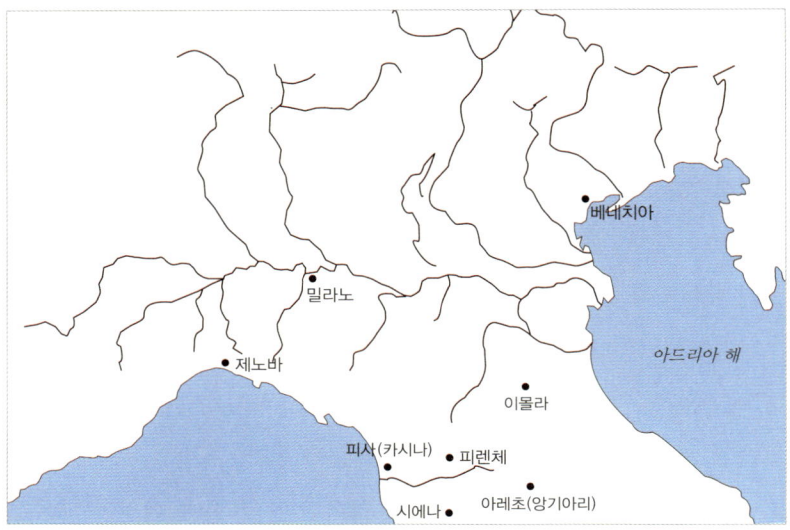

● 이탈리아 중북부 지도. 아레초는 이탈리아 중부에서 피렌체를 이어주는 요충지이고 앙기아리 요새는 아레초를 방위하는 전략적 요새이다. 카시나 요새는 피렌체에서 생산되는 상품을 수출하는 항구인 피사를 방어하는 요새이다.

다. 교황의 아들로, 이탈리아를 통일하려는 야심을 가진 체사레 보르자Cesare Borgia, 1475~1507가 반란을 뒤에서 부추기고 있었다. 70년 만에 시민들 품으로 돌아온 권력이 다시 메디치 가문으로 돌아갈 수도 있는 위험한 상황이었다.

다행스럽게 프랑스 왕(루이 12세)이 1000여 명에 달하는 기병대를 앙기아리 요새에 파견해 반군을 진압할 수 있었다. 이러한 연유로 프랑스 기병대의 명성을 기리기 위해 〈앙기아리 전투〉라는 작품을 주문했다고 보는 이들도 있다.

하지만 이 전쟁을 놓고 마키아벨리는 깊은 고민에 빠졌다. 프랑스가 원군을 파견해준 대가로 5만 플로린에 달하는 피렌체 금화를 요구했기

● 레오나르도 다빈치가 그린 〈앙기아리 전투〉의 밑그림. 말들의 움직임이 역동적으로 묘사되어 있다.

때문이다(당시 마키아벨리의 연봉이 120플로린을 약간 넘었다). 더욱더 마키아벨리를 괴롭힌 것은, 프랑스 원군이 피렌체 정부의 말에 귀를 기울이지 않는다는 것이었다. 마키아벨리는 피렌체 시민들로 구성된 정규군의 필요성을 또다시 절감했다.

그래서 마키아벨리는 60여 년 전에 피렌체의 용병들이 앙기아리 요새에서 전투를 벌이는 장면을 그대로 재현하기로 결정했다. 기록에 의하면, 이 전투에서 단 한 명의 용병만 사망했다고 한다(1440). 그것도 적군과 싸우다 사망한 것이 아니라, 이동중에 말에서 떨어져 죽은 것이다. 마키아벨리의 눈에 이 전투는 전쟁이 아니라, 중세 기사들이 몸을 사리고 전쟁 흉내를 내는 축제로 보였다. 그는 애국심도 없고 중세 기사들 흉내를 내고 있었던 용병들의 모습을 레오나르도 다빈치의 작품 〈앙기아리 전투〉에서 보여주려고 했다. 용병들의 허상을 사실적으로 묘사한 다빈치의 상상력에 감탄하지 않을 수 없다.[8]

당시 레오나르도 다빈치는 마키아벨리의 군사 전문가로도 활동하고 있었다. 마키아벨리는 화가에게 1440년 앙기아리 요새 전투에 관한 상세한 기록을 넘겨주었다.[9] 다빈치는 밀라노 총독을 위해 청동 기마상을 제작하는 과정에서, 움직이는 말의 형상을 묘사한 밑그림을 여러 장 보유하고 있었다. 그래서 마키아벨리는 다빈치가 자신의 깊은 뜻을 잘 표현해줄 것으로 기대했다. 마키아벨리는 이 화가와 계약하면서, 자신이 직접 계약서에 서명을 했다.[10]

정규군 창설을 위한 법률 제정을 호소하는 마키아벨리

그러나 피렌체에 더 큰 고민은 피사와의 전쟁이었다. 로렌초의 아들 피에로가 프랑스에 피사 항구를 일시적으로 사용하도록 허용한 이래로(1494), 피사 시민들은 계속 독립을 주장해 오고 있었다. 더구나 피렌체를 넘보던 베네치아가 해상을 통해서 이 도시의 독립을 돕고 있었다. 이때 군사 전문가로 활동하던 레오나르도 다빈치가 마키아벨리에게 거대한 계획을 들고 찾아왔다. 피사의 상류에 있는 아르노 강 물줄기를 바꿔, 피사를 고립시키자는 의견이었다. 하지만 이 계획도 실패로 돌아가고 만다.[11]

용병을 고용해 피사와 전쟁을 한 지가 10년이 훌쩍 넘어가는 시점이었다. 마키아벨리는 피렌체 행정 수반 피에로 소데리니에게 피렌체 정부 재원이 고갈될 것이라는 경고를 하기 시작한다. 그러자 이 우유부단했던 행정 수반이 나서서 침이 마르도록 피렌체 정규군의 필요성을 호소하기 시작한다(이러한 성격을 못마땅하게 생각한 마키아벨리는 자신의 회고록에서, 상관인 피에로 소데리니를 지옥으로 보내게 된다).

그러나 권력의 맛을 본 피렌체 시의회 의원들의 생각은 달랐다. 피렌체 정규군이 반역을 일으킬 수도 있다고 보았기 때문이다. 하지만 시의회 의원들이 반대하는 결정적인 이유는 다른 곳에 있었다. 피렌체 정규군을 장악할 수 있는 마키아벨리와 종신 행정 수반이 된 피에로 소데리니가 독재를 할 수 있다는 이유 때문이었다. 시의원들은 낯선 제도에 경계심을 보였던 것이다.

하지만 용병을 고용해 피사와 전쟁을 하는 과정에서 의원들이 조달해야 하는 세금은 계속 늘어가고 있었다. 하는 수 없이 시의원들은 마키아벨리에게 두 손을 들었다. 피렌체 정규군 설립이 허용된 것이다. 이때가 대략 1506년 초로, 하얀색 조끼에 흰색과 붉은색 줄무늬의 타이츠를 입고 피렌체 시청사 광장을 통과하는 정규군들의 모습이 드문드문 보이기 시작했다.[12]

시의원들을 설득해 피렌체 정규군을 창설한 피에로 소데리니에게도 부담은 있었다. 만약 피렌체 정규군이 피사와의 전투에서 패배하게 되면, 모든 책임은 행정 수반인 자신에게 돌아올 것이 뻔했기 때문이다. 이러한 우려가 현실로 나타났다.

무려 12만 플로린이나 되는 거액(한화로 1000억 원이 넘는 금액이다)을 들여 피사와 전쟁에 나선 피렌체 정규군이 패배한 것이다. 피에로 소

● 마키아벨리에 의해 조직된 피렌체공화국의 정규군 복장으로 축제 행렬에 참여하고 있는 현대의 피렌체 시민들.

데리니는 변명거리를 찾아야 했다. 그는 평소 친분이 있던 미켈란젤로에게 정규군이 패배하게 된 경위를 시의원들에게 설명해줄 그림을 주문했다.[13] 이렇게 해서 탄생한 작품이 바로 〈카시나 전투〉이다.

이 그림을 자세히 보면, 군인들이 목욕을 하거나 강물에서 뛰쳐나오는 모습을 볼 수 있다. 피에로 소데리니는 이 그림을 통해서 피사와의 전쟁에서 정규군이 패배하게 된 것은, 경험이 부족해서가 아니라 전염병이 돌았기 때문이라는 사실을 알려주려고 했다.

피에로 소데리니는 옷을 벗고 목욕하는 군인들의 모습을 그린 〈카시나 전투〉를 통해 목욕으로 몸을 깨끗이 하게 되면 전염병이 다시 돌지 않을 것이라는 확신을 시의회 의원들에게 주려고 했다. 물론 자신의 실수를 은폐하려는 목적도 있었을 것이다. 그래야 다시 시의회의 지원을 받아 피사 정복에 나설 수 있기 때문이다.

하지만 미켈란젤로가 로마 교황청의 부활을 강력히 추진하던 교황 율리우스 2세Julius II, 재임 1503~1513의 부름으로 로마로 돌아가게 되면서, 피렌체 시청사의 벽면을 장식하려는 소데리니의 계획은 불발로 그치고 만다. 다만 그가 남긴 밑그림을 토대로 후대 화가가 그림의 중앙 부분만 재현하여 오늘날 그의 솜씨를 확인해볼 수 있을 따름이다.

또한 〈앙기아리 전투〉를 그리기로 했던 레오나르도 다빈치도 마키아벨리에게 주문을 받은 지 6개월이 채 지나지 않아, 밀라노로 갈 수밖에 없는 처지가 되었다(선금을 받았던 〈암굴의 성모〉라는 작품을 완성하지 못해, 밀라노 법원으로부터 소환 명령을 받았기 때문이다). 그래서 피렌체 정규군의 필요성을 알리려는 〈앙기아리 전투〉라는 작품은 그의 손으로 완성되지 못한다. 현재 남아 있는 그림은 100년이 지난 후에 루벤스

● 바스티아노 다 상갈로(Bastiano da Sangallo), 〈카시나 전투〉(1506), 피렌체 시청사 벽면에 미켈란젤로가 남긴 〈카시나 전투〉의 밑그림을 일부 재현한 작품이다.

Peter Paul Rubens, 1577~1640가 레오나르도 다빈치가 남긴 밑그림을 바탕으로 재현한 작품이다.

실패한 정치가 마키아벨리의 뒤늦은 후회

이 두 화가가 작품을 완성하지 못한 것처럼, 마키아벨리도 로마제국 공화정을 부활시켜, '피렌체 시민의 광장'을 이룩하려는 계획을 완성하지 못했다. 피렌체의 정치체제를, 재능과 실력 있는 피렌체의 젊은이들이 국가를 위해서 공헌하고 그 대가로 명예를 얻을 수 있는 체제로 바꾸지 못했기 때문이다. 로마제국 공화정의 '위대한 힘Virtù romana'은

● 루벤스, 〈앙기아리 전투〉(1603). 피렌체 시청사 벽면에 남아 있는 레오나르도 다빈치의 밑그림을 토대로, 루벤스가 복원한 작품이다.

시민들이 자신의 명예를 가문의 위대함이 아니라, 자신의 재능과 실력으로 국가를 위해 헌신하는 데서 얻을 수 있었던 제도에서 비롯되었다. 그다음으로 규율이 잘 잡혀 있고 애국심으로 충만한 로마 시민군이 중요한 역할을 했다. 하지만 마키아벨리는 로마공화정의 부활이라는 이름으로 피렌체 정규군을 창설하는 데만 치중했다. 반쪽자리 로마공화정의 부활이었던 셈이다.

피렌체의 이러한 허점을 가장 먼저 알아챈 사람은 종교권력보다도 세속권력을 중요하게 생각해온 교황 율리우스 2세였다. 결국 로렌초의 둘째 아들이자 추기경이었던 조반니Giovanni di Lorenzo de' Medici, 1475~1521가 교황군의 사령관이 되어 피렌체를 침공한다. 이로써 메디치 가문이 다시 피렌체의 주인이 되는 시대로 접어든다.

메디치 가문의 재집권

교황 율리우스 2세의 신임을 받아 교황군의 사령관으로 임명된 조반니 추기경이 스페인 군대의 도움으로, 프라토Prato 전투에서 피렌체 정규군에 승리를 거둔다. 마키아벨리의 정규군이 패배한 것이다. 그 때문에 마키아벨리도 추방당했다. 이때가 1512년으로, 자신의 형 피에로가 야반도주한 지 18년 만에 메디치 가문은 다시 피렌체의 권력을 장악하게 된다. 피렌체에 새 정부가 들어섰다.

그리고 이듬해에 조반니 추기경이 서른일곱의 나이로 최연소 교황으로 추대된다. 바로 교황청의 황금시대를 펼치던 레오 10세Leo X, 재임 1513~1521이다. 레오 10세는 동생 줄리아노에게 피렌체를 맡겼지만, 줄리아노는 이듬해에 사망한다. 하는 수 없이 '위대한' 로렌초의 손자이자, 야반도주한 피에로의 아들 로렌초Lorenzo de' Medici, 1492~1519에게 피렌체를 맡겼다. 이 젊은 로렌초는 자신의 비서에게 "피렌체의 가슴과 젖을 활용하여, 내 욕망을 채워나갈 것이다"라고 여러 차례 말할 정도로 개인적인 욕망이 컸던 인물이다. 젊은 로렌초는 한때 마키아벨리가 고생해가며 창설한 피렌체 정규군의 사령관까지 맡았다. 당연히 피렌체 시민들은 이 철부지 젊은이에게 신뢰를 보내지 않았다.

하지만 교황 레오 10세는 피렌체 시민들로부터 환영을 받았다. 교황이 되고 나서 처음으로 피렌체를 방문했을 때, 시민들은 '팔레!Palle'(메디치 가문의 문장에 새겨진 붉은색 원)라고 외치며 교황을 환영했다. 당시 기록을 보면, 피렌체 시민들이 교황에게 거는 기대가 어느 정도였는지 짐작이 간다.

어느 누구도 피렌체 공화정을 나타내는 상징물에는 관심이 없었다. '팔레' 를 외치는 긴 행렬은 수도성인을 위한 종교 축제 행렬이 아니었다. 메디치 가문의 문장은 십자가 위에 놓여 있지 않았지만, 신의 십자가 위에 메디치 가문의 문장을 올려놓고 우상숭배를 하는 것처럼 보였다.[14]

● 조르조 바사리, 〈피렌체에 입성하는 레오 10세의 개선 행렬〉(1546), 피렌체 베키오 궁전. '위대한' 로 렌초의 둘째 아들 조반니가 교황이 된 후 피렌체를 처음 방문했던 당시의 장면을 그린 것이다.

그러나 메디치 가문에 행운만 따르지는 않았다. 메디치 가문을 지탱해주던 레오 10세가 마흔다섯의 젊은 나이로 세상을 떠난 것이다. 그러자 피렌체에서 메디치 가문을 대표할 수 있는 사람은 교황 레오 10세에 의해 추기경으로 임명된 줄리오밖에 없었다(레오 10세와 사촌지간이다). 줄리오는 성직을 거치지 않고 추기경직에 오른 인물로, 후에 교황 클레멘스 7세Clemens VII, 재임 1523~1534가 된다. 교회사를 연구하는 역사학자들이 이구동성으로 최고의 술책가로 손꼽는 교황이다. 당분간 교황 클레멘스 7세가 피렌체와 로마의 주인이 되는 시대로 접어든다.

'위대한' 로렌초
Lorenzo de' Medici 'il Magnifico' 1449~1492

피에로
데 메디치
Piero di Lorenzo
de' Medici
1472~1503

조반니
데 메디치
(교황 레오 10세)
Giovanni de'
Medici 1475~1521

줄리아노
데 메디치
Giuliano de'
Medici
1479~1516

콘테시나
데 메디치
Contessina de'
Medici
1478~1515

막달레나
데 메디치
Maddalena de'
Medici
1473~1528

루크레치아
살비아티
Lucrezia Salviati
1470~1553

'위대한' 로렌초의 동생

줄리아노 데 메디치
Giuliano de' Medici 1453~1478

코시모 차남 계열

피에르프란체스코 데 메디치
Pierfrancesco de' Medici 1430~1476

루크레치아 살비아티
Lucrezia Salviati
1470~1553

줄리오 데 메디치
(교황 클레멘스 7세)
Giulio de' Medici
1478~1534

로렌초 데 메디치
Lorenzo de' Medici
1463~1503

조반니 데 메디치
Giovanni de' Medici
1467~1498

마리아 살비아티
Maria Salviati
1499~1543

조반니 델레 반데 데 메디치
Giovanni delle Bande de' Medici
1498~1526

코시모 1세(토스카나 대공)
Cosimo I de' Medici 1519~1574

● '위대한' 로렌초 이후의 메디치 가문 가계도.

교황 클레멘스 7세와 파울루스 3세,
기독교 황금시대의 부활을 꿈꾸다

R e n a i s s a n c e

바티칸 시스티나 성당,
미켈란젤로의 〈최후의 심판〉

교황 클레멘스 7세
Clemens VII, 재임 1523~1534

'파치 가문의 음모' 사건으로 사망한 줄리아노('위대한' 로렌초의 동생)가 부인 몰래 낳은 아이다. 후에 사촌형 교황 레오 10세에 의해 추기경으로 임명되고, 레오 10세를 이은 차기 교황이 얼마 지나지 않아 사망하자 그뒤를 이어 교황이 되었다. 시작은 어느 교황보다 창대했지만, 그의 마지막은 역대 교황 중에서 가장 비참했다(사망한 후에 로마 시민들이 그의 묘를 훼손할 정도였다). 또한 후대 학자들이 "무거운 납으로 만든 신을 신고 있었다"라고 묘사할 정도로 우유부단한 인물이었다. 이 교황이 저지른 가장 큰 실수는 강대국으로 부상한 프랑스 왕(프랑수아 1세)과 신성로마제국 황제(카를 5세) 사이에서 아슬아슬한 외교를 했다는 점이다. 교황의 혀를 믿지 못한 카를 5세는 로마를 침략했고, 이 과정에서 교황청은 철저하게 약탈당했다('로마 약탈' 사건). 추락한 교황청의 위상을 만회하기 위해 교황은 피렌체의 산 로렌초 성당에서 메디치 가문의 영묘를 작업하던 미켈란젤로를 로마로 불러들여, "당신이 꿈에서조차 상상하지 못한 것을 그려보라!"는 주문을 하게 된다.

미켈란젤로
Michelangelo di Lodovico Buonarroti Simoni, 1475~1564

교황 클레멘스 7세가 갑자기 선종하고 그뒤를 이은 교황 파울루스 3세Paulus III, 재임 1534~1549는 미켈란젤로가 그린 〈최후의 심판〉의 밑그림을 보고, 시스티나 성당의 벽면을 장식해달라고 주문한다. 하지만 당시 미켈란젤로는 교황 율리우스 2세의 영묘 작업에 필요한 선금을 받고서 완성하지 못한 상태였기 때문에, 교황 파울루스 3세의 제안을 거절하였다. 화가 난 교황은 이 화가에게 "이것은 나의 30년 숙원 사업이다. 교황이 된 지금도 나의 숙원을 충족하지 못하겠느냐! 내 명령에 따라야 한다"고 말했다고 한다. 교황이 약간 양보를 하자, 미켈란젤로는 작업을 시작했다. 그리고 8년 후인 1541년, 크리스마스 날에 맞추어 시스티나 성당의 벽면에 드리워진 커튼을 걷어내자, 500명 이상의 인물 하나하나를 정교하게 묘사한 거대한 작품이 모습을 드러낸다. 이 작품이 바로 미켈란젤로의 대표작으로 꼽히는 〈최후의 심판〉이다.

교황 율리우스 2세의 부름으로, 로마에 와 본격적으로 활동하기 시작한 서른세 살의 젊은 미켈란젤로는 여덟 명이나 되는 교황들의 총애를 받았다. 그리고 "내 영혼은 하느님께, 육신은 자연으로, 재산은 가까운 친척들에게 남긴다"는 짧은 유언을 남기고 로마에서 눈을 감았다.

미켈란젤로가 교황 클레멘스 7세의 부름을 받고 로마로 간 시점은 1500년 동안 인간의 삶을 보살펴주던 가톨릭교회가 가장 어려움에 처해 있던 시기이다. 루터의 종교개혁에 대응하기 위해 교황청은 내부적으로 거센 개혁 요구를 받고 있었다. 그러나 무엇보다도 교황을 힘들게 한 것은 1527년 신성로마제국(스페인과 독일의 연합 세력)의 군대가 로마를 침입하여 교황청을 철저하게 약탈한 사건이었다('로마 약탈Sacco di Rome'이라고 부른다).

　이 사건으로 9개월 동안이나 산탄젤로 성Castel Sant'Angelo에서 숨어 지내던 교황은 추운 겨울에 정원사로 위장하여 탈출하는 데 성공한다. 당시 기록에 의하면, 교황의 얼굴은 보기 흉할 정도로 야위었고, 수염도 깎지 않았다고 한다. 이뿐만이 아니다. 로마의 산 피에트로 성당과 주변에 있는 수도원들도 철저히 약탈당했다. 교황청이 입은 피해액만

도 100만 다카트(8000억 원이 넘는 금액)가 넘었다고 한다.[1]

나약해진 교황은 막대한 황금(20만 다카트, 1600억 원 상당)을 신성로마제국의 황제에게 쥐여주는 동시에 대관식까지 치러주고서야 자유의 몸이 되었다(1530년 2월). 하지만 로마 약탈 사건으로 9000여 명이 넘는 로마 시민이 사망했기 때문에, 시민들은 교황을 믿지 않으려 했다. 또한 이탈리아 도시국가들의 교황에 대한 신뢰도 끝없이 추락했다.

이렇게 로마 교회가 어려운 상황에 처해 있던 시점에 미켈란젤로는 교황 클레멘스 7세로부터, "당신이 꿈에서조차 상상하지 못한 것을 그려보라"는 주문을 받게 된다. 하지만 클레멘스 7세는 〈최후의 심판〉의 밑그림만 본 채, 갑작스럽게 선종하고 만다. 교황 클레멘스 7세의 뒤를 이어 교황으로 선출된 파울루스 3세는 미켈란젤로에게 그가 그린 밑그림을 바탕으로 교황청에서 가장 성스러운 시스티나 성당 벽면을 장식할 것을 주문한다(이 성당은 교황을 선출하는 '콘클라베'가 열리는 장소이다). 이렇게 미켈란젤로의 후기 작품 중에서 걸작으로 꼽히는 〈최후의 심판〉이 탄생하게 된다.

미켈란젤로는 꼬박 8년 동안 자신의 재능을 이 작품에 바쳤다. 1541년 크리스마스에 성당의 벽면을 감추고 있던 커튼이 걷히자, 그리스도와 성모마리아를 비롯한 수호성인 등 500여 명이 넘는 형상이 정교하게 묘사된 작품이 드러났다.

완성된 작품을 처음 본 교황 파울루스 3세는 '이 작품을 본 나는 얼마나 행복한 사람인가!'라는 생각을 했다. 그러나 교황의 기대와는 달리 환호성은 없었다. 교황은 당황했다. 여기저기서 쑤군대기 시작했다.[2] 미켈란젤로가 성스러운 성당에 수호성인들을 나체로 그려넣고,

● 티치아노(Vecellio Tiziano), 〈교황 파울루스 3세의 초상〉(1543).

심지어 성인의 키스 장면까지 묘사했기 때문이다. 이는 물론 가톨릭 교리에도 어긋날 뿐만 아니라, 외설스럽기까지 하다는 비판에 휩싸이게 된다.[3] 후에 나체로 그려진 수호성인들의 성기를 가리기 위해 반바지를 덧입혔지만, 오늘날 신앙심이 깊은 신도가 보더라도 얼굴을 붉힐 만한 장면이 아직도 남아 있다.

특히 이 그림이 완성된 1540년대 초반은 교황청과 수도원의 고위 성직자들이 개신교의 종교개혁 요구에 대응하여, 교회 내부를 정화해야 된다는 주장이 우세하던 시점이었다. 하지만 이 작품은 이와 같은 엄격한 종교적 분위기 속에서도 무려 25년 동안이나 원작 그대로 보존되는 이상한 현상이 벌어졌다. 미켈란젤로가 아무리 당대 최고의 예술가라 해도 고위 성직자들이 이 작품이 교리에 적절하지 않다고 판단했다

● 미켈란젤로, 〈최후의 심판〉(1534~1541), 시스티나 성당의 제단이 있는 벽면.

● 〈최후의 심판〉 부분. 가슴을 드러낸 성녀들, 나체로 묘사된 성인들이 키스하는 모습이 곳곳에 묘사되어 있다. 이 때문에 미켈란젤로의 이 걸작은 비평가들과 성직자들의 호된 비판에 시달렸다.

면, 그림을 수정하거나 지워버리는 일은 그리 어렵지 않았을 것이다.

그렇다면 어떻게 이 작품은 종교적 격변기 속에서 훼손되거나 개작되지 않고 25년을 버틸 수 있었을까? 자신을 알현하기 위해 시스티나 성당을 찾는 성직자들에게 교황이 이 작품을 통해 전달하고자 하는 중요한 메시지가 있었을 것이다. 〈최후의 심판〉을 자세하게 들여다보면서, 루터의 종교개혁으로부터 가톨릭교회를 지켜나가려는 교황의 깊은 고뇌부터 헤아려보자.

잃어버린 성인들의 유골 대신 그림으로 섬기려 했던 교황

로마 약탈 사건으로 교황청에 모셔져 있던 성인들의 유골이 도난당했다. 무엇보다도 그리스도의 열두 제자 중 한 명이자 서방 교회의 창시자인 사도 베드로의 유골 일부가 훼손되었고, 로마 시대에 순교한 사도 바돌로매와 성 라우렌티우스, 성녀 카테리나의 유골이 송두리째 도난당했다.[4]

기독교를 위해 순교한 수많은 성인들의 유골을 모심으로써 세계 교회의 중심지로 우뚝 서 있던 교황청의 신성함은 로마의 약탈 사건으로 심각하게 훼손당했다. 더군다나 기독교 역사상 최초의 순교자이며 서방 교회의 창시자였던 사도 베드로의 시신까지 훼손됐다는 사실이 교황은 뼈아팠다. 교황은 순교자들을 그림으로 재현하여, 로마 약탈 사건으로 당한 수난을, 이 성당을 방문하는 고위 성직자들에게 기억시키려 했다. 이러한 목적으로 로마 교황청에서 가장 신성한 장소인 시스티나 예배당의 제단을 장식하는 그림에 유골이 사라진 순교자들의 형상을 그려넣도록 미켈란젤로에게 주문한 것이다. 물론 미켈란젤로는 이 성인들이 순교할 당시의 모습을 생생하게 재현해낸다.[5]

〈최후의 심판〉에서 논란이 되고 있는 몇몇 순교자들의 형상을 우선 살펴보자. 그림의 가운데에 있는 예수 그리스도의 오른쪽 밑에, 순교자 바돌로매가 고통스러운 표정으로 인간의 살가죽을 들고 있는 모습을 묘사해놓았다. 가톨릭 성인에 대한 기록에 의하면 사도 바돌로매는 "눈은 매우 크고 코는 매끈하게 쭉 뻗어 있으며, 수염은 무성하였다"고 한다. 바돌로매는 기독교를 믿는다는 죄로 산 채로 살가죽을 벗기는 형벌을 받아 고통스럽게 죽었다고 한다.[6] 그래서 미켈란젤로는 이 순

● 〈최후의 심판〉 부분과 인물배치도. 1은 세례자 요한. 2는 성 라우렌티우스. 3은 사도 바돌로매. 4는 사도 베드로. 5는 사도 시몬. 6은 사도 빌립. 7은 성 블라시우스. 8은 성녀 카테리나. 9는 성 세바스티아누스. 10은 성 디스마스. 11은 예수 그리스도이다.

● 〈최후의 심판〉 중 사도 바돌로매 부분. 전승에 의하면 예수의 열두 사도 중 한 사람이었던 바돌로매는 예수의 승천 이후에 소아시아를 거쳐 아르메니아 지역에서 포교를 하던 도중 순교하였는데, 참수당한 뒤 전신의 살가죽이 벗겨지는 혹형을 당했다고 한다.

● 〈최후의 심판〉 중 성녀 카테리나 부분. 알렉산드리아의 동정녀로 알려진 카테리나는 로마제국 시대 막센티우스 황제의 박해 기간에 순교하였다. 전승에 의하면 황제는 못 박힌 바퀴를 이용하여 그녀를 죽이려 하였으나 천사가 내려와 검으로 바퀴를 부수었다고 한다. 결국 카테리나는 참수형을 당하였으며, 그 시신은 천사에 의해 운구되었다고 한다.

교자를 탐스러운 수염이 있는 얼굴을 하고 벗겨진 자신의 살가죽을 들고 있는 모습으로 묘사했다.

사도 바돌로매 오른편에 녹색 옷을 입은 성녀 카테리나가 커다란 바퀴를 든 형상으로 묘사되어 있다. 지금은 옷을 입고 있지만 미켈란젤로는 원래 성녀 카테리나를 젖가슴이 드러난 반라 형상으로 그려놓았다. 그 때문에 동정녀 카테리나를 외설스럽게 그렸다고 해서 많은 논란에 휩싸였다. 그러나 이 역시 당시 전해 내려 오던 성인들의 이야기를 미켈란젤로가 재현한 것에 불과하다.

성녀 카테리나는 "쇠톱과 뾰족한 못이 박힌 바퀴에 짓밟혀 죽게 되어 있었다. 그러나 성녀가 신성한 힘으로 이 바퀴를 파괴하자 로마 군인들은 가슴을 다 풀어 헤치고 목을 베어 죽였다".[7] 미켈란젤로는 이야기로 전해 내려오는 순교 장면을 작품에 그려넣었던 것이다. 이 내용을 모른다면 그림 속 성녀 카테리나의 모습이 외설스럽게 보일 수도 있겠다.

교황청의 고위 성직자들은 개신교 세력들에 빌미를 주지 않기 위해, 주제를 정확하게 표현하는 작품들을 선호하게 된다. 교황청의 고위 성직자들의 눈에는 미켈란젤로의 〈최후의 심판〉도 이러한 종교적 기준에 어느 정도 부합하는 것처럼 보였다. 종교적 격변기에도 이 그림이 25년을 버틸 수 있었던 이유일 것이다.

수호성인들에게 반바지를 입히다

하지만 종교개혁의 요구가 더욱 거세지고 미켈란젤로에게 작품을 주문했던 교황이 선종하면서 사정은 달라진다. 공개적으로 미켈란젤로의 작품을 비판하는 성직자들이 등장하기 시작한 것이다. 그의 작품 〈최후의 심판〉이 가장 먼저 시험대에 올랐다. 질리오G. A. Gilio, ?~1584라는 신학자가 미켈란젤로를 비판하는 데 앞장섰다(예술작품의 종교적 기준을 마련하기 위해 『화가들의 오류』라는 책까지 썼다).

이 신학자는 〈최후의 심판〉을 "천사를 날개도 없는 모습으로 그렸고, 최후의 심판의 날에는 바람도 없이 고요한데, 옷이 바람에 흩날리는 형상으로 수호성인을 묘사했다"고 비판했다. 이뿐만 아니다. 미켈란젤로를 "사람들의 나체와 성기를 묘사하는 데 뛰어난 재능이 있는 화가"라고 공개적으로 비판하고 나선 것이다.[8]

미켈란젤로의 고향인 피렌체의 비평가들도 그를 '외설의 발명자'라고 비난했다. 후대 교황들은 이 작품을 지워버리려고까지 했다. 미켈란젤로가 사망하자, 미켈란젤로를 옹호하는 사람은 아무도 없었다. 미켈란젤로의 천재적 재능이 유감없이 발휘된 작품이 일순간에 춘화가 된 것이다.

종교화를 활용하여 가톨릭교회를 부활하려고 했던 고위 성직자들은 결국 예술에 대한 기준을 마련하게 된다(1564년에 열린 제25기 트리엔트 종교회의).[9] 예술작품의 종교적 기준을 마련하는 책임자는 미켈란젤로를 비판하는데 앞장섰던 질리오였다.

이 신학자의 비판을 받아들인 종교회의에서는 "1565년 시스티나 성당에 그려진 인물들의 외음부를 덮게 하고, 그 임금으로 화가 다니엘레 다 볼테라Daniele da Volterra, 1509~1566에게 60스쿠디Scudi(16세기에 이탈리아 전역에서 사용되던 은화)를 지불한다"라는 결정이 내려졌다. 이

● 미켈란젤로를 비롯한 여러 화가들을 비판한 질리오의 책 『화가들의 오류』의 첫 페이지.

결정으로 미켈란젤로의 〈최후의 심판〉에 등장하는 나체는 반바지를 입지 않을 수 없게 되었다. 미켈란젤로의 제자였던 이 화가는 후대 학자들에 의해 '반바지 재단사'라는 별명까지 얻었다.[10]

이러한 과정을 거쳐 상반신이 노출된 채로 그려졌던 성녀 카테리나는 녹색 가운을 입게 되고, 나체로 그려진 순교자들은 반바지를 입게 된다. 그러나 〈최후의 심판〉을 둘러싼 논란은 여기서 그치지 않았다. 최후의 심판관인 그리스도가 옥좌에 앉아 있지도 않고, 수염도 없는 젊은 형상으로 묘사되었다는 비판에 휩싸인 것이다. 그러나 이상하게도 그리스도 형상을 둘러싼 비판은 종교회의에서 받아들여지지 않았다. 그 이유가 있었을 것이다.

'기독교 황금시대'를 부활하려고 했던 교황

한때 서유럽에서 가장 부유했던 피렌체 상인들은 콜럼버스의 신대륙 발견으로 그 지위를 상실해갔다. 교황청은 더이상 피렌체 상인들의 후원에 의존할 수 없었다. 베네치아 상인들도 비잔틴제국 멸망 이후 지중해 무역 항로를 잃어갔다. 교황을 더욱 힘들게 한 것은 로마 약탈 사건으로 인해 교황청으로 들어오는 수입이 5분의 2 수준으로 떨어졌다는 점이다. 유럽의 강대국들은 이탈리아의 허약함을 눈치챘고, 교황에 대한 경외심과 두려움도 없었다.

교황은 우선 가톨릭 교리를 엄격하게 지키는 방식으로 개신교의 종교개혁에 대응하려 했다.[11] 그리고 이탈리아 출신 교황 파울루스 3세는 자신의 조국 이탈리아반도를 하나의 가톨릭 국가로 통일해, 로마 교황청을 이탈리아의 주인 자리에 올려놓으려고 했다. 그래야 추락한 교황청의 위상을 다시 찾을 수 있고, 잃어버린 이탈리아의 영광도 다시 찾을 수 있으리라고 생각했다. 이러한 목적을 달성하기 위해 교황은 중세 시대에 교회가 세속권력을 완벽하게 통제했던 기독교 황금시대를 부활시키고자 했고, 메디치 가문이 아우구스투스 황제의 황금시대를 모델로 삼았던 전략을 모방하기 시작했다.

'위대한' 로렌초 측근에 있던 인문학자들은 고대 문학작품과 신화를 활용했지만, 교황 파울루스 3세는 성경의 내용을 근거로 삼았다. "내 이름을 경외하는 너에게 이로운 해가 떠오르며, 치료하는 광선을 비추리니. 너희가 나가서 외양간에서 나는 송아지와 같이 뛰니라!"(말라기 4장 2절), "하느님이 우리를 불쌍히 여겨 아침 해가 하늘에서 임하여"

● 〈최후의 심판〉 중 그리스도 부분. 수염도 없는 젊은 청년으로 묘사되었다.

● 바티칸 궁전의 벨베데레 광장에 놓여 있던 아폴론 신의 조각상(B.C. 350~325). 작가 미상. 바티칸 박물관 소장.

(누가복음 1장 78절)에서와 같이 성서에서는 그리스도를 태양과 비교하는 경우가 많았다. 교황은 성서에 바탕을 두고 그리스도를 태양의 신 아폴론으로 대치한 것이다.

교황의 뜻을 잘 알고 있던 미켈란젤로는 고대 그리스 시대에 제작되어 당시 교황청 정원에 있던 아폴론 조각상을 그리스도 형상의 모델로 삼았다.[12] 그래서 곱슬머리를 한 채 수염이 없고 젊은 얼굴을 한 형상으로 묘사된 그리스도의 얼굴은 오늘날까지 그대로 보존될 수 있었다.

수명을 다한 '르네상스 창조의 공간', 황혼기에 접어든 르네상스

한때 '르네상스 창조의 공간'에서 르네상스인들은 종교적 엄숙함에서 벗어나 세속적 축제를 즐길 수 있었고, 인문학자들은 깊숙이 숨겨져 있던 고대 문헌들을 찾아내어 합리적으로 사고하는 개인을 창조해냈다. 우리는 이들을 '창의적인 르네상스인'이라고 부른다. 하지만 교황청의 고위 성직자들은 가톨릭 세력이 약해진 중요한 원인이 창의적인 인문학자들이 발전시켜온 인문주의에 있다고 판단했다. 인문주의의 확산으로 합리주의적이고, 실용적인 지식을 갖춘 개인이 탄생했고, 이러한 지식인들이 종교개혁을 부추기고 있다고 생각했기 때문이다. 교황청의 고위 성직자들은 반反인문주의 운동에 주력했다. '금서 목록 Index Librorum prohibitorum'이 제정되었고, 교황 식스투스 4세 때 시작된 출판물의 검열이 다시 강화되었다. 인문주의 정신은 이 엄숙한 가톨릭 교리를 피해 숨게 된다.

이러한 분위기 속에서 예술작품의 주제도 바깥 세계에서 찾을 수가 없었고, 성서에서 따온 묵직한 종교적 주제로 국한됐다. 낭만적인 화풍으로 고대 신화를 그리는 회화는 일부 용인해주었지만, 정신을 나타내는 신화는 작품의 주제가 될 수 없었다. 예술가들은 새로운 소묘법과 구도법을 개발해야 했고, 창의성과 활기를 잃어갔다(매너리즘 양식이 등장하는 배경이기도 하다).[13]

이탈리아 상인들의 후원에 의존할 수 없었던 교황은 강력한 군대와 황금으로 무장한 스페인을 후견 세력으로 택했다. 스페인은 신대륙 발견으로 막대한 은을 보유하게 되었지만, 당시 서유럽에서 가장 중세적인 봉건 국가였다. 교황이 기독교의 황금시대를 부활하기 위해 스페인을 후견 세력으로 선택하자, 한때 그토록 화려하고 찬란했던 이탈리아 도시들에 그늘이 드리워졌다. 검은 모자, 검은 상의와 바지, 검은 신발 차림의 스페인풍 의상이 이탈리아에 유행하기 시작했다.[14] 자유의 죽음을 애도하고, 200년 전의 중세 시대로 다시 돌아가는 듯한 모습이었다.

이러한 시기에 스페인 군인 출신 이그나티우스 데 로욜라Ignatius de Loyola, 1491~1556가 예수회를 창설했다. 교황은 이 수도회에 종교재판권을 주어, 가톨릭교회를 수호하는 임무를 맡겼다. 처절한 굴욕을 당한 교황청의 성직자들은 교회가 종교재판권을 휘둘러 세속권력을 장악할 수 있었던 중세 시대에서 이탈리아의 영광을 다시 찾으려 했다. 결국 중세 기독교 황금시대로의 귀환을 모델로 삼았다.

지성에 희생을 요구했고, 예술에 창의성 대신 기교를 불어넣었고, 세속인들에게 자유 대신 구속을 강요했다. 르네상스 창조력의 원천이었던 '르네상스 창조의 공간'은 서서히 해체되어갔다. 르네상스 시대가 황혼기에 접어든 것이다. 더불어 피렌체의 부유한 상인들과 메디치 가문 사람들이 르네상스 예술에 영향을 미칠 수 있었던 시대도 막을 내린다.

'르네상스 창조의 공간'은 소멸되었지만, 미켈란젤로의 작품 〈최후의 심판〉은 후세에 길이 남아 많은 사람들의 사랑을 받고 있다. 역사는 반복될 수 있지만 미켈란젤로의 천재성이 빛나는 〈최후의 심판〉은 또다시 만들어질 수 없다.

미켈란젤로의 〈최후의 심판〉에 대한 논란에
종지부를 찍다

1534년에 시작하여 1541년에 완성된 〈최후의 심판〉은 그 베일을 벗자마자 비난을 받게 된다.

> 500명 이상의 등장인물을 담고 있을 정도로 크기도 할뿐더러, (……) 미켈 란젤로가 이 작품에 매우 큰 공을 들였으나, 그 많은 등장인물 중에서 외 설적으로 보이지 않는 형상은 겨우 열 명에 불과합니다. 따라서 이러한 장소에 나체 작품을 전시하는 것이 그리 좋지만은 않다고 생각합니다. 어 떤 이들은 미켈란젤로가 그리스도를 수염이 없고 너무 어린 나이의 청년 으로 그려내 그리스도가 지녀야 할 장엄함을 잃어버렸으므로, 이에 대한 논란을 비켜나갈 수 없다고 말합니다.[15]

이 비판은 로마 교황청으로 파견된 니노 세르니니Nino Sernini라는 작가가 이탈리아 북부 만토바의 추기경에게 보낸 편지의 일부분이다. 이 작가는 〈최후의 심판〉이 완성된 직후에 그림을 직접 보지도 않고 로마에 떠도는 소문만을 만토바의 추기경에게 보고하고 있는 것이다. 비판의 내용에 신빙성이 떨어진다.

이어 한때 미켈란젤로를 가리켜 "신이 내린 예술가이며, 이 예술가를 존경하지 않는 것은 신을 경배하지 않는 행위와 같다"며 극찬을 아끼지 않았던 예술비평가 아레티노Pietro Aretino, 1492~1556는 〈최후의 심판〉이 완성되고 4년이 지난 1545년에 악의에 가득찬 다음과 같은 비평을 발표한다.

> 기독교 신도인 당신은 신앙보다 예술에 눈이 어두워 성녀의 순교 당시의 상황과 성기를 붙잡힌 채 끌려가는 남자 성인들의 모습을 너무도 생생하게 묘사했습니다. 이러한 광경은 심지어 사창가에서도 차마 목격할 수 없는 것입니다. 당신이 표현한 것은 성가가 울려퍼지는 성스러운 장소가 아니라 관능적인 매음굴에서나 적절할 것으로 보이는 장면입니다.[16]

아레티노는 미켈란젤로의 작품을 사창가에나 어울리는 작품이라고 혹평하고 있다. 그렇다고 이 혹평을 액면 그대로 받아들이기에는 몇 가지 석연치 않은 점이 발견된다. 무엇보다도 예술작품에 대한 미학적 비평이 주 임무인 이 비평가의 편지에서 화가의 예술성과 관련된 평가를 찾아보기 어렵다는 점이다.

한때 미켈란젤로를 신이 내린 예술가로 한껏 치켜세웠다가, 이제는 춘화를 그리는 삼류 작가로 혹평하는 데에는 나름대로 이유가 있다. 아레티노는 예술작품을 비평하는 일 이외에도, 비평가의 지위를 이용하여 귀족들에게 유명 예술가들의 작품을 중개하거나 복제품을 판매하는 일을 하고 있었다. 이 비평가는 복제품을 제작해 판매할 목적으로 미켈란젤로에게 수차례에 걸쳐 〈최후의 심판〉의 밑그림이라도 한 장 보내달라고 요구했지만, 미켈란젤로는 아무런 대꾸도 하지 않았다고 한다. 자신을 무시하는 미켈란젤로에게 화가의 붓보다 강한 펜의 위력을 보여주려고 했지만, 로마 교황청은 꿈쩍도 하지 않았다.

그러나 미켈란젤로에게 작품을 주문했던 교황 파울루스 3세가 사망하자, 고위 성직자들 사이에서 그에 대한 반격이 시작된다. 교황이 사망한 직후에 수도사 질리오가 『화가들의 오류』라는 책을 통해 미켈란젤로의 작품을 비난한 글이 치명적이었다.

> 우리 시대, 미켈란젤로라는 이름의 뛰어난 화가이자 조각가가 있다. 그는 사람들의 나체와 성기를 묘사하는 데 뛰어난 재능이 있다. 내가 그의 예술을 칭송하는 이유는 단 한 가지, 신들의 예배당과 제단에 어디든 나체를 그려놓아 외설의 정점을 찍고 있다는 점이다. 그러나 나는 이를 격렬하게 비난하며 혐오한다. 실제로 이를 비롯한 많은 다른 비난들이 신의 교회뿐만 아니라, 예수의 순결성을 욕되게 하고 있다. 내가 여기서 말하고자 하는 바는 미켈란젤로가 음란하게 노출된 나체들의 그림에 완벽함을 기하였으나—이는 인간의 본성을 나타내주는 것으로서—그가 순교자들의 수치스러운 노출을 영혼이라는 살아 있는 붓으로 묘사하여 고발하였다면, 이는 사도들의 것이 아니라는 것이다.[17]

이 비판 글은 〈최후의 심판〉이 완성되고 10년이 지난 1551년에 미켈란젤로에게 보인 고위 성직자의 공식적인 반응이다. 그리고 세월이 지나면서 〈최후의 심판〉에 대한 종교계의 비판이 계속되자, 가톨릭교회가 루터의 종교개혁에 강경하게 대응하기로 방침을 정한 트리엔트 종교회의(1564)에서 예술에 대한 종교적 기준을 마련하기에 이른다. 우선 회화에서 나체 형상을 자제하도록 결정을 내린다. 교회에서 부르는 성가도 화려한 음색을 내는 다성음악보다는 엄숙한 단성음악을 택해야만 했다.

이러한 분위기에서 미켈란젤로가 그린 〈최후의 심판〉 속 나체 형상들도 반바지를 입지 않을 수 없게 되었다. 아쉽지만 이 결정으로 우리는 원래 미켈란젤로가 그렸던 원본은 볼 수 없게 되었다.

하지만 150여 년이 지난 후에 미켈란젤로에게 호의를 보이던 예술비평가들은 다음과 같은 대화체 형식의 글을 발표하여, 미켈란젤로의 예술성을 옹호하기 시작한다.[18]

피지노 미켈란젤로가 〈최후의 심판〉에서 그리스도를 거의 수염이 없는 형상으로 잘못 그려냈다고 전해져왔는데 말이야, 신학자들은 구세주가 되기에 적당하고 성숙한 나이에 이르면 다시 한번 수염을 달고 부활할 것이라고 가르치고 있는데, (……) 그리고 이 화가가 그린 천국의 몇몇 성인들의 입맞춤 장면은, 서로 사랑을 주고받음으로써 성인들은 하느님으로부터 받은 신성한 영광으로 다시 태어날 수 있기 때문에, 그들이 신체를 다시 받게 된다면(부활한다면—인용자) 이 문제에 대해 그들 스스로 선택을 해야 되는 건 아닌가?

마르티넨고 미켈란젤로를 이러한 중상모략으로부터 구할 수 있는 방법이 없을까? 왜냐하면 내 생각에 그는 너무나도 대단한 사람이거든. (……) 그리스도가 교회를 사랑하는 것을 인간과 인간 사이의 사랑으로 묘사한 구약성서의 내용을 보면, 결혼식에서 신부는 신랑에게 이렇게 말하지. "그의 입에 머무는 키스로 그가 제게 키스하게 하세요.” 그렇다면 ‘어떻게 교회가 신성한 부인이 될 신부에게 키스를 요구할 수 있을까? 인간의 육체적인 사랑과 신성을 지닌 성인들과의 사랑 사이에 어떠한 관계가 있지 않을까?’ 하는 생각이 드는데.

그렇다면 은유적인 방식으로 성경의 주제와 표현이 일치하지 않는다는 주장은 소용이 없는 것이 아닌가? 신부와 신랑의 키스처럼 말이야. 너무나도 열렬하게 신부가 원하는 이 키스는 다음과 같은 언어로 다시 표현될 수도 있지. 두 개의 자연, 신성과 인간이 만나 둘 사이에 대화를 시도하는 거지. 키스를 할 때 두 개의 입술이 만나 하나가 되고 두 개의 숨결이 겹쳐지듯이 말이야!

이 예술비평가들은 예수가 부활하면 수염이 난 모습으로 그려질 수 있고, 외설스럽다고 비난받은 성인들의 입맞춤 장면은 성인들이 부활하면 그들이 선택할 문제로 돌려놓았다. 또한 부활한 성인들의 입맞춤이 결혼식장에서 신랑과 신부가 성스러운 입맞춤을 하는 것과 무엇이 다른가라고 반문하고 있다.

이러한 비난과 옹호의 시기를 거쳐, 오늘날 우리는 〈최후의 심판〉을 예술성만 가지고 감상할 수 있게 되었다.

　이 책을 인내심을 가지고 끝까지 읽어준 독자들에게 하고 싶은 마지막 이야기를 정리하려고 책상에 앉았다. 그런데 연구실 밖의 초겨울 날씨는 왜 이렇게 좋은지? 마지막 단풍놀이라도 가고 싶다. 지금까지 참아왔는데, 오늘 하루 더 참아보자. 내일도 오늘처럼 날씨가 좋겠지, 라는 희망으로 말이다. 750년 전의 르네상스인들도 그랬을 것이다. 자신들이 보내던 불안하고 혼란스러운 나날이 내일이면 더 나아지리라는 희망을 품고 애써 긍정하면서 말이다.

　대략 1300년대 초반경에 시작된 르네상스 시대는 과연 어떠한 시대였을까? 물론 르네상스 시대의 실체를 한마디로 정의하거나, 하나의 사건으로 설명하는 것은 어렵다. 르네상스 시대에는 루터의 종교개혁이나 프랑스혁명처럼 시대를 구분지을 만한 구체적이고 확연한 사건이 없었기 때문이다. 자크 르고프Jacques Le Goff 같은 프랑스 아날학파 역사학자는 서유럽에서 여러 번의 르네상스가 있었다고 주장하기도 한다. 그만큼 추상적이기도 하고, 다양한 해석을 낳은 시대이다.

르네상스 시대의 구체적인 모습을 처음으로 규정짓는 데 성공한 것은 부르크하르트Jacob Burckhardt의 『이탈리아 르네상스의 문화』이다. 특히 부르크하르트는 '재탄생'을 의미하는 프랑스 단어 'renaissance'에서 머리글자를 대문자로 쓴 'Renaissance'를 사용하여, 르네상스 시대를 근대와 구분짓는 특정한 시기(대략 1300년대 초반~1500년대 중반)를 지칭하는 고유명사로 바꿔 놓았다. 그리고 이 시대의 특징을 이탈리아에서 발현된 개인(세계인 또는 만능인)의 출현과 인간 중심 인문학의 탄생, 고대 문화의 부활이라고 규정지으면서, 르네상스 시대를 구체성을 띤 시대로 이해할 수 있게 해주었다.

부르크하르트를 따르는 후대 인문학자들은 단테와 페트라르카를 앞세워 인문주의를 르네상스 시대의 진정한 모습이라고 주장했다. 또한 예술사가들은 새로운 시대를 연 화가로 칭송받는 조토와 레오나르도 다빈치, 그리고 미켈란젤로에 의해서 탄생된 작품들을 르네상스 시대의 구체적인 모습인 것처럼 꾸미려고 부단히 노력해왔다. 당연히 르네상스 시대에 대한 연구는 인문학자들과 예술사가들의 전문 영역인 것처럼 여겨져왔다. 특히 르네상스라는 시대를 열어나간 신흥상인들의 역할을 '후원자Patron'라는 한 단어로 정리하며 그들의 인심 좋은(?) 후원에 대해 칭송할 뿐, 그들이 했던 역할에 맞는 제자리를 찾아주진 못했다. 그건 르네상스인들에게 현세에서 풍요를 가져다줄 황금보다 예술작품과 인문학 책이 더 중요했기 때문일까? 글쎄. 경제학을 전공한 필자에게 이 대목은 의문이었다. 이러한 의문이 이 책을 쓰는 직접적인 동기가 되었다.

　이 책을 쓰는 과정에서 부딪힌 어려움은 많았다. 익숙한 경제학적 사고의 틀을 바꾸는 일부터 쉽지 않았다. 단테의『신곡』을 여러 번 읽어나가자 인문학적 틀에 적응하게 되고 조금씩 사고의 틀도 바뀌어갔다. 한편으론 꼭 필요한 자료를 국내에서는 구하기 어려운 경우가 많았다. 미국과 이탈리아 도서관에서 고문서 자료들을 어렵게 찾아 보내준 딸과 아들의 도움을 많이 받았다. 그리고 "여보, 당신은 공부하는 모습이 제일 좋아!"라는 격려와 함께 매번 초고를 두세 번씩 읽고 조언해준 아내가 큰 힘이 되었다. 그렇게 이 책을 준비하는 데에만 꼬박 4년 8개월이 걸렸다.

　그러자 지금까지 보지 못했던 모습들이 하나둘씩 드러나기 시작했다. 어렴풋이나마 피렌체에서 르네상스인들이 천 년이 넘는 세월 동안 인간의 영혼을 무겁게 짓누르고 있던 중세를 탈출해 신세계를 열었던 지혜가 보이기 시작했다. 그중에서도 인문학자들과 예술사가들이 한쪽 구석으로 몰아놓은 상인들의 역할이 이해되기 시작했다. 그 결과, 신흥상인의 주문으로 제작된 작품에서 인본주의나 고대 문화의 부활이라는 르네상스적 가치가 어떻게 결합되어 드러나게 되는지, 그 역동성에 주목할 수 있었다. 이 관점이 기존의 책들과 다른 점이다.

　르네상스 시대의 구체적인 모습을 들여다보기 위해서 전문가들이 나누어놓은 조각들을 다시 모아야 했다. 이 작업을 통해 유럽에서 가장 부유했던 상인들과, 경건한 신앙과 황금 사이에서 갈등하던 성직자들, 그리고 새로운 지식으로 무장한 인문학자들의 창조적 지혜를 그 시대의 역동성 속에서 이해할 수 있게 된 것이다.

마지막으로 이 책을 본격적으로 쓰기 시작한 2년 3개월 동안 한 번도 빠짐없이 원고에 대한 토론을 계속해주신 이상호 교수님과 남경미 교수님께 진심으로 감사드린다. 지금 생각해보니, 이 두 분께서 필자보다 더 열심히 공부하신 것 같다. 대학원생 장성혁군은 하루도 빠짐없이 밤낮으로 많은 도움을 주었다. 그리고 부탁할 때마다 매번 친절하게 자료를 구해주신 본교 도서관 선생님들에게 진정으로 고마움을 전한다. '르네상스 33가지 비밀'이란 제목으로 1년 동안 연재를 하게 해준 매일경제신문사 관계자들에게 감사드린다. 연재를 하면서 모아놓았던 기초 자료가 결국 이 책의 밑거름이 되었다. 그리고 미처 보지 못한 부분을 지적해 새롭게 책을 구상하도록 해주신 문학동네 강명효 실장에게 진심으로 고맙다는 말을 전하고 싶다. 이 책은 이분들의 도움이 없었으면 출간되지 못했을 것이다.

2013년 12월
성제환

서문

1 르네상스 시대 대표적 인문학자 마르실리오 피치노가 메디치 가문의 수장 '위대한' 로렌 초에게 보낸 편지 중에서. Marsilio Ficino, Laus opificis non a verbis, sed ab opere: Praise of an artist does not arise from his words, but his work, *The Letters of Marsilo Ficino*, Vol. 1, Shepheard–Walwyn Ltd., 1975, p. 57.

1장

1 D. R. Lesnick, *Preaching in Medieval Florence: The Social World of Franciscan and Dominican Spirituality*, University of Georgia Press, 1989. 특히 탁발 수도사 들의 태동의 역사(pp. 35~39), '작은 수도사'라고 불리는 프란체스코 수도사들의 신앙 활동(pp. 40~62), 설교를 중시하는 도미니크 수도사들이 후원을 받기 위해 신흥상인 들의 편에 서게 되는 과정(pp. 63~85), 그리고 탁발 수도사 등과 토착귀족들 사이의 갈등과 후원 구조(pp. 93~133) 속에서 '교회 경제학'의 모습을 읽을 수 있다. 피렌체 의 가난한 탁발 수도사들이 상인들의 후원을 받기 위해 노력하는 과정에 대해서는 다음 의 자료를 참조했다. L. K. Little, *Religious Poverty and Profit Economy in Medieval Europe*, Cornell University Press, 1983, pp. 146~169.

2 J. K. Nelson, *Memorial Chapels in Churches, in Renaissance Florence: A Social History*, ed. by Crum & Paolettii, Cambridge University Press, 2008, p. 356.

3 수도원 지하에 시신을 매장하기 전까지만 해도, 피렌체 귀족들은 대성당과 세례당 사이에 있었던 공동묘지를 가장 선호했다. 그것도 가능하면 대성당과 세례당 벽 가까이에 안장되길 원했다. 피렌체 탁발 수도사들이 교황의 허가 덕분에 부유한 상인들의 시신을 수도원 지하에 매장하고, 이들로부터 기도실을 관리하는 사제들에게 주어지는 후원 과정에 대해서는 다음 자료를 참조하라. D. S. Pines, *The Tomb of Slabs of Santa Croce*, Ph.D. diss., Columbia University Press, 1985, pp. 9~27. 그리고 1244년 산타 마리아 노벨라 수도원을 개축할 때, 교황이 수도원 내부에 시신을 안장하도록 허가해준 칙령에 대한 기록에 대해서는 다음의 자료를 참조하라. J. W. Brown, *The Dominican Church of Santa Maria Novella at Florence: A Historical, Architectural, And Artistic Study*, Ulan Press, 2012(1923년 초판 발행), pp. 94~95.

4 '교회 후원권한(Right of Patronage)'의 교회법(canon law)적인 개념과 후원권한과 관련된 교회법이 변천되는 과정에 대해서는 다음 자료를 참조하라. J. A. Godfrey, *The Right of Patronage According to The Code of Canon Law*, Ph.D. diss., The Catholic University of America, 1924. 특히, 후원자와 교회 후원권한의 정의(pp. 11~18), 교회 후원자에게 주어지는 특권(pp. 63~69)과 후원자의 유급 성직자 추천권한 (pp. 70~109)에 대해 중요한 자료를 제공해주고 있다.

5 J. K. Nelson(2008), Ibid. pp. 353~375. 이 자료에서는 산타 크로체 수도원과 산타 마리아 노벨라 수도원의 사례를 중심으로 기도실의 용도, 신흥상인들 사이의 기도실 수요 증가, 가문의 위상이 표현되는 형식 등, 화가들의 그림으로 장식되는 기도실과 관련된 구체적인 내용이 기록되어 있다.

6 A. Luchs, *Cestello: A Cistercian Church of the Florentine Renaissance*, Garland Publishing, 1977, pp. 37~64.

7 피렌체 신흥상인들이 자치정부를 수립하는 과정에서 고대 로마제국의 정치가이자 시인이었던 '키케로'와 그리스 철학자 '아리스토텔레스'의 국가관을 정치적 이념으로 차용하는 과정에 대해서는 다음의 자료를 참조하라. H. Wieruscowski, Art and the Commune in the Time of Dante, *Speculum*, vol. 19, 1944, pp. 14~33.

8 J. C. Davis, *The Decline of The Venetian Nobility as a Ruling Class*, Johns Hopkins University Press, 1962, pp. 15~34.

9 E. Muir, *Civic Ritual in Renaissance Venice*, Princeton University Press, 1981, pp. 1~22.

2장

1 아레나 예배당 벽화의 표현 양식과 작품 주제의 종교 교리적 해설에 대해서는 다음의 자료를 참조하라. C. Harrison, *Giotto and the Rising of Painting, SIENA, FLORENCE AND PADUA: Art, Society and Religion 1280~1400*, Vol. 1, ed. by D. Norman,

Yale Open University Press, 1995, pp. 73~96.

2 A. Derbes, *The Usurer's Heart: Giotto, Enrico Scrovegni and the Arena Chapel in Padua*, Pennsylvania State University Press, 2008, pp. 19~43.

3 B. G. Kohl, *Giotto and His Lay Patrons, The Cambridge Companion to Giotto*, ed. by Derbes, Anne, 2003, pp. 176~196.

4 U. Schlegel, *On the Picture Program of the Arena Chapel, Giotto: The Arena Chapel Frescoes*, ed. by J. Stubblebine, New York, W. W. Norton & Co., 1969, pp. 182~202.

5 J. K. Hyde, *Padua in the Age of Dante*, Manchester University Press, 1966. 이 책은 파도바에 자치정부가 수립되기 시작하는 1256년부터 스크로베니 가문이 추방당하는 1318까지 파도바의 종교, 정치와 사회, 경제, 그리고 인문학의 발달에 관한 상세하고 방대한 자료를 담고 있다. 이 책에서 1장과 3장(Nobles and Magnates), 4장(Guildsman/Money lenders and Usurers)과 부록(The Paduan Guilds in 1287)은 파도바 르네상스의 시작 과정과 당시의 경제적 사회상을 파악하는 데 아주 중요하다.

6 고대부터 르네상스 중반에 이르기까지, 고리대금업에 대한 중세 스콜라 학파의 철학적 비판과 관련된 내용에 대해서는 다음의 자료를 참조하라. J. Noonan, *The Scholastic Analysis of Usury*, Harvard University Press, 1957. pp. 38~81. 고리대금업에 대해 유명한 고위 성직자들의 종교적 입장을 상세하게 연구해놓은 이 책은 르네상스 상인들이 종교단체를 후원하는 목적에 대해서 귀중한 근거를 보여준다.

7 십일조를 중심으로 한 중세 시대 교회의 경제적 기반과 구조에 대해서는 다음의 자료를 참조하라. C. Boyd, *Tithes and Parishes in Medieval Italy*, Cornell University Press, 1952. 특히 4장(Tithe and Patrimony, pp. 75~86)은 십일조 징수권한이 평신도에게 양도되고 후손들에게까지 상속되는 과정에 대한 상세하고 귀중한 자료를 제공한다. 스크로베니 가문이 아레나 예배당을 신축하는 경제적 배경에 대한 중요한 단서를 제공한다.

8 B. G. Kohl, Culture and Politics in Early Renaissance Padua, *Government and Society in Renaissance Padua*, Ashgate Press, 2001, pp. 205~211.

9 R. H. Rough, Enrico Scrovegni, the Cavalieri Gaudenti, and the Arena Chapel in Padua, *The Art Bulletin*, Vol. 62, 1980, pp. 24~35.

10 아레나 예배당이 완공된 1305년, 수태고지 축일에 성모마리아를 모시는 종교적 제례가 이 예배당에서 행해졌다는 기록에 대해서는 다음의 자료를 참조하라. B. Scarde, *On the Early History of the City of Padua and Famous Paduan Citizens, Giotto: The Arena Chapel Frescoes*, ed. by J. Stubblebine, New York, W. W. Norton & Co., 1969, pp. 110~111.

11 본문에서 인용한 엔리코 스크로베니가 1336년에 작성한 유언장 전문에 대해서는 다음 자료에 근거했다. B. G. Kohl, The Scrovegni in Carrara Padua and Enrico's Will, *Apollo*, Vol. 142, 1955, pp. 1~12.

3장

1 프란체스코 수도사들이 피렌체로 이주해 오는 신앙적 목적과 도시에서 자리를 잡아가는 과정에 대해서는 다음의 자료를 참조하라. C. H. Lawrence, *The Friars: The Impact of the Early Mendicant Movement on Western Society*, Longman, 1994, pp. 43~64, pp. 102~126.

2 A. Sapori, The Bardi and The Peruzzi, *Merchants & Companies in Ancient Florence*, Ulan Press, 2012, pp. 64~69.

3 R. Goffen, *Spirituality in Conflict: St. Francis and Giotto's Bardi Chapel*, Pennsylvania State University Press, 1988, p. 112.

4 피렌체로 이주해 온 탁발 수도사들이 행하고 있었던 이단 종교재판권의 특성에 대해서는 다음의 자료를 참조하라. J. N. Stephens, Heresy in Medieval and Renaissance Florence, *Past & Present*, Vol. 54, 1972, pp. 25~29. & M. B. Becker, Heresy in Medieval and Renaissance Florence: A Comment, *Past & Present*, Vol. 62, 1974, pp. 153~161. 그리고 1300년경 이단 종교재판권을 둘러싼 산타 크로체 수도원의 영성주의자들과 온건주의자들 사이의 갈등에 대해서는 다음의 자료를 참조하라. N. Beriouet & J. Chiffoleau, *Economie et Religion*, P U DE LYON, 2009, pp. 321~355.

5 G. W. Dameron, *Florence and Its Church in the Age of Dante*, University of Pennsylvania Press, 2005. 교황과 토착귀족들 사이에 종교권력을 놓고 대립하는 과정(pp. 25~77), 교회 후원을 통해 부유한 토착귀족들이 수도원 건축을 후원하는 과정(pp. 107~163), 그리고 피렌체 도시민의 변화해가는 종교적 구원사상에 대해서(pp. 164~216) 상세하게 설명하고 있다.

6 산타 크로체 수도원과 같은 탁발 수도원에 토착귀족들의 후원을 촉구하는 당시 상황과 부자들 편으로 돌아서는 프란체스코 수도사들의 설교 내용에 대해서는 다음의 자료를 참조하라. L. K. Little, *Religious Poverty and the Profit Economy in Medieval Europe*, Cornell University Press, 1978, pp. 105~130. & p. 217.

7 보라기네의 야코부스, 『황금전설』, 윤기향 옮김, 크리스챤 다이제스트, 2007, 938~954쪽.

8 G. Holmes, Florence Merchant in England 1346~1436, *Economic History Review*, Vol. 13, 1972, pp. 193~208.

9 피렌체 자치정부의 수립 과정, 그리고 정부 수립 과정에서 토착귀족들과 신흥상인들 사이에 겪게 되는 갈등에 대해서는 다음 자료를 참조했다. M. B. Becker, A Study in Political Failure, The Florentine Magnates: 1280~1343, *Mediaeval Studies*, vol. 27, 1965, pp. 246~308.

10 J. M. Najemy, *A History of Florence, 1200~1575*, Blackwell Publishing, 2008, pp. 63~95, pp. 124~155. & J. M. Najemy, Guild Republicanism in Trecento Florence, *American Historical Review*, Vol. 84, 1979, pp. 53~71. & G.

Dameton, Revisiting The Italian Magnates, *Viator*, Vol. 23, 1992, pp. 167~187. & M. B. Becker, A Study in Political Failure, The Florentine Magnates: 1280~1343, *Mediaeval Studies*, vol. 27, 1965, pp. 246~276. & M. B. Becker, The Republican City State in Florence, *Speculum*, Vol. 35, 1960, pp. 39~50. & H. Wieruscowski, Art and the Commune in the Time of Dante, *Speculum*, Vol. 19, 1944, pp. 14~33.

4장

1 D. R. Lesnick(1989), Ibid, pp. 108~109. 관련된 내용만을 우리말로 옮겨놓았다. "신은 피렌체에 일곱 개의 선물을 주셨다. 풍부한 자본, 귀중한 화폐, 많은 인구, 문명화된 삶의 방식, 양모 산업, 무기 생산기술, 그리고 피렌체 외곽에서 행해지고 있는 활발한 건축 활동 등이다."

2 P. J. Jones, Florentine Families and Florentine Diaries in the 14th Century, *Paper of British School at Rome*, Vol. 24, 1956, pp. 183~205.

3 K. A. Giles, *The Strozzi Chapel in Santa Maria Novella*, Ph.D. diss., New York University, 1977, pp. 33~60.

4 K. A. Giles(1977), Ibid., p. 51.

5 J. K. Nelson, Memorial Chapels in Churches, *Renaissance Florence: A Social History*, ed. by Crum & Paolettii, Cambridge University Press, 2008, pp. 354~361.

6 D. Friedman, The Burial Chapel of Filippo Strozzi in Santa Maria Novella in Florence, *L'Arte*, Vol. 9, 1970, p. 108.

7 W. R. Valentiner, Orcagna and the Black Death of 1348, *Art Quarterly*, Vol. 12, 1949, pp. 48~71, 113~128.

8 K. A. Giles(1977), Ibid., pp. 210~211. & 토마스 오미어러, 『신학자 토마스 아퀴나스』, 이재룡 옮김, 가톨릭출판사, 2003, 257~274쪽.

9 K. G. Arthur, Strozzi Chapel: Notes on the Building History of Santa Maria Novella, *The Art Bulletin*, Vol. 65, 1983, pp. 367~386.

10 종교 교리로 금지되던 고리대금업의 본질과 고리대금업자들이 회개할 수 있는 구체적인 방법에 대해서는 다음의 자료들을 참조하라. B. N. Nelson, Religioni: The Usurer and the Merchant Prince: Italian Businessmen and the Ecclesiastical Law of Restitution, 1100~1550, *The Journal of Economic History*, Vol. 7, Supplement, 1947, pp. 104~122. & J. W. Baldwin, *The Medieval of the Just Price: Romanists, Canonists, and Theologians in the Twelfth and Thirteenth Centuries*, The American Philosophical Society, 1959, pp. 5~81. & M. Becker,

Three Cases Concerning the Restitution of Usury in Florence, *The Journal of Economic History*, Vol. 7, 1957, pp. 445~450. 그리고 상업이 발달되면서 중세 스콜라 학자들이 종교적으로 금지되던 고리대금업을 점차 용인하게 되는 과정에 대해서는 다음 자료들을 참조하라. Raymond de Roover, *San Bernardino of Siena and Sant' Antonino of Florence: The Two Great Economic Thinkers of the Middle Age*, Harvard Graduate School of Business Administration, 1967, pp. 1~46. & J. Noonan, *The Scholastic Analysis of Usury*, Harvard University Press, 1957, pp. 134~154, pp. 249~268.

5장

1 J. M. Najemy(2008), Ibid., pp. 171~181.

2 위의 책, pp. 327~328.

3 브란카치 가문의 기도실 벽면을 장식한 18개 그림의 도상학적 해석에 대해서는 다음을 참조하라. M. Carniani, *Santa Maria del Carmine and the Brancacci Chapel*, Becocci Publisher, Florence, 1990, pp. 40~74.

4 M. Carniani, Ibid(1990)., pp. 6~20.

5 P. T. McMahon, *Servants of two Masters: The Carmelites of Florence, 1267~1400*, Ph.D. diss., New York University, 1999, pp. 276~322.

6 A. Molho, The Brancacci Chapel: Studies in Iconography and History, *Journal of the Warburg and Courtauld Institute*, Vol. 40, 1977, pp. 50~98.

7 C. T. Lisbeth, *The Brancacci Chapel in Florence*, Ph.D. diss., UCLA, 1971, pp. 9~46, pp. 79~42.

8 루돌프 파이퍼, 『인문정신의 역사』, 정기문 옮김, 2001, 길, 12쪽.

9 Lord Acton, *Lectures on Modern History*, ed. by J. N. Figgis and R. V. Laurence, Fili-Quarian Classics, 2010(1903년 초판 발행), p. 3.

10 Raymond De Roover(1967), Ibid., pp. 27~32.

11 G. Alexandrin & S. S. Poulatis, Social economist: St. Antonino, Bishop of Florence, 1384–1459, *International Journal of Social Economics*, Vol. 28, 2001, pp. 561~576.

12 Hans Baron, *The Crisis of Early Italian Renaissance: civic humanism and republican liberty in an age of classicism and tyranny*, Princeton University Press, 1993, pp. 444~448.

6장

1 L. Rowell, *Thinking About Music*, University of Massachusetts Press, 1985, pp. 37~38.

2 R. A. Goldthwaite, *The Building of Renaissance Florence*, Johns Hopkins University Press, 1980, pp. 11~12.

3 G. A. Brucker, The Medici in the Fourteenth Century, *Speculum*, Vol. 32, 1957, pp. 1~26.

4 J. Ross, *Lives of Early Medici as Told in Their Correspondence*, Cornell University Press, 1910, p. 4.

5 G. A. Brucker(1957), Ibid., pp. 11~21.

6 R. de Roover, *The Rise and Decline of Medici Bank 1397~1494*, Harvard University Press, 1963, p. 36.

7 Raymond. de Roover(1963), Ibid., pp. 53~76.

8 H. Wills, *Florentine Heraldry*, Nabu Press, 2012, pp. 111~112.

9 D. V. Kent, *Cosimo de' Medici and Florentine Renaissance: the Patron's Oeuvre*, Yale Uinversity Press, 2000, pp. 179~180. & C. Elam, Cosimo de' Medici and San Lorenzo, *Cosimo 'il Vecchio' de' Medici*, 1389~1464, ed. by Francis Ames-Lewis, CLARENDON Press, 1992, pp. 157~180.

10 E. H. Gombrich, The Early Medici as Patrons of Art: A Survey of Primary Sources, *Italian Renaissance Studies*, ed. by E. F. Jacob, Farber and Farber Limited, 1960, pp. 288~289.
   후대 사가들이, '코시모가 도나텔로에게 후한 후원을 해주었다'고 자주 인용하는 대목을 우리말로 옮긴다. "코시모는 도나텔로를 포함해 모든 화가와 조각가 들에게 좋은 친구였으나, 그가 살던 시대에는 조각가들에게 주문이 많지 않던 상황이었다. 코시모는 도나텔로에게 산 로렌초 성당에 동으로 난간을 만들도록, 그리고 자신을 위해서 구 성구실의 문들을 제작하도록 하였다. 그리고 그의 은행에 명하여 매주 적당한 금액의 보수를 지급하도록 하였는데, 이는 그와 그의 네 수련생에게 충분한 금액이었고, 이렇게 함으로써 코시모는 그를 지켜낼 수 있었다."

11 코시모가 피렌체에서 건축물을 후원하는 양상과 미학적 관점인 '장엄함'의 의미에 대해서는 다음을 참조하라. E. H. Gombrich(1960), Ibid., pp. 279~311.

12 J. Ross(1910), Ibid., p. 6.

13 N. Machiavelli, *The History of Florence & of the Affairs of Italy*, Saveth Press, 2008, pp. 174~175.

7장

1 J. M. Najemy(2008), Ibid., pp. 278~306.

2 교황 에우제니우스 4세가 코시모에게 산 마르코 수도원을 후원하라는 주문과 관련된 내용에 대해, 코시모의 대변자 역할을 하던 베스파시아노가 남긴 기록은 다음을 참조하라. B. Vespasiano, *Renaissance Princes, Popes and Prelates: the Vespasiano memoirs lives of illustrious men of the XVth century*, trans. by W. Geoge and M. P. Gilnore, Harper & Row, 1963, p. 20. 이 부분과 관련된 내용만 우리말로 번역해 옮긴다. "그는, 내가 그 많은 부가 어떻게 얻어진 것인지를 절대 말할 수 없지만, 자신이 취득한 부의 일부가 정당하게 얻어진 것이 아니라는 사실에 양심의 가책을 느끼고, 피렌체에 머물고 있었던 교황 에우제니우스 4세와의 협의를 통해 양심을 짓누르고 있던 짐을 어깨에서 내려놓고 싶어했다. 교황은 산 마르코 수도원을 수도회 원리에 충실한 수도사들의 거처로 삼고 싶어했다. 그러나 그들의 숙소가 수도사들이 거처하기에 적절하지 못했기 때문에, 그는 코시모에게 만약 그가 영혼의 짐을 벗고 싶다면, 산 마르코 수도원을 지으라 권유했다."

3 M. Creighton, *History of Papacy during the Reformation*, University of California Libraries, Ulan Press, 2011(1882년에 초판 발간), p. 272.

4 P. Morachiello, *Fra Angelico: The San Marco Frescos*, Thames & Hudson, 1966, p. 11.

5 R. L. Douglas, *Fra Angelico*, George Bell And Sons, 1902, p. 74.

6 A. Terry-Fritsch, Florentine Convent as Practiced Place: Cosimo de' Medici, Fra Angelico and the Public Library of San Marco, *Medieval Encounters*, Vol. 18, 2012, pp. 230~271.

7 J. I. Miller, Medici Patronage and the Iconography of Fra Angelico's San Marco Altarpiece, *Studies in Iconography*, 1987, Vol. 11, pp. 1~13.

8 화가 프라 안젤리코에 의해 장식된 산 마르코 수도원의 제단화와 회화의 도상학적 해석에 대해서는 다음의 자료를 참조하라. W. Hood(1993), Ibid., 1993. pp. 108~131.

9 D. Kent(2000), Ibid. pp. 141~142.

10 치료의 수호성인 코스마스와 다미안이 행한 기적과 관련된 자세한 기록에 대해서는 다음의 자료를 참조하라. 보라기네의 야코부스(2007), 903~906쪽.

11 J. Ross(1910), Ibid., p. 20. 원문의 내용은 다음과 같다. "피렌체 정부는 아들들에게 베네치아에서 1년, 나(코시모―인용자)에게 파도바로 5년(후에 베네치아로 10년 추방―인용자), 삼촌 아베라르도는 나폴리로 5년 동안 추방시켰다. 더불어 (메디치 가문에게 우호적인―인용자) 23명의 시민들 또한 소환되었다. 생각보다 적은 숫자였다. 그후 9일째 되던 날, (이 사실을 공표하기 위해서―인용자) 피렌체 시민들을 모으는 의회의 종이 울렸다. (많은 시민들이 모일 것을 두려워해서―인용자) 군인들이 시청사 광장

에 집결하였지만, 시민들 중 아주 극소수만이 참석하였다. 왜냐하면 사실 시민들이 이와 같은 결정을 반갑게 여기지 않았기 때문이다."

8장

1 R. Hatfield, The Compagnia de' Magi, *Journal of the Warburg and Courtauld Institutes*, Vol. 33, 1970, pp. 107~161.

2 R. C. Trexler, *Public Life in Renaissance Florence*, Cornell University Press, 1980, p. 424. & S. T. Strocchia, *Death & Ritual in Renaissance Florence*, The Johns Hopkins University Press, 1992, p. 149.

3 당시 최고의 인문학자였던 레오나르도 브루니가 팔라 스트로치 가문을 칭찬한 기록에 대해서는 다음의 자료를 참조하라. L. W. Belle, *A Renaissance Patrician Palla di Nofri Strozzi*, Ph.D., diss., The University of Rochester, 1971, p. 3.

4 H. Gregory, *Palla Strozzi's Patronage and Pre-Medician Florence, Patronage, Art and Society in Renaissance Italy*, ed. by P. Simons, Oxford University Press, 1987, pp. 201~220.

5 D. D. Davisson, The Iconology of the S. Trinita Sacristy, 1418~1435, *The Art Bulletin*, Vol. 57, 1975, pp. 315~334.

6 L. Borgo & A. H. Sievers, The Medici Gardens at San Marco, *Mitteilungen des Kunsthistorischen Institutes in Florence*, Vol. 23, 1989, p. 238.

7 R. C. Trexler, *The Journey of Magi: Meanings in History of a Christian Story*, Princeton University Press, 1997, pp. 91~92.

8 K. Eisenberg, Nativity and Magi Plays in Renaissance Florence, *Comparative Drama*, Vol. 29, 1995, p. 325.

9 R. C. Trexler(1997), Ibid., p. 216.

10 R. Hatfield(1970), Ibid., p. 108.

11 D. D. Davisson(1975), Ibid., p. 325.

9장

1 C. Elam, Cosimo de' Medici and San Lorenzo, *'Cosimo 'il Vecchio' de' Medici, 1389~1464*, ed. by Francis Ames-Lewis, CLARENDON Press, 1992, p. 157. 관련된 내용만 우리말로 옮겨놓는다. "내가 생애에 저지른 가장 큰 실수는 10년 일찍 가문에 명예를 가져다줄 건축물에 나의 자산을 투자하지 못했다는 점이다. (……) 왜냐하면 지

난 50년 동안 가문의 저택과 나 자신이 영속할 수 있는 기념물을 남기지도 못한 채 세월이 흘러갔기 때문이다.”

2 교황 마르티누스 5세가 코시모와 그의 부인에게 이동식 제단 후원권한을 제공하게 되는 기록에 대해서는 다음의 자료를 참조하라. H. Saalmon & P. Mattox, The First Medici Palace, *Journal of the Society of Architectural Historian*, Vol. 44, 1955, p. 343.

3 코시모의 아들 피에로가 화가 베노초의 작품 제작에 직접적으로 관여하게 되는 정황과 관련해 주고받은 편지에 대해서는 다음의 자료를 참조하라. D. S Chambers, *Patrons and Artists in the Italian Renaissance*, University of South Carolina Press, 1971, pp. 95~96. 같은 책 pp. 93~94에는 메디치 저택의 기도실 제단화를 그린 필리포 리피가 코시모의 아들 피에로에게 작품 주문을 애걸하는 편지도 실려 있다.

4 J. M Najemy(2008), Ibid., pp. 286~297.

5 N. Machiavelli(2008), Ibid., p. 278.

6 R. Hatfield, Cosimo de' Medici and the Chapel of his Palace, *'Cosimo il vecchio' de' Medici, 1389~1464*, ed. by F. Ames—Lewis, CLARENDON Press, 1992, pp. 221~244.

7 C. A Luchinat, *Chapel of the Magi: The Frescoes of Benozzo Gozzoli in the palazzo medici-riccardi florence*, ed. by C. A. Luchinat, Thames & Hudson, 1994, pp. 12~13.

8 보라기네의 야코부스(2007), 758쪽. 관련된 부분만 발췌해보았다. “주님이 탄생하신 거룩한 밤에 소년 베르나르는 교회에서 아침에 있을 성탄 의식을 기다리다가 함께 있던 사람들에게 ‘밤 몇 시에 그리스도께서 태어나셨느냐’고 물었다. 바로 그때 그 자리에 아기 예수께서 어머니의 태에서 다시 나오신 것 같은 모습을 하고 그에게 나타나셨다. 이 경험을 기억하며 베르나르는 살아 있는 동안 항상 바로 그 시각이 아기 예수께서 태어나신 시각이라고 확신하였다. 그날 이후 그는 아기 예수의 탄생과 관련된 것은 무엇이든지 그 문제를 다루는 데 있어서 더 깊은 판단력과 더 풍부한 능변의 은사를 함께 받았다.”

9 D. Kent(2000), Ibid, pp. 322~328. & R. F. Weissman, *Ritual Brotherhood in Renaissance Florence*, Academic Press, 1982, pp. 68~74. & D. C. Ahl, *Benozzo Gozzoli*, Yale University Press, 1955, p. 85.

10 둘째 아들이 자신보다 먼저 사망하자, 코시모가 겪게 되는 죽음에 대한 갈등에 대해서는 다음의 자료를 참조하라. J. R. Hale, *Florence and the Medici: Patterns of Control*, Thames & Hudson Ltd, 2001, p. 29. 코시모의 죽음에 대한 생각을 읽을 수 있는 유일한 자료여서, 관련된 부분만 우리말로 옮겨놓는다. “우리가 삶이라고 부르는 이것이 죽음이기 때문에, (죽더라도—인용자) 삶이 영원하다는 것은 사실이다. (……) 나의 권력은 지금 무슨 가치가 있는가? (……) 내가 나의 삶에 대해 염려하는 바는 내가 혹여나 신의 소중한 선물을 경멸하게 되지는 않을까, 혹은 내가 신성한 사랑으로부터 받은 자비를 잊어버리는 것은 아닐까, 이다.”

11 시오노 나나미, 『로마인 이야기 6』, 김석희 옮김, 한길사, 1997, 33~35쪽 참조. "공화
정 복귀를 선언한 공적에 대해, 원로원은 앞으로 나를 '아우구스투스'라고 부르기로 결
정하고, 다음과 같은 명예도 주기로 결정했다. 우리 집 현관 양쪽에 서 있는 기둥은 월
계수로 장식하고, 현관문 위에는 '시민관'을 놓는다. 그리고 이번에 내가 보여준 결단과
관용, 공정함과 자애에 감사하는 원로원과 로마 시민이 그 사실을 새긴 황금 방패를 원
로원 의사당에 안치한다."

12 A. Field, *The Origins of the Platonic Academy of Florence*, Princeton University
Press, 1988, pp. 127~274.

13 A. Field(1988), Ibid., p. 119를 참조하라. 마르실리오 피치노가 명상적 삶과 관련하
여, 『플라톤의 대화』에서 명상적인 삶으로 영혼이 구원받을 수 있다고 설명한 내용의
핵심 부분만 옮기면 다음과 같다. "모든 인간은 처신을 잘하고 싶어한다. 그것이 곧 잘
사는 것이기 때문이다. 하지만 인간은 최대한 좋은 것들을 많이 부여받아야 잘 살 수
있다. 이 좋은 것들이란, 정의, 용기, 절제, 무엇보다 행복의 모든 정수를 진정으로 포
함하는 지혜뿐 아니라, 부, 건강, 미, 힘, 고귀한 출생, 명예, 권력, 분별이라고 일컬어
진다. (……) 지혜는 우리로 하여금 부, 건강, 미, 힘, 그리고 좋다고 불리는 다른 것들
을 바르게 사용할 수 있도록 보증해준다. 이러한 이유 때문에 지식은 선의 원인이 되
며, 모든 재능을 소유하고 사용하고 성공적으로 활용할 수 있게 하는 근거가 된다. 많
은 재능을 소유했지만 지혜 없이 그것을 사용하는 사람은 더 많이 상처받게 된다. 더
많이 가질수록 더 많이 잘못 사용하게 되기 때문이다. 그러므로 앞에서 좋은 것이라고
이야기되는 것들의 특질 중 그 어느 것도 그 자체로 좋은 것은 아니다. 왜냐하면 그것
들은 무지에 의해 사용된다면 차라리 없는 것보다 못하기 때문이다. 그것들이 사악한
사람의 범죄 용도로 많이 쓰이는 한에서 말이다. (……) 분명, 이러한 것 중에서 가장
좋은 것으로 플라톤은 영혼을 꼽았다. 이것은 진실의 순수한 지성을 행하는 것(acting)
이 아니라, 명상하는 것(contemplating)이다."

14 J. Ross(1910), Ibid., p. 73.

15 위의 책, pp. 77~79.

16 A. Molho, Cosimo de' Medici: Pater Patriae or Padrino?, *Stanford Italian
Review*, Vol. 1, 1979, pp. 5~33.

10장

1 D. Quint, *The Stanze of Angelo Poliziano*, Pennsylvania State University Press,
1993, pp. 5~8. 이 책에서 로렌초가 마상 창 대회에 말을 타고 등장하는 모습과 로렌초
의 이러한 등장을 피렌체에 '새로운 시대'가 도래했다고 보는 기록을 옮겨보았다. "말을
탄 로렌초가 필드에 도착하자 산타 크로체 광장이 가볍게 떨렸다. 제법 큰 현수막의 꼭

대기에는 태양이, 그 아래에는 무지개가, 그리고 이제 돌아올 시간이며, 시대 그 자체로 새로워질 때라는 의미를 띤 "Le temps revient(새로운 시대의 도래—인용자)"라는 글자가 눈에 띄었다. (……) 깃발의 한쪽 배경은 보라색이고, 다른 한쪽은 하얀색이다. (묘사되어 있는—인용자) 월계수 가까이에는 천국이 우리에게 영원한 아름다움의 예로 보내준 그녀(루크레치아 도나티를 지칭—인용자)가 사랑스럽게 엮어준 월계관을 쓰고 금으로 꽃이 수놓인 파란색 옷을 입고 서 있다. 월계수 나무의 반은 아직 푸르나 나머지 반은 이미 필 때를 지나 말라 있다."(D. Quint, 앞의 책, p. 66.)

2   J. Ross(1910), Ibid., p. 154. 로렌초가 메디치 측근들의 방문을 받고, 피렌체 정부의 책임을 맡게 되는 과정을 편지 형식으로 남긴 부분만 우리말로 옮긴다. "아버지의 사망 후 이틀째 되는 날, 이제 스무 살이 된 나 로렌초는 매우 어렸다. 피렌체 시와 정부의 중요한 사람들이 우리 저택에 와서 우리 가족들의 슬픔에 조의를 표하고 나로 하여금, 내 할아버지와 아버지가 그랬듯이, 국가와 도시를 책임져줄 것을 권하였다. 나는 아직 젊었지만 너무나도 큰 의무감으로, 비록 그 책임으로부터 발생될 위험에도 불구하고, 마지못해 오직 나의 친구들과 우리 가문의 재산의 안전을 위해 그리하였다. 피렌체에서는 정부 권력을 갖지 않고서 부자로 살아가는 것이 힘들기 때문이다."

3   스무 살의 어린 나이에 피렌체 권력을 장악한 로렌초의 미숙하고 성급한 성격에 대해서는 다음을 참조하라. F. W. Kent, *Lorenzo de' Medici and Art of Magnificence*, Johns Hopkins University Press, 2004, pp. 44~46.

4   보티첼리의 〈봄〉과 관련된 기존의 해석들에 대한 비판적인 입장과 새로운 해석(역사적, 학자별, 유형학적 접근 방식)을 제기한 주장에 대해서는 다음의 자료를 참조하라. E. H. Gombrich, The 'PRIMAVERA', *Symbolic Images Studies in the Art of the Renaissance*, New York, 1972, pp. 37~64.

5   오비디우스, 『로마의 축제들』, 천병희 옮김, 숲, 2010, 250~277쪽.

6   〈봄〉에 묘사된 삼미신의 움직임을 '유출=순환=회귀'라는 신플라톤적 관점으로 해석한 문헌으로 다음의 자료들이 있다. H. R. Williamson, *Lorenzo the Magnificent*, Putnam, 1974, p. 50. & 임영방, 『이탈리아 르네상스의 인문주의와 미술』, 문학과지성사, 2003, 472~477쪽.

7   오비디우스, 앞의 책, 194쪽.

8   D. Quin, 앞의 책, 3쪽. 시인 폴리치아노가 로렌초를 월계수로 비유하는 시 구절만 옮긴다. "그리고 당신, 부유하게 태어난 월계수, 그 아래 쉼터에서 행복한 피렌체가 평화 속에 쉴 수 있도록, 바람도 하늘의 위협도 두려워하지 않는, 격노한 얼굴로 분노하고 있는 제우스도, 두려움으로 떨리는 당신의 작은 목소리를 듣고, 당신의 성스러운 몸통의 그늘 아래, 오 나의 모든 열망의 목표여, 당신 잎들의 향기로부터 이끌어낼 수 있는 삶의 여유여!"

9   1459년에 피렌체에서 열린 오월제 댄스파티의 모습을 기록한 문헌에 대해서는 다음을 참조하라. R. Trexler, *Public Life in Renaissance Florence*, Cornell University

Press, 1980, p. 465. 당시 댄스파티의 모습을 구체적으로 묘사한 부분만 옮긴다. "4월 20일(현대 달력으로는 5월 20일이다—인용자), 태피스트리로 덮인 자리에 방책이 에워싼 광장에서 무도회가 열렸다. 전문 무용수로 구성된 60명의 젊은 피렌체 젊은이들은 진주와 보석으로 화려하게 장식하였고, 춤을 잘 추는 많은 아름다운 처녀들과 소녀들이 춤을 추었다. 그리고 그들은 몇 번이나 옷을 갈아입었다. 그곳에는 모든 외국 대사들과 몇몇 추기경들도 참석하였다. 발치에 있는 근처 주택지에서 온 6000명이 넘는 사람들이 이곳에 모였다. 여기 모인 모든 이는 2대 자손(코시모에 이어 2대째 메디치 가문의 수장이 된 피에로를 가리킴—인용자)의 위대한 큐피드의 자비와 영광(그래서 이 작품에 눈을 가리고 사랑의 화살을 쏘는 큐피드가 그려져 있다—인용자)의 휘장 아래 마음껏 즐기고 있다."

10   F. A. Yates, The Hermetic Tradition in Renaissance Science, *Art, Science and History in the Renaissance*, ed. by C. S. Singleton, Johns Hopkins University Press, 1967, pp. 20~43.

11   위의 책, pp. 255~274.

12   헤르메스주의와 화가 보티첼리의 작품의 연관성, 실제로 1483년에 시에나 대성당에서 헤르메스를 숭상했다는 구체적인 기록에 대해서는 다음의 자료를 참조하라. F. A. Yates, *Giordano Bruno and the Hermetic Tradition*, The University of Chicago Press, 1978, pp. 82~83.

13   하느님으로부터 10계명을 받은 모세와 같은 시기에 새로운 지도자의 출현을 예언했던 헤르메스 트리스메기스투스의 존재에 대해서는 다음의 자료를 참조하라. F. A. Yates, 위의 책, pp. 1~43. 헤르메스 트리스메기스투스가 인간이 조물주의 정교한 원리로 탄생했다는 내용을 남겨놓은 기록이다. 기존의 기독교 교리와 많은 차이가 있다. 관련된 부문만 옮긴다.
     "이제 모든 존재의 아버지, 생명과 빛으로 존재하는 조물주(Nous)가 자신과 닮은 한 인간을 낳았고, 그를 자신의 자녀로 사랑하였다. 왜냐하면 아버지(조물주—인용자)의 이미지를 재현한 그 인간은 아름다웠기 때문이었다. 또한 실제로 신(God)은 (인간이 자신을 창조한 조물주와 너무 닮았기 때문에—인용자) 자신의 형상과 사랑에 빠진 것이며, 그에게 자신의 모든 작품을 넘겨주었기 때문이다. 이제, 인간이 조물주(Demiurge, 플라톤 철학에 등장하는 물질세계 창조자로서, 기독교와 유대교에서 하느님과 같은 의미—인용자)가 불로 만들었던 창조물을 보았을 때 그도 또한 작품을 만들기를 소망했다. 그는 하느님(Father)으로부터 이것을 할 수 있는 허락을 받게 되었다. 이렇게 해서 창조 세계의 영역에 들어갈 수 있게 되고, 거기에서 완전한 능력을 가지게 된 인간은 자기 형제의 작업(작품—인용자)을 보게 되었다. 그리고 관리자들(우주의 일곱 행성을 가리킴—인용자)도 그와 사랑에 빠지게 되고, 각자(일곱 행성)는 인간에게 자신(일곱 행성)이 지배하는 역할을 그(인간)에게 주었다. 그리고 난 다음, 그들의 본질을 배우고, 그들의 본성에 참여하는 것을 받아들인 이후 그는(인간—인용자) 그

세계(circles, 일곱 행성이 지배하는 우주의 세계—인용자)의 범주를 뚫고 나와서 불위에서 통치하는 신(Him)의 권력을 알고 싶어했다.

그리고 난 다음 죽을 수밖에 없는 존재들과 동물들의 세계에 대한 완전한 권력을 가지게 된 인간은 천체의 장(場)을 넘어서 저 아래 자연세계에 신의 아름다운 형상을 보여주었다. 자연은 그가 관리자들의 무궁무진한 아름다움과 모든 에너지를 간직하고 있다는 것을 알았을 때 자애롭게 미소를 보냈다. 왜냐하면 자연은 그 놀라울 정도로 아름다운 인간 형상의 특징들이 땅위의 물과 그의 그림자에 반영되어 있다는 것을 보았기 때문이었다. 그리고 인간은 자연 속에 그 자신과 같은 이런 형상, 물속에 반영되어 있는 형상을 보았고, 인간은 자연을 사랑했고 자연과 머물고 싶었다. 이것을 소망하는 순간 인간은 목적을 이루었고 비이성적인 형상 속에 거주하게 되었다. 그리고 인간과 자연은 서로 사랑으로 불타올랐기 때문에, 자연은 인간을 사랑하는 마음으로 받아들였고, 그들은 결합되었다(인간과 자연이 하나가 되었다—인용자)."

11장

1 J. M. Najemy(2008), Ibid., pp. 352~353.

2 파치 가문의 출생 배경과 소유재산, 그리고 피렌체 사회에 미치던 영향력에 대해서는 다음의 자료를 참조하라. C. J. Derosa, *From the Tarpeian Rock: The Spectacles of Conspiracy in Renaissance Rome*, Ph.D. diss., U. C. Berkeley. 1999, pp. 173~238.

3 L. Pastor, *History of Popes: From the close of the middle ages*, Vol. 6, Forgotten Books, 1938, p. 75.

4 C. M. Ady, *Lorenzo de' Medici and Renaissance Italy*, Collier Books, 1962, p. 69. & J. M. Najemy(2008), Ibid, pp. 352~361.

5 M. Rowdon, *Lorenzo the Magnificent*, Henry Regnery Co., 1974, p. 153. 로렌초가 나폴리로 떠나기 전에 의회에 남긴 기록은 다음과 같다. "우리나라가 처한 위험한 상황 속에서, 생각할 시간은 이미 지났고, 이제 행동으로 옮길 때이다. 나는 나폴리로 떠나기로 결정했다. (……) 그들의 손에 나를 쥐어주는 순간, 우리 동료 시민들에게 평화가 다시 돌아올 것이다. (……) 내 목숨을 걸어서라도 내 나라를 구해야 하는 책무가 나에게는 있다. 그러므로 나는 이 길을 가야만 한다. 아마도 신은 내 형제들과 나 자신의 피로 시작된 이 전쟁이 나 자신을 통해서 끝날 수밖에 없음을 말해주려는 것일지도 모른다. 내 소망은, 나의 삶 또는 죽음이, 나의 명예가 가져다주는 불행을 통해 이 도시의 안녕에 기여할 수 있기를 바라는 것뿐이다. (……) 로렌초 데 메디치."

6 R. Trexler, Lorenzo de' Medici and Savonarola. *Renaissance Quarterly*, Vol. 31, 1978, pp. 300~301. & G. F. 영, 『메디치』, 이길상 옮김, 현대지성사, 1997, 163~168쪽. & M. Rowdon(1974), Ibid., p. 128.

7 폴리치아노가 로렌초의 영웅적인 행위를 칭송하는 시를 지어 헌정한 것은 아래 자료에서 재인용했다. W. Roscoe, *Illustrations, Historical and Critical, of the Life of Lorenzo de' Medici: Called the Magnificent*, Adamant Media Corporation, 2001, p. 127.

8 E. Welch, *Art in Renaissance Italy*, Oxford University Press, 1997, pp. 234~242.

9 Yukio Yashiro, *Sandro Botticelli & the Florentine Renaissance*, The Medici society, Boston, 1929, pp. 29~31, pp. 185~188.

10 E. F. Rambo, The Literary Inspiration on Botticelli, Pallas and A Centaur, *The Classical Weekly*, 1924, Vol. 17, pp. 117~118.

11 15세기 중엽, 피렌체에 로마제국 시대의 달력 복사본들이 들어오게 되고, 화가 보티첼리가 이 달력에서 작품의 구도와 의미를 차용했다는 점에 대해서는 다음의 자료를 참조하라. A. L. Frothingham, The Real Title of Botticelli's 'Pallas', *American Journal of Archaeology*, 1908, Vol. 12, pp. 438~444.

12 E. Wind, *Pagan Mysteries in Renaissance*, Yale University Press, 1958, pp. 100~120. & E. H. Gombrich, The Platonic Academy and Botticelli's Art, *Symbolic Images Studies in the Art of the Renaissance*, Phaidon Press Ltd., 1972, pp. 64~66.

13 A. Field(1988), Ibid., pp. 3~4.

14 A. Field(1988), Ibid., pp. 175~181.

15 N. Machiavelli(2008), Ibid., p. 401.

12장

1 Raymond de Roover(1963), Ibid., pp. 356~373.

2 Edler de Roover, Francesco Sassetti and the Downfall of the Medici Banking House, *Bulletin of the Business Historical Society*, Vol. 17, No. 4, 1943, pp. 65~80. & E. Borsook and J. Offerhaus, *Francesco Sassetti and Ghirlandaio at Santa Trinita*, Davaco Publishers, 1981, p. 51.

3 E. H. Gombrich, The Sassetti Chapel Revisited: Santa Trinita and Lorenzo de' Medici, *I Tatti Studies: Essays in the Renaissance*, Vol. 7, 1997, p. 11.

4 Edler de Roover(1943), Ibid, pp. 65~80.

5 E. Borsook and J. Offerhaus(1981), Ibid., pp. 10~11.

6 R. Baggs, *Bitter Rivals make Great Art*, VDM Verlag, 2006, pp. 21~29. & A. Warburg, Francesco Sassetti's Last Injunction to his Sons, *Renewal of Pagan Antiquity*, trans., by D. Britt, Getty Research Institute, 1999, p. 230. 특히 프란체스코 사세티가 산타 트리니타 수도원의 기도실 후원권한을 얻기 위해 1만 2000 피

렌체 금화에 상당하는 재산을 기부한 것은 다음의 자료를 참조하라. Raymond de Roover(1963), Ibid., p. 362.

7 로렌초는 둘째 아들이 태어나기도 전에 교황 식스투스 4세에게 메디치 가문 사람이 고위 성직자로 임명되기를 바란다는 말을 할 정도로 성직에 대해 욕심이 많았다. 이와 관련된 기록에 대해서는 다음의 자료를 참조하라. J. Ross(1910), Ibid., p. 163. 당시 교황에게 보낸 편지 내용의 일부만 옮겨본다. "가장 성스럽고 축복받은 성하(교황 식스투스 4세—인용자), (……) 당신의 근심을 덜고자, 저는 토르나부오니(로렌초의 매제로서, 메디치 은행 로마 지점장이다—인용자)에게 편지를 써서, 우리 가문에서 추기경을 내고자 하는 오래된 바람에 대해 당신과 이야기한 것을 말했습니다. 저는 당신의 신성함을 완전히 믿고, 우리가 자유로이 약속했던 바를 간청할 필요가 없다고 생각하지만, 그럼에도 불구하고, 이제 곧 추기경을 뽑을 거라는 소식을 들은 이상, 성하께 우리의 바람을 다시 한번 상기하는 것이 최선이라고 생각했습니다. 간곡히 부탁드리건대, 우리의 영원한 의리에 당신 성하께서 이것 하나를 더해주십시오. 토르나부오니가 설명드린 대로 말입니다. 성하께 청합니다. 마치 저와 말씀을 나누듯이 그에게도 똑같은 신뢰를 나누어주십시오. 당신의 발밑에서 저는 제 모든 자신을 낮추고자 합니다. 1472년 11월 21일 피렌체에서, 당신의 겸손한 하인 메디치의 로렌초 올림."

8 E. H. Gombrich(1997), Ibid., pp. 21~22. 산타 트리니타 수도원이 속해 있던 수도회의 총장이 교황에게 청원하자, 교황이 수도회 총장의 청원을 거절하는 내용 전문은 다음과 같다. "당신의 길을 가세요, 수도회 총장님. 우리는 이에 대해 생각을 해볼 필요가 있고 이에 가장 적합한 최고의 해결책을 내놓아야 합니다." 그리고 다음과 같은 말을 덧붙였다. "그들이 무슨 말을 하고 있는지 모르시겠습니까? 피렌체 귀족들은 당신을 이웃으로 삼고 싶지 않은 것입니다."

9 R. Baggs(2006), Ibid., pp. 35~46. & E. H. Gombrich(1997), Ibid., pp. 11~35. & D. L. Hints, *The Legend of St. Francis in Bardi Chapel & in the Sassetti Chapel*, M. A. diss., The University of Arizona, Microfilms International, 1983, pp. 50~104.

10 F. Saxl, The Classical Inscription in Renaissance Art and Politics: Bartholomaeus Fontius, *Journal of the Warburg and Courtauld Institutes*, Vol. 4, 1940, pp. 19~46.

11 R. Baggs(2006), Ibid., 2006, pp.37~38과 부록 3(p. 74). & E. Borsook and J. Offerhaus(1981), Ibid., p. 30.

12 A. O. Lovejoy and G. Boas, *Primitivism and Related Ideas in Antiquity*, Johns Hopkins University Press, 1997, p. 68. 이와 관련된 중요한 내용만 옮긴다. "모든 것을 낳는 대지는 자신의 최상의 열매, 빵, 포도주, 그리고 야생 올리브를 끝도 없이 필멸의 존재들에게 베풀 것이기 때문이라네. (……) 지상에는 그 어떤 칼도 그 어떤 전쟁의 소음도 존재하지 않을 것이라네. (……) 그러나 위대한 평화는 모든 땅에 펼쳐질 것이고 언제까지나 왕과 왕은 친구로 지낼 것이라네. 그리고 별이 빛나고 있는 천상에서

영원히 죽지 않는 자는, 전 지상의 인간들을 위해 공통의 법률을 공표하실 것이니!"

13 J. Ross(1910), Ibid., pp. 304~305. 로렌초가 자신의 둘째 아들 조반니가 추기경으로
    임명되었다는 소식을 듣고, 교황에게 보낸 편지 내용의 일부만 옮겨본다. "공손한 마음
    으로, 9일 성하의 훈령을 받았습니다. 그 안에는 제게 조반니의 승진(추기경직으로의
    ―인용자)을 알려주는 당신의 글이 있었습니다. 우리 대사(로마에 있는 피렌체 대사―
    인용자)로부터 이미 소식을 들었기에, 저는 제 손으로 직접 단숨에 성하께 올리는 편지
    를 썼습니다. (……) 저는 둘째 아들을 성하께 속하는 선물로 드립니다. 제가 가지고 있
    는 것 모두, 또는 앞으로 가지게 될 모든 것은 제 것이기에 앞서, 성하의 것입니다. 이
    일을 비밀로 유지하기로 했지만(추기경으로 임명되기 위해서는 열여섯 살이 넘어야 했
    지만, 조반니가 열세 살에 추기경으로 임명된 사실을 숨기려 했다―인용자), 만약 둘
    째 아들이 추기경으로 임명된 사실이 저로 인해 공개적으로 밝혀졌다면 저는 많은 압
    박을 받겠지요. 하지만 성하께서는 안심하셔도 좋습니다. (……) 성하께서 제게 성하의
    바람을 알려주시기를 간청합니다. 저는 신심을 갖고 성실한 집행자가 될 것입니다. 이
    일뿐만 아니라 모든 다른 일에서도 그러할 것입니다. 저보다 성하께 더 복종할 사람은
    없기 때문입니다. 성하의 성스러운 발아래에 저 자신을 겸손히 낮춥니다. 1489년 3월
    14일 피렌체. 겸손한 하인, 메디치의 로렌초(Laurentius) 드림."

14 Raymond de Roover(1963), Ibid., pp. 53~76.

15 위의 책, pp. 134~136.

13장

1 N. Machiavelli(2008), Ibid., p. 401. "도시는 완벽한 평화를 즐기고 있다. 권력 있는
   자들은 서로 의기투합하여 그 누구도 대항할 수 없는 권력의 왕국을 지었다. 매일같이
   사람들은 축제와 신기하고 새로운 상품들을 즐길 수 있었다. 식량은 풍부하고 모든 사업
   들이 번창하고 있다. 모든 예술가들의 자질과 재능이 발휘되고, 그들의 지식과 재능이
   존중되었다. 도시는 평화와 고요를 마음껏 즐기고 있었다. 그리고 나라 밖에서는 한없는
   영광과 명예가 뒤따랐다."

2 E. H. Gombrich, Renaissance and Golden Age, *Journal of the Warburg and
   Courtauld Institutes*, Vol. 24, 1961, pp. 306~309. & H. Levin, *The Myth of the
   Golden Age in the Renaissance*, Oxford University Press, 1972, pp. 84~111.

3 황제 아우구스투스에 의해 부활된 황금시대 지배 이데올로기에 대해서는 다음을 참조
   했다. A. Wallace-Hadrill, The Golden Age and Sin in Augustan Ideology, *Past &
   Present*, Vol. 95, p. 21. & 고경주, 「아우구스투스 체제 수립 과정에서 보이는 권력 이
   미지의 변화」, 『서양고전학연구』, 제13권, 1999, 133~161쪽. & 고경주, 「베르길리우스
   의 황금시대관」, 『서양고전학연구』, Vol. 77, 2001, 160~169쪽. & 임철규, 「황금시대와

로마제국의 이데올로기」, 『인문과학』, 제66집, 1991, 85~111쪽.

4   베르길리우스, 『아이네이스』, 천병희 옮김, 숲, 2007, 32~33쪽, 216~217쪽, 220, 270~271쪽.

5   A. Chastel, *Marsile Ficin et l'art*, Librairie Droz S. A. 1976, p. 12.

6   R. Claudia, *Cosimo de' Medici and Astrology: The Symbolism of prophecy*, Ph.D. diss., Columbia University, 1983, p. 128

7   G. B. Ladnes, Vegetation Symbolism and the Concept of Renaissance, *Essays in honor of Erwin Panofsky*, De artibus opuscula XL, ed. by M. Meiss, New York University Press, 1961, pp. 303~322.

8   E. H. Gombrich, Mars & Venus, E. H. Gombrich(1972), Ibid., pp. 66~69.

9   피에르 그리말, 『그리스 로마 신화 사전』, 최애리 옮김, 열린 책들, 2003, 207, 142~143쪽.

10 J. Hankins, Cosimo de' Medici and the 'Platon Academy', *Journal of the Warburg and Courtauld Institutes*, Vol. 53, 1990, pp. 144~162.

11 서양문명사에서 '황금시대'를 규정짓는 신화적인 구성 요소에 대해서 다음의 자료를 참조했다. G. Durand, A Note on the Myth of Golden age and it's Implication, *Temenos*, Vol. 10, 1989, pp. 45~47.

12 H. W. Parke, *Sibyls and Sibylline Prophecy in Classical Antiquity*, Routledge, 1992, pp. 144~147.

13 *The Eclogues of Virgil*, trans. by David Ferry, Farrar, Straus and Giroux, 2000, pp. 29~34.

14장

1   L. Freedman, *The Classical Pastoral in the Visual Arts*, Peter Lang Publishing, New York, 1989, p. 5. & S. K. Heninger, Jr., The Renaissance Perversion of Pastoral, *Journal of the History of Ideas*, Vol. 22, 1961, pp. 254~261.

2   R. Trexler, Florentine Theatre, 1280~1500: A Checklist of Performances and Institutions, *Forum Italicum*, Vol. 14, 1980, pp. 454~475. 피렌체 시민들이 일곱 행성 축제를 기다리고 있었다는 기록만 옮겨보았다. "우리는 이 축제를 즐길 기대에 부풀어 있었다. '마리오타조' 라는 이름을 가진 별에 의해 인도되는 '행성들을 기리는 단체'가 없었다면, 오늘은 북풍이 몰아치는 한파 이상으로 춥게 느껴졌을 것이다. 내일은 일곱 행성들의 승리'에 관한 장대한 가면극이 열릴 것이다."(R. Trexler(1980), Ibid., p. 458.)

3   R. B. Waddington, The Sun at the Center: Structure as Meaning in Pico Della Mirandola's Heptaplaus, *Journal of Medieval and Renaissance Studies*, Vol. 3, 1973. pp. 69~86.

4 F. A. Yates(1967), Ibid., pp. 62~83.

5 로렌초가 아들 피에로를 피렌체 축제의 주인공으로 내세워 피렌체 시민들의 호응을 얻는 방식에 대해서는 다음의 자료를 참조했다. R. F. E. Weissman, *Ritual Brotherhood in Renaissance Florence*, Academic Press, 1982, pp. 167~173. & A. E. Housman Manilius, Tiberius, Copricornus, and Libra, *Classical Quarterly*, 1913, pp. 109~114.

6 M. C. Rogers, *Art and Public Festival in Renaissance Florence*, Ph.D. diss., The University of Texas Austin, 1996, p. 113. 당시 열렸던 일곱 행성 축제의 구체적인 장면을 묘사한 내용만 옮긴다. "1491년 로렌초 데 메디치는 일곱 행성 축제를 주관하는 단체를 후원하여, 그 자신만의 가상적인 공간을 연출해냈다. 로마가 전쟁에서 승리하였을 때, 아이밀리우스 파울루스는 40년에서 50년 동안 사람들이 세금을 내지 않아도 로마가 지탱될 수 있을 만큼의 보물을 15대의 마차에 담아 도시에 가지고 돌아왔다. 이 전에는 누구도 이만큼의 보물을 가져온 적이 없었다. (······) 모두가 피렌체에서 이보다 아름다운 축제는 없었으리라 말했다."

7 C. A. Forbes, *The philosophy of Vergilius, Vergilius*, 1964, No. 10, pp. 7~11. & 성염, 「베르길리우스 『목가집』의 에피쿠로스적 주제」, 『서양고전학연구』, Vol. 8, 1994, 75~87쪽. & 최혜영, 「베르길리우스 「Ecloga」 IV와 율리아누스 「Logos VII」에 보이는 메시아 사상」, 『서양고전학연구』, Vol. 13, 1999, 193~197쪽.

8 P. Merivale, Pan the Goat-God: His Myth in Modern Times, *Study in Comparative Literature*, Harvard University Press, 1969, pp. 1~47.

9 W. Schumaker, *The Occult Science in the Renaissance*, University of California Press, 2009, p. 13. & 진원숙, 「이탈리아 르네상스의 점성술과 근대과학」, 『계명사학』, 1992, No. 1, 65~106쪽. & E. Underhill, Medieval Mysticism, *The Cambridge Medieval History*, Vol. VII, ed. by J. B. Bury, Cambridge University Press, 1969, pp. 777-780. & H. Levin, *The Myth of the Golden Age in the Renaissance*, Indiana University Press, 1969, pp. 3~31.

10 A. Chastel, Melancholia in the Sonnets of Lorenzo de' Medici, *Journal of the Warburg and Courtauld Institutes*, Vol. 8, 1945, pp. 61~67. & G. Kury, *The Early Work of Luca Signorelli: 1465~1490*, Education-Garla, 1978, p. 294.

11 J. Ross(1910), Ibid., pp. 336~369.

15장

1 A. Chastel, *A Chronicle of Italian Renaissance Painting*, Cornell University Press, 1983, pp. 142~143.

2 J. R. Hale, *Florence and the Medici: The Patterns of Control*, London, 1977, p. 78.

3 M. Hollingsworth, *Patronage in Renaissance Italy: From 1400 to the Early Sixteens Century*, Johns Hopkins University Press, 1994, pp. 84~85.

4 Rubinstein, N., *The Government of Florence under the Medici: 1434~1494*, Oxford University Press, 1966, p. 109.

5 J. Wilde, The Hall of the Great Council of Florence, *Journal of the Warburg and Courtauld Institutes*, Vol. 7, 1944, pp. 65~81.

6 마키아벨리가 새로운 피렌체 정부에서, 내정과 전쟁을 담당하는 서기국 2국장으로서 했던 역할에 대해서는 다음의 자료를 참조했다. 로베르토 리돌피, 『마키아벨리 평전』, 곽차섭 옮김, 아카넷, 2000, 17~130쪽.

7 N. Rubinstein, Machiavelli and Florentine republican experience, *Machiavelli and Republicanism*, ed. by M. Viroli 외 2인, Cambridge University Press, 1993, pp. 3~17. & Q. Skinner, *Machiavelli's Discorsi and the Pre-humanist Origins of Republican Ideas, Machiavelli and Republicanism*, ed. by Q. Skinne외 2인, 1993, Cambridge University Press, pp. 121~142. & M. Viroli, *Machiavelli and the Republican Idea of Politics*, ed. by Q. Skinne외 2인(993), Ibid., pp. 143~172. & M. Viroli, *Republicanism*, trans. by A. Shugaar, Hill & Wang, 2001, pp. 69~104. & N. Hornqvist, Perche non si usa allegare I Romani: Machiavelli and the Florentine Militia of 1506, *Renaissance Quarterly*, Vol. 55, 2002, pp. 154~156. & 니콜로 마키아벨리, 『로마사 논고』, 강성인·안성재 옮김, 한길사, 2003, 261~410쪽. & J. M. Najemy, Ibid(2008), pp. 375~413. & 김경희, 「비르투 로마나를 중심으로 본 마키아벨리의 공화주의」, 『한국정치학회보』, 2005, 제39집, 25~44쪽.

8 Z. Solmi, Leonardo e Machiavelli, *Scritti Vinciani*, La nuova Italia, Florence, 1924, pp. 201~237. & C. R. Arthur, *The Visual Arts in the Government of Piero Soderini during the Florentine Republic*, Columbia University Press, 1994, pp. 366~367.

9 레오나르도 다빈치, 『레오나르도 다빈치 노트북』, 장 폴 리히터 편저, 김민영 외 7인 옮김, 루비박스, 2006, 449~451쪽.

10 A. Chastel(1983), Ibid., p. 155. 계약서의 전문은 다음과 같다. "피렌체 시민 레오나르도 디 피에로 다빈치는 시청사 회의실 내부에 그림을 그려줄 것을 이미 몇 달 전에 동의하였고, 이미 그 밑그림을 시작하였으며, 선금으로 35플로린을 지급하였다. 그리고 피렌체 행정 수반은 이 작품이 가능한 최대로 빨리 완성되고, 레오나르도에게 작품이 완성된 후에 다시 한번 임금을 지불하길 희망했다. 피렌체 행정 수반은 레오나르도 다빈치가 위의 밑그림을 완성하여 늦어도 1504년 돌아오는 2월(1505년 2월—인용자)까지는 전반적인 작품을 완성하여야 하며, 이에는 어떠한 핑계나 트집도 있어서는 안 되고, 다음 4월 20일부터 매달 그에게 15플로린을 지불할 것임을 결정하는 바이다. [만

약 레오나르도가 밑그림을 완성하지 못한다면, 그는 돈을 상환해야만 한다. 만약 그가 벽에 그림을 그리기 시작한다면, 월급이 지불될 것이다. 그리고 만약 그가 시작도 못했다면, 그의 동의 없이 다른 화가에게 이를 승계해서는 안 된다. 이 계약은 피렌체의 서기장인 니콜로 마키아벨리의 참석하에 이루어졌다. 1504년 5월 4일."

11 로저 마스터스, 『레오나르도 다빈치와 마키아벨리』, 송은경 옮김, 세종서적, 1998, 137∼188쪽.

12 Luca Landucci, *A Florentine Diary from 1450 to 1516*, trans. by D. R. Jervis, E. P. Dutton & Company, 1927, p. 273.

13 Charles de Tolnay, *The Art and Thought of Michelangelo*, Pantheon Books, 1964, pp. 159∼162. & B. Sergio, Machiavelli and Soderini, *Renaissance Quarterly*, Vol. 27, 1974, pp. 1∼16.

14 R. Trexler & M. E. Lewis, Two Captains and Three Kings: New Light on the Medici Chapel, *Studies in Medieval and Renaissance History*, Vol. 4, 1981, p. 96.

16장

1 J. Hook, *The Sack of Rome 1527*, PALGRAVE MACMILLAN, New York, 2004, pp. 151∼240.

2 미켈란젤로의 작품이 공개되고, 로마에 주재하던 니노 세르니니가 만토바 공작에게 보낸 편지를 통해서 〈최후의 심판〉을 비판한 기록에 대해서는 다음의 자료를 참조했다. A. Chastel, *A Chronicle of Italian Renaissance Painting*, trans. by, Linda and P. Murray, Cornell University Press, 1983, p. 188∼189. 비판 내용 일부만을 옮긴다(미켈란젤로의 작품에 대한 최초의 비판이다). "500명 이상의 등장인물을 담고 있을 정도로 크기도 할뿐더러 이들 중 어느 한 등장인물이라도 작가가 한참을 심사숙고하지 못하고는 그려낼 수 없는 작품으로 보이는 만큼, (……) 그러나 이에 대한 혹평을 하는 분들도 분명 있습니다. 이 작품에 대해 처음으로 혹평을 하신 분들은 바로 '테아티노 수도회' 수도사들입니다. 미켈란젤로가 이 작품에 매우 큰 공을 들였으나, 그 많은 등장인물 중에서 외설적으로 보이지 않는 형상은 겨우 열 명에 불과하기 때문입니다. 따라서 이러한 장소에 나체 작품을 전시하는 것이 그리 좋지만은 않다고 생각합니다. 어떤 이들은 미켈란젤로가 그리스도를 수염이 없고 너무 어린 나이의 청년으로 그려내 그리스도가 지녀야 할 장엄함을 잃어버렸으므로, 이에 대한 논란을 비켜나갈 수 없다고 말합니다."

3 A. Chastel(1983), Ibid., pp. 190∼195. 미켈란젤로로부터 밑그림 몇 장 얻으려고, 미켈란젤로에게 협박편지를 보내면서 〈최후의 심판〉을 춘화로 격하하던 예술비평가 아레티노의 비판 내용을 옮긴다. 〈최후의 심판〉에 대한 완성 스케치를 보고, 저는 그 발상으로부터 오는 아름다움에 있어서 라파엘로가 지녔던 고결한 매력을 느낄 수 있었습니

다. 그럼에도 불구하고 세례를 받은 사람으로서 저는 그 방종에 수치심을 숨길 수 없었습니다. (……) 비록 저는 음탕하고 천박한 주제를 절제되고 정중한 말들로 풀어냈으며, 순수하고 떳떳한 언어로 제 이야기를 이어갔지만요. (……) 이교도들을 묘사한 조각상을 보십시오. 드러나서는 안 될 부분을 그들의 손으로 가리고 있다는 사실을 상기해보십시오. 기독교 신도인 당신은 신앙보다 예술에 눈이 어두워 성녀의 순교 당시의 상황과 성기를 붙잡힌 채 끌려가는 남자 수호성인들의 모습을 실제로 일어날 수 있는 모습으로 묘사했습니다. 이러한 광경은 심지어 사창가에서도 차마 목격할 수 없는 것입니다. 당신이 표현한 것은 성가가 울려퍼지는 성스러운 장소가 아닌 관능적인 매음굴에서나 적절할 것으로 보이는 장면입니다. (……) 추신─제가 당신의 잔인함에 분노를 보인 것에 대해서는 당신을 아끼는 제 마음이라 생각하시고, 사실 그저 제가 느끼는 대로 당신에게 보여주기 위함임을 헤아려주십시오. 만약 당신이 한 치의 거짓도 없이 신성하다면, 저는 개의치 마시고, 저 또한 이를 조각조각 잘라버렸을 것이니 찢어 없애십시오. 그리고 저라는 사람은 왕이나 황제조차도 답장을 보내는 이라는 사실을 기억하십시오."

4   A. Chastel, *The Sack of Rome 1527*, trans. by Beth Archer, Princeton University Press, 1983, pp. 101~105, p. 263.

5   C. Burroughs, The "Last Judgment" of Michelangelo: Pictorial Space, Sacred Topography, and the Social World, *Artibus et Historiae*, Vol. 16, No. 32, 1995, pp. 55~89. & 박성은, 「미켈란젤로의 〈최후의 심판〉 도상 다시 읽기: 전통의 계승과 혁신을 중심으로」, 『미술사논총』, 제28호, 2009, 141~167쪽.

6   보라기네의 야코부스, 앞의 책, 774~775쪽.

7   위의 책, pp. 1109~1120.

8   A. Chastel(1983), Ibid., p. 202.

9   Norman P. Tanner, *Decrees of Ecumenical Councils*, Vol. 2, Trent to Vatican, Session 25, Georgetown University Press, 1990, pp. 774~776.

10   A. Chastel(1983), Ibid., p. 209.

11   선군성, 「종교개혁과 반종교개혁에 관한 연구」, 『연구논문집』, 제47집, 1993, 1~17쪽. & 김희중, 「16세기 '가톨릭 개혁'과 '반종교개혁'에 대한 교회사적 연구」, 『신학전망』, 1999, No. 124, 100~117쪽. & 권태경, 「반동 종교개혁(Counter-Reformation)의 신학연구: 트리엔트 공의회를 중심으로」, 『총신대논총』, Vol. 26, 2006, 483~509쪽. & 칼 하인츠 츠어 뮐렌, 『종교개혁과 반종교개혁』, 정병식·홍성훈 옮김, 대한기독교서회, 2003, 313~329쪽.

12   V. Shrimplin-Evangelidis, Sun-Symbolism and Cosmology in Michelangelo's Last Judgement, *The Sixteenth Century Journal*, Vol. 21, 1990, pp. 607~644. & 박성은(2009)의 논문, 152~153쪽.

13   A. 블런트, 『이탈리아 르네상스 미술론』, 조향순 옮김, 미진사, 1993, 161~202쪽. & 고종희, 「반종교개혁이 16세기 중후반기 회화에 미친 영향」, 『미술사학보』, 2004, Vol.

21, 145~168쪽. & 고종희, 「미켈란젤로의 〈최후의 심판〉과 반종교개혁」, 『미술사논단』, 1996, Vol. 3, 135~154쪽.

14 W. Durant, *THE RENAISSANCE: The History of Civilization in Italy from 1304~1576*, MJF Books, 1997, p. 689.

15 A. Chastel(1983), Ibid., pp.188~189.

16 위의 책, pp.190~195.

17 위의 책, p. 202.

18 위의 책, p. 205.

Firenze
Renaissance

피렌체의 빛나는 순간

ⓒ 성제환

1판 1쇄   2013년 12월 30일
1판 9쇄   2021년 10월 22일

지은이 성제환
기획·책임편집 강명효 | 편집 양재화
디자인 엄혜리 blog.naver.com/umhally | 마케팅 정민호 양서연 박지영 안남영
홍보 김희숙 함유지 김현지 이소정 이미희
제작 강신은 김동욱 임현식 | 제작처 영신사

펴낸곳 (주)문학동네 | 펴낸이 염현숙
출판등록 1993년 10월 22일 제406-2003-000045호
주소 10881 경기도 파주시 회동길 210
전자우편 editor@munhak.com | 대표전화 031)955-8888 | 팩스 031)955-8855
문의전화 031)955-2655(마케팅) 031)955-1913(편집)
문학동네카페 http://cafe.naver.com/mhdn | 트위터 @munhakdongne
북클럽문학동네 http://bookclubmunhak.com

ISBN 978-89-546-2372-8 03920

www.munhak.com